令和5年施行対応

個人情報保護法Q&A

三宅法律事務所 弁護士
渡邉 雅之

第一法規

はしがき

本書は、令和４年（2022年）４月１日に施行された「個人情報の保護に関する法律等の一部を改正する法律」（令和２年改正法）、令和４年４月１日（行政機関等の個人情報保護法への一元化）および令和５年４月１日（地方公共団体の個人情報保護法への一元化）に施行された「デジタル社会の形成を図るための関係法律の整備に関する法律」（令和３年改正法）に基づく「個人情報の保護に関する法律」（「個人情報保護法」）の改正について、重要な論点をQ&A形式でまとめたものです。

特に、令和３年改正法に基づく、行政機関や地方公共団体における個人情報の取扱いの規律と民間事業者における個人情報の取扱いの規律を比較してわかり易く解説することを心がけ、最新のトピックである教育データの取扱いについても、公立学校、私立学校、国立学校の附属学校と比較しております。

Cookie規制に関しては、令和２年改正やGDPR・CCPAなどの海外法制のほか、最新の電気通信事業法に基づく改正も解説したほか、顔認証データの防犯目的以外の利用やプロファイリング・分析などの場合の利用目的の特定の仕方など最新のトピックも取り扱っております。

数次にわたる改正により整理・理解すべきことは多く、本人の同意は、日本の個人情報保護法は、GDPR（EU一般データ保護規則）に比べると遅れていますが、子どもの同意の解釈も含めて深堀りしております。外国にある第三者への個人データの提供に関しては、令和２年改正法により、規制が複雑になっておりますが、個人情報保護委員会の情報提供文書の提供も含め、最新論点を取り扱っております。また、個人データの委託に関しては、個人情報保護委員会のFAQで大きく実務上の解釈に影響があった点です。特に、匿名加工情報や統計情報の委託先での作成・利用といった論点を取り挙げております。

そのほか、令和２年改正法で設けられた仮名加工情報についても匿名加工情報・行政機関等匿名加工情報の取扱いとともに整理しておりますし、個人情報保護委員会による行政上の対応に関する事案についても整理をしております。

付録として、読者の方には、仮名加工情報・匿名加工情報の取扱いも含む最新の個人情報保護規程のモデル例、越境移転用のデータ移転契約のモデル例をWEBにて提供いたします。

本書の企画・編集について詳細かつ丁寧で並々ならぬご尽力をいただき、また、出稿が遅れたことにより大変ご迷惑をお掛けした第一法規株式会社の名倉亮子氏に心から感謝を申し上げます。

2023年２月27日

渡邉　雅之

本書の構成

本書は、個人情報の保護に関する法律（平成15年法律第57号。以下「個人情報保護法」といいます。）につき、令和５年４月１日内容現在にて解説するものです。関係する各法令等も原則同じ時点にて参照しています。

個人情報保護法の課題をテーマごとに整理し、数次の改正も踏まえてＱ＆Ａ形式でわかりやすく解説します。また、理解を深めるために各Ｑ＆Ａにはクイズを設けています。

なお、本書に関連する規程例等につきましては、読者のみなさまの利便性を考慮して、データでの提供を行っています。下記URLもしくはQRコードからログインしてご利用ください。

第一法規「読者限定サービス　電子版閲覧サイト」
https://skn-cr.d1-law.com/

※資料は、予告なく変更・掲載終了をする場合があります。ご了承ください。

凡 例

個人情報保護法／法
個人情報の保護に関する法律（平成15年法律第57号）

個人情報保護法施行令／令
個人情報の保護に関する法律施行令（平成15年政令第507号）

個人情報保護法施行規則／規則
個人情報の保護に関する法律施行規則（平成28年個人情報保護委員会規則第３号）

行政機関個人情報保護法
行政機関の保有する個人情報の保護に関する法律（平成15年法律第58号）【現在廃止】

独立行政法人等個人情報保護法
独立行政法人等の保有する個人情報の保護に関する法律（平成15年法律第59号）【現在廃止】

番号法
行政手続における特定の個人を識別するための番号の利用等に関する法律（平成25年法律第27号）

令和２年改正法

個人情報の保護に関する法律等の一部を改正する法律（令和２年法律第44号）

令和３年改正法

デジタル社会の形成を図るための関係法律の整備に関する法律（令和３年法律第37号）

ＧＤＰＲ

個人データの取扱いと関連する自然人の保護に関する、及び、そのデータの自由な移転に関する、並びに、指令95/46/ECを廃止する欧州議会及び理事会の2016年４月27日の規則(EU)2016/679（一般データ保護規則）

通則編ガイドライン

個人情報の保護に関する法律についてのガイドライン（通則編）（平成28年11月制定、令和４年９月一部改正、個人情報保護委員会）

事業者編ガイドライン

特定個人情報の適正な取扱いに関するガイドライン（事業者編）（平成26年12月制定、令和４年８月一部改正、個人情報保護委員会）

外国第三者提供編ガイドライン

個人情報の保護に関する法律についてのガイドライン（外国にある第三者への提供編）（平成28年11月制定、令和４年９月一部改正、個人情報保護委員会）

仮名加工情報・匿名加工情報編ガイドライン

個人情報の保護に関する法律についてのガイドライン（仮名加工情報・匿名加工情報編）（平成28年11月制定、令和４年９月一部改正、個人情報保護委員会）

行政機関等編ガイドライン

個人情報の保護に関する法律についてのガイドライン（行政機関等編）（令和４年１月制定、令和４年９月一部改正、個人情報保護委員会）

事務対応ガイド

個人情報の保護に関する法律についての事務対応ガイド（行政機関等向け）（令和４年２月制定、令和４年10月一部改正、個人情報保護委員会事務局）

公的分野QA

個人情報の保護に関する法律についてのＱ＆Ａ（行政機関等編）（令和４年４月、個人情報保護委員会事務局）

民間分野QA

「個人情報の保護に関する法律についてのガイドライン」に関するＱ＆Ａ（令和４年５月26日、個人情報保護委員会）

目 次

第１章　総 論

第1章

総論

Q1 個人情報保護法の制定・改正の経緯について教えてください。

A　個人情報保護法は、平成17（2005）年４月に民間分野に適用される法律として施行されましたが、令和４（2022）年４月施行の改正により、民間分野だけでなく、公的分野のうち、国の行政機関や独立行政法人等に適用されるようになりました。また、令和５（2023）年４月施行の改正により、地方公共団体の機関にも適用されることとなります。

解説

1　個人情報保護法の制定

個人情報保護法の正式な法律名は、「個人情報の保護に関する法律」（平成15年法律第57号。以下「個人情報保護法」または「法」といいます。）であり、平成15（2003）年５月に公布され、**平成17（2005）年４月１日**に全面施行されました。

制定時から、令和３年改正法が施行され、下記④で解説する**令和３年改正法**により、国・独立行政法人等の個人情報保護法制が一元化された**令和４（2022）年４月１日**までは、個人情報保護法は、主に民間分野（個人情報を取り扱う民間事業者）の遵守すべき義務等を定める法律でした。

2　平成27年改正法

パーソナルデータの利活用の進展およびEUデータ保護指令（およびその後制定されたGDPR）の十分性認定の取得を目的として、平成26（2014）年６月24日には、「パーソナルデータの利活用に関する制度改正大綱」（高度情報通信ネットワーク社会推進戦略本部（IT総合戦略本部）決定）が策定・公表されました。

さらに、平成26（2014）年６月27日、ベネッセコーポレーションの業務委託先元社員が同社の顧客情報を不正に取得し、約3,504万件分の情報を名簿業者３社へ売却したことが発覚したことを受け、名簿業者対策が必要となりました。

これを受けて、政府提出法案として提出された「個人情報の保護に関する法律及び行政手続における特定の個人を識別するための番号の利用等に関する法律の一部を改正する法律」（平成27年法律第65号。以下「平成27年改正法」といいます。）が公布され、**平成29（2017）年５月30日**に全面施行されました。なお、特定個人情報保護委員会を改組した個人情報保護委員会の設置のみ、平成28（2016）年１月１日に先行して施行されました。

平成27年改正法による改正の概要は以下のとおりです。

パーソナルデータの利活用の要請	●個人情報の定義の拡充（個人識別符号を含む個人に関する情報） ●個人情報の利用目的の変更の緩和 ●本人の同意を不要とする「匿名加工情報の制度」の創設
EUデータ保護指令・GDPRの十分性の認定の取得の要請	●個人情報保護委員会の創設 ●センシティブな情報である「要配慮個人情報」の創設 ●小規模事業者（直近６か月間5,000以下の個人情報を取り扱う事業者）への法の適用 ●越境データ移転：外国にある第三者への提供の制度の創設 ●域外適用制度の創設 ●開示請求権の明確化
名簿業者対策	●オプトアウト制度の厳格化 ●トレーサビリティの確保（第三者提供における確認義務・記録の作成・保存義務） ●不正な利益を図る目的の漏えい等の刑事罰

3 令和２年改正法

「平成27年改正法」においては、情報通信技術の進展が著しいこと等から、３年ごとの見直し規定が設けられました（平成27年改正法附則12条２項・３項・６項）。これを踏まえて、個人情報保護委員会は平成31（2019）年４月25日に「個人情報保護法 いわゆる３年ごと見直しに係る検討の中間整理」を公表し、さらに、令和元（2019）年12月13日には「個人情報保護法 いわゆる３年ごと見直し 制度改正大綱」（以下「制度改正大綱」といいます。）を取りまとめました。

制度改正大綱では、就職情報サイト「リクナビ」を運営する株式会社リクルートおよび株式会社リクルートキャリアが、いわゆる内定辞退率を提供するサービスに関して、令和元（2019）年12月４日に個人情報保護委員会から勧告等を受け、「提供元では個人データに該当しないものの、提供先において個人データになることが明らかな情報」の提供が本人の同意なしに行われていたことが問題となりました。

これらを踏まえて、政府提出法案として提出された**「個人情報の保護に関する法律等の一部を改正する法律」**（令和２年法律第44号。以下**「令和２年改正法」**といいます。）が公布され、**令和４（2022）年４月１日**に全面施行されました。

令和２年改正法による改正の概要は、以下のとおりです。

個人の権利の強化	● 利用停止・消去等の請求権の要件の緩和 ● 保有個人データの電磁的記録の提供による開示が可能に ● 第三者提供記録の本人開示が可能に ● 6か月以内に消去する短期保存データも保有個人データに ● オプトアウトの第三者提供できる個人データの範囲限定
事業者の義務の強化	● 漏えい等報告を努力義務から義務化 ● 不適正利用の禁止の明文化
データの利活用	● 仮名加工情報の制度の創設 ● 個人関連情報を個人データとして利用する場合の本人同意の確認義務
越境データ移転・域外適用の強化	● 移転先事業者における個人情報の取扱いに関する本人への情報提供の充実等 ● 域外適用対象の外国事業者も罰則によって担保された報告徴収・命令の対象に
事業者の自主的取組み	● 企業の特定分野を対象とする認定団体制度
罰則強化	● 個人情報保護委員会による命令違反・個人情報保護委員会に対する虚偽報告等の法定刑を引上げ

4 令和3年改正法

個人情報保護法は、従前から民間分野（民間事業者）を対象とする法律であり、行政機関における個人情報の取扱いについては、「行政機関の保有する個人情報の保護に関する法律」（平成15年法律第58号。以下「**行政機関個人情報保護法**」といいます。）において、独立行政法人等における個人情報の取扱いについては、「独立行政法人等の保有する個人情報の保護に関する法律」（平成15年法律第59号。以下「**独立行政法人等個人情報保護法**」といいます。）において定められていました。

また、都道府県庁や市町村役場、教育委員会、公立学校、公立病院等における個人情報の取扱いについては、各地方公共団体が策定する**個人情報保護条例**が適用されていました。

このように、個人情報保護法制が複層化していることが問題となってきましたが、**「デジタル社会の形成を図るための関係法律の整備に関する法律」**（令和3年法律第37号。以下「**令和3年改正法**」といいます。）により、これらの法律や条例が個人情報保護法に一元化され、個人情報保護法は、民間事業者だけでなく、国、独立行政法人、地方公共団体も対象とする法律となりました。

個人情報保護法・行政機関個人情報保護法・独立行政法人等個人情報保護法の一元化は、**令和4（2022）年4月1日**に施行されました（第1弾改正）。個人情報保護法の各地方公共団体への適用（個人情報保護条例の廃止）は、**令和５（2023）年４月１日**に施行されます（第２弾改正）。

なお、個人情報保護法の令和２年改正法と令和３年改正法の第１弾改正は、同日の令和４（2022）年４月１日に施行され、これに伴い、個人情報保護法の民間事業者に適用される条文番号も大幅に変わりました。

令和３年改正法（第１弾改正）	令和４（2022）年４月１日施行	●行政機関個人情報保護法・独立行政法人等個人情報保護法との一元化 ●学術研究に係る適用除外規定の見直し
令和３年改正法（第２弾改正）	令和５（2023）年４月１日施行	●各地方公共団体の個人情報保護条例との一元化

問

個人情報保護法の制定・改正の経緯に関する次の選択肢のうち、誤っているものを選びなさい。

1　匿名加工情報の制度は、平成29（2017）年５月30日に施行された個人情報保護法の改正により設けられた。

2　個人情報取扱事業者に対しては漏えい等報告が令和４（2022）年４月１日から義務化された。

3　令和４（2022）年４月１日から個人情報保護法の規定が地方公共団体の機関にも適用されることになった。

答

令和５（2023）年４月施行の改正により、地方公共団体の機関にも個人情報保護法の規定が適用されることになった。

正解　3

Q2 個人情報保護法上の重要な用語について教えてください。

A　個人情報に関しては「個人情報」「個人データ」「保有個人データ」「保有個人情報」という用語があります。主体である事業者は「個人情報取扱事業者」と、行政機関や地方公共団体の機関は「行政機関等」との用語が用いられます。

解説

1 個人情報（法２条１項）

「個人情報」とは、生存する**「個人に関する情報」**であって、①当該情報に含まれる氏名、生年月日その他の記述等により特定の個人を識別することができるもの（他の情報と容易に照合することができ、それにより特定の個人を識別することができることとなるものを含みます。）または、②個人識別符号を含むものをいいます（法２条１項各号）。

令和３年改正法により、公的分野にも個人情報保護法が適用されることとなりましたが、「個人情報」の定義も一元化されました。

「個人に関する情報」とは、氏名、住所、性別、生年月日、顔画像等個人を識別する情報に限られず、個人の身体、財産、職種、肩書等の属性に関して、事実、判断、評価を表すすべての情報であり、評価情報、公刊物等によって公にされている情報や、映像、音声による情報も含まれ、暗号化等によって秘匿化されているかどうかを問いません（通則編ガイドライン2-1）。暗号化は、安全管理措置のひとつとして考慮されるべき要素であり、個人情報該当性に影響を与えません。

また、ある情報を第三者に提供する場合、当該情報が「他の情報と容易に照合することができ、それにより特定の個人を識別することができることとなる」かどうかは、当該情報の**提供元である事業者**において「他の情報と容易に照合することができ、それにより特定の個人を識別することができることとなる」かどうかで判断されます。

平成27年改正法により、生存する個人に関する身体的な特徴で本人認証が可能なもの（指紋認証データや顔認証データ）や個人に割り当てられる公的な番号（運転免許証番号や旅券番号）が個人識別符号（法２条２項）として新たに個人情報に該当することとなりました。

他方、Cookie（クッキー）やIPアドレスのような識別子は、それ自体では特定の個人を識別することができず、個人情報には該当しません。ただし、他の情報と容易に照合することができ、それにより特定の個人を識別することができる場合には、個人情報に該当することとなりました。この点は、令和２年改正法の施行後においても変更はありません。令和２年改正法では、生存する個人に関する情報であって、個人情報、仮名加工情報および匿名加工情報のいずれにも該当しないものは「**個人関連情報**」と定義されることとなりました。

個人情報保護法上、「**個人情報**」という用語が用いられている場合は、事業者の「**個人情報データベース等**」（法16条１項。下記③参照）にまだ取り込まれていない「生の個人情報」のことです。例えば、データベース化されていない書面・写真・音声等に記録されているものがこれに該当します。

したがって、個人情報保護法上の「**個人情報取扱事業者**」の義務等のうち、以下の利用目的や取得に関する規定において「**個人情報**」という用語が使われています。

- 利用目的の特定（法17条）
- 利用目的による制限（法18条）
- 不適正な利用の禁止（法19条）※令和２年改正法で追加
- 適正な取得（法20条）
- 取得に際しての利用目的の通知等（法21条）

2　個人データ（法16条３項）・保有個人データ（同条４項）

「**個人データ**」とは、「**個人情報データベース等**」（法16条１項。下記③参照）を構成する個人情報をいいます。

「**保有個人データ**」とは、「**個人データ**」のうち、「**個人情報取扱事業者**」が、開示、内容の訂正、追加または削除、利用の停止、消去および第三者への提供の停止を行うことのできる権限を有する個人データをいいます（法16条４項)。令和２年改正法により、６か月以内に消去するものも「保有個人データ」に該当することとなりました。

「**個人データ**」のうち「**保有個人データ**」であるものは、例えば以下のものです。

- 自社の事業活動に用いている顧客情報
- 事業として第三者に提供している個人情報
- 従業者等の人事管理情報

「**保有個人データ**」に該当しない「**個人データ**」としては、例えば以下のものです。

- 委託を受けて、入力、編集、加工等のみを行っているもの

「**個人データ**」(「**保有個人データ**」を含みます。)に該当する場合、「**個人情報取扱事業者**」には以下の義務等が課されます。

- データ内容の正確性の確保等(法22条)
- 安全管理措置(法23条)
- 従業者の監督(法24条)
- 委託先の監督(法25条)
- 漏えい等の報告等(法26条)※令和2年改正法で追加
- 第三者提供の制限(法27条)
- 外国にある第三者への提供の制限(法28条)
- 確認・記録義務(法29条・30条)
- 個人関連情報の第三者提供の制限等(法31条)※令和2年改正法で追加

「**保有個人データ**」に該当する場合、「**個人情報取扱事業者**」には以下の義務等が課されます。

- 保有個人データに関する事項の公表等(法32条)
- 開示(法33条)
- 訂正等(法34条)
- 利用停止等(法35条)
- 理由の説明(法36条)
- 開示等の請求等に応じる手続(法37条)
- 手数料(法38条)
- 事前の請求(法39条)

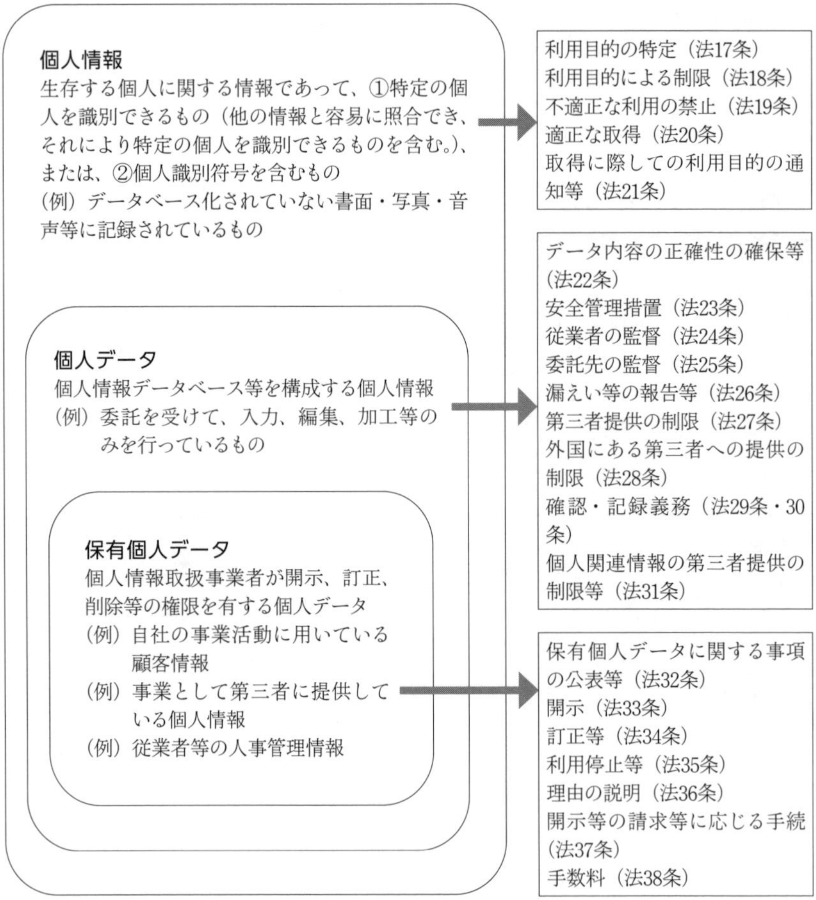

民間事業者の個人情報保護規程や個人情報取扱規程をみると、「個人情報」「個人データ」「保有個人データ」を区分しない例を散見します。

たしかに、役職員の理解のし易さで考えると、これらの区別をしないで規程を設けることも十分考えられますが、個人データ化していない個人情報を本人の事前の同意を得なくて第三者に提供した場合には、法27条１項違反にはなりませんが、社内規程違反に該当することとなります。

3　個人情報データベース等（法16条１項）

「**個人情報データベース等**」とは、①特定の個人情報をコンピュータを用いて検索することができるように体系的に構成した、個人情報を含む情報の集合物、または②コンピュータを用いていない場合であっても、カルテや指導要録等、紙面で処理した個人情報を一定の規則（例えば、五十音順等）に従って整理・分類し、特定の個人情報を容易に検索することができるよう、目次、索引、符号等を付し、他人によっても容易に検索可能な状態に置いているものをいいます（法16条1項）。

4 個人情報取扱事業者

「**個人情報データベース等**」を事業の用に供している者を、「**個人情報取扱事業者**」といいます（法16条2項）。

ただし、国の機関、地方公共団体、独立行政法人等および地方独立行政法人は「**個人情報取扱事業者**」に該当しません（同項1号～4号）。

5 個人関連情報・個人関連情報データベース等・個人関連情報取扱事業者

「個人関連情報」とは、生存する個人に関する情報であって、個人情報、仮名加工情報および匿名加工情報のいずれにも該当しないものをいいます（法2条7項）。

「Cookie等の端末識別子を通じて収集された、ある個人のウェブサイトの閲覧履歴」「メールアドレスに結び付いた、ある個人の年齢・性別・家族構成等」「ある個人の商品購買履歴・サービス利用履歴」「ある個人の位置情報」「ある個人の興味・関心を示す情報」などが該当します。

「個人関連情報データベース等」は、個人関連情報を含む情報の集合物であって、①特定の個人関連情報を電子計算機を用いて検索することができるように体系的に構成したもの、または②情報の集合物に含まれる個人関連情報を一定の規則に従って整理することにより特定の個人関連情報を容易に検索することができるように体系的に構成したものであって、目次、索引その他検索を容易にするためのものを有するものをいいます（法16条7項、令8条）。

「個人関連情報取扱事業者」とは、個人関連情報データベース等を事業の用に供している者のうち、国の機関、地方公共団体、独立行政法人等および地方独立行政法人を除いた者をいいます（法16条7項）。

個人関連情報取扱事業者は、第三者が個人関連情報（個人関連情報データベース等を構成するものに限ります。）を個人データとして取得することが想定されるときは、法27条1項各号に該当する場合（法令に基づく場合等）を除くほか、あらかじめ、当該第三者が個人関連情報取扱事業者から個人関連情報の提供を受けて本人が識別される個人データとして取得することを認める旨の当該本人の同意が得られていることを確認しないで、当該個人関連情報を当該第三者に提供してはなりません（法31条1項）。

行政機関の長等（行政機関の長、地方公共団体の機関、独立行政法人等および地方独立行政法人）は、第三者に個人関連情報を提供する場合（当該第三者が当該個人関連情報を個人情報として取得することが想定される場合に限ります。）において、必要があると認めるときは、当該第三者に対し、提供に係る個人関連情報について、その利用の目的もしくは方法の制限その他必要な制限を付し、またはその漏えいの防止その他の個人関連情報の適切な管理のために必要な措置を講ずることを求めるものとされています（法72条）。

6 行政機関等・行政機関の長等

「行政機関等」とは、「行政機関」「地方公共団体の機関」（議会を除きます。）「独立行政法人等」（法別表第二に掲げる法人を除きます。）「地方独立行政法人」に該当するものです（法２条11項）。地方公共団体の機関も令和５（2023）年４月以降、「行政機関等」に該当しますが、地方公共団体の議会は除外されています。

同様の用語である「行政機関の長等」は、行政機関の長、地方公共団体の機関、独立行政法人等および地方独立行政法人をいいます（法63条）。

行政機関等に該当する場合には、公的分野の規律が適用され、民間分野（個人情報取扱事業者）の規律とは異なる規律が適用されます。

（１）行政機関（法２条８項）

① 法律の規定に基づき内閣に置かれる機関（内閣府を除く。）および内閣の所轄の下に置かれる機関
② 内閣府、宮内庁ならびに内閣府の下に置かれる委員会および庁（警察庁を除く。）
③ 国家行政組織法３条２項に規定する機関（検察庁を除く。）
④ 内閣府設置法39条および55条ならびに宮内庁法16条２項の機関ならびに警察庁
⑤ 国家行政組織法８条の２の施設等機関および検察庁
⑥ 会計検査院

（２）独立行政法人等（法２条９項）

① 独立行政法人通則法２条１項に規定する「独立行政法人」
② 個人情報保護法別表第一に掲げる法人

（３）地方独立行政法人（法２条10項）

○ 地方独立行政法人法２条１項に規定する「地方独立行政法人」

ただし、個人情報保護法別表第二に掲げる法人等（国立大学法人や独立行政法人国立

病院機構）については、行政機関等の規律が一部適用除外されます。

「行政機関等」または「行政機関の長等」に該当した場合には、以下の個人情報の取扱いの規定が適用されます。

① 個人情報の保有の制限等（法61条）：行政機関等
② 利用目的の明示（法62条）：行政機関等
③ 不適正な利用の禁止（法63条）：行政機関の長等
④ 適正な取得（法64条）：行政機関の長等
⑤ 正確性の確保（法65条）：行政機関の長等
⑥ 安全管理措置（法66条）：行政機関の長等
⑦ 従業者の義務（法67条）：行政機関等
⑧ 漏えい等の報告等（法68条）：行政機関の長等
⑨ 利用及び提供の制限（法69条）：行政機関の長等
⑩ 保有個人情報の提供を受ける者に対する措置要求（法70条）：行政機関の長等
⑪ 外国にある第三者への提供の制限（法71条）：行政機関の長等
⑫ 個人関連情報の提供を受ける者に対する措置要求（法72条）：行政機関の長等
⑬ 仮名加工情報の取扱いに係る義務（法73条）：行政機関の長等

7 保有個人情報（法60条１項）

行政機関等の職員（独立行政法人および地方独立行政法人にあっては、その役員を含みます。）が職務上作成し、または取得した個人情報であって、当該行政機関等の職員が組織的に利用するものとして、当該行政機関等が保有しているものを「保有個人情報」といいます。

ただし、行政文書（行政機関の保有する情報の公開に関する法律２条２項）または法人文書等（独立行政法人等の保有する情報の公開に関する法律（平成11年法律第42号。以下「行政機関情報公開法」といいます。）２条２項）に記録されているものに限ります。

行政機関等（行政機関、地方公共団体の機関、独立行政法人等、地方独立行政法人）が取得する前は、「個人情報」に関する規定とされています（法61条～ 64条・67条）が、取得後は、「保有個人情報」に関する規定とされています（法64条～ 66条・71条・法76条～ 106条）。

8 要配慮個人情報

「要配慮個人情報」とは、本人の人種、信条、社会的身分、病歴、犯罪の経歴、犯罪により害を被った事実その他本人に対する不当な差別、偏見その他の不利益が生じないようにその取扱いに特に配慮を要するものとして政令で定める記述等が含まれる個人情報をいいます（法２条３項）。具体的には以下の情報が該当します。

- 人種
- 信条
- 社会的身分
- 病歴
- 犯罪の経歴
- 犯罪により害を被った事実
- 身体障害、知的障害、精神障害（発達障害を含む。）その他の個人情報保護委員会規則で定める心身の機能の障害があること
- 健康診断等の結果に基づき、又は疾病、負傷その他の心身の変化を理由として、本人に対して医師等により心身の状態の改善のための指導又は診療若しくは調剤が行われたこと
- 本人を被疑者又は被告人として、逮捕、捜索、差押え、勾留、公訴の提起その他の刑事事件に関する手続が行われたこと（犯罪の経歴を除く。）

個人情報取扱事業者は、法令に基づく場合等一定の例外を除き、あらかじめ本人の同意を得ないで、要配慮個人情報を取得してはなりません（法20条２項）。また、オプトアウトによる第三者提供の対象として要配慮個人情報を含む個人データは認められません（法27条２項）。また、１件でも要配慮個人情報（高度な暗号化その他の個人の権利利益を保護するために必要な措置を講じたものを除きます。）が含まれる個人データの漏えい等が発生し、または発生したおそれがある事態が生じた場合には、個人情報保護委員会への報告および本人への通知が必要となります（法26条、規則７条１号）。

他方、行政機関等（行政機関、地方公共団体の機関、独立行政法人等、地方独立行政法人）については、要配慮個人情報の取得に関して、特別なルールは設けられていません。１件でも要配慮個人情報が含まれる個人情報（高度な暗号化その他の個人の権利利益を保護するために必要な措置を講じたものを除きます。）の漏えい、滅失、もしくは毀損が発生し、または発生したおそれがある事態が生じたときは、当該事態が生じた旨を個人情報保護委員会に報告する必要があります（法68条１項、規則43条１号）。また、要配慮個人情報が含まれるときは行政機関の長等（行政機関の長、地方公共団体の機関、独立行政法人等および地方独立行政法人）はその旨を個人情報保護委員会に通知するとともに、その事項を記載した個人情報ファイル簿を作成し、公表しなければなりませ

ん（法74条1項6号、75条1項）。

9 条例要配慮個人情報

「条例要配慮個人情報」とは、地方公共団体の機関または地方独立行政法人が保有する個人情報（要配慮個人情報を除きます。）のうち、地域の特性その他の事情に応じて、本人に対する不当な差別、偏見その他の不利益が生じないようにその取扱いに特に配慮を要するものとして地方公共団体が条例で定める記述等が含まれる個人情報をいいます（法60条5項）。

過去、地方公共団体において、独自に条例において要配慮個人情報として定められてきたものとしては、思想、信教、本籍、生活保護の受給、成年被後見人、被保佐人、被補助人、社会的差別の原因となるおそれのあるもの等がありますが、「生活保護の受給」「成年被後見人」「被保佐人」「被補助人」は、個人情報保護法上の「要配慮個人情報」ではありません。

10 匿名加工情報

「匿名加工情報」とは、次に掲げる個人情報の区分に応じて当該各号に定められる措置を講じて特定の個人を識別することができないように個人情報を加工して得られる個人に関する情報であって、当該個人情報を復元できないようにしたものです（法2条6項）。

① **個人識別符号以外の個人情報（法2条1項1号）**
当該個人情報に含まれる記述等の一部を削除すること（当該一部の記述等を復元することのできる規則性を有しない方法により他の記述等に置き換えることを含む。）

② **個人識別符号（法2条1項2号）が含まれる個人情報**
当該個人情報に含まれる個人識別符号の全部を削除すること（当該個人識別符号を復元することのできる規則性を有しない方法により他の記述等に置き換えることを含む。）

匿名加工情報の制度は、個人データから「個人の特定性を低減したデータ」へ加工したものを「匿名加工情報」として、匿名加工情報を加工する事業者に対して、第三者提供のための本人の同意（法27条）を得る代わりに、匿名加工情報の加工に関する基準（法43条1項）、加工方法に関する漏えい防止措置（同条2項）、作成した匿名加工情報に関する公表義務（同条3項）、自ら取り扱う場合の識別行為の禁止義務（同条5

項)、安全管理措置・苦情処理等の義務（同条６項)、匿名加工情報の第三者提供をする場合の明示・公表義務（同条4項）を課するものです。

匿名加工情報の提供を受けた事業者も、本人の識別行為の禁止義務（法45条)、第三者提供をする場合の明示・公表義務（法44条)、安全管理措置等（法46条）を負います。

11 仮名加工情報

仮名加工情報の制度は、令和２年改正法により設けられたものです。

「仮名加工情報」とは、個人情報を、その区分に応じて、以下の措置を講じて他の情報と照合しない限り特定の個人を識別することができないように加工して得られる個人に関する情報をいいます（法２条５項)。

① **個人識別符号以外の個人情報（法２条１項１号）**
当該個人情報に含まれる記述等の一部を削除すること（当該一部の記述等を復元することのできる規則性を有しない方法により他の記述等に置き換えることを含む。)

② **個人識別符号（法２条１項２号）が含まれる個人情報**
当該個人情報に含まれる個人識別符号の全部を削除すること（当該個人識別符号を復元することのできる規則性を有しない方法により他の記述等に置き換えることを含む。)

仮名加工情報の定義自体は、上記10の匿名加工情報（法２条６項）とほぼ同じです。

匿名加工情報は、特定の個人を識別することができないように個人情報を加工して得られる個人に関する情報であって、当該個人情報を復元することができないようにしたもの（法２条６項）です。「個人情報」(法２条１項）に該当せず本人の同意を得ずに第三者に提供することが可能です。

これに対し、仮名加工情報は、他の情報と照合しない限り特定の個人を識別できないように加工した個人に関する情報（法２条５項）であり、仮名加工情報を作成した個人情報取扱事業者においては、通常、当該仮名加工情報の作成の元となった個人情報や当該仮名加工情報に係る削除情報等を保有していると考えられることから、原則として「個人情報」(法２条１項）に該当するものです。なお、仮名加工情報は、事業者内部での利用のためのものであり、匿名加工情報と異なり、原則として第三者への提供が予定されていません。

12 行政機関等匿名加工情報

「行政機関等匿名加工情報」とは、行政機関・独立行政法人等が保有する個人情報を特定の個人を識別することができないように加工し、かつ、当該個人情報を復元できないようにした情報です。

民間事業者（個人情報取扱事業者）と異なり、提案募集手続（法110条以下）を経なければ作成・提供できないこととされています。

行政機関等（行政機関、地方公共団体の機関、独立行政法人等、地方独立行政法人）は、行政機関等匿名加工情報の利用に関する提案募集のため、次の３要件を満たす個人情報ファイルを公表することとされています（法60条３項）。

① 個人情報ファイル簿に掲載された個人情報ファイル（個人情報ファイル簿として公表されていること）
② 情報公開請求があれば（i）全部または一部開示する旨を決定すること、または、（ii）意見書の提出の機会を与えること
③ 行政の適正かつ円滑な運営に支障のない範囲内で加工が可能なもの

問

個人情報保護法上の用語に関する次の選択肢のうち、誤っているものを選びなさい。

1　個人情報取扱事業者が個人情報を第三者提供する場合には本人の同意を要する。

2　個人関連情報とは、生存する個人に関する情報であって、個人情報、仮名加工情報および匿名加工情報のいずれにも該当しないものをいう。

3　「行政機関等」とは、「行政機関」「地方公共団体の機関」「独立行政法人等」「地方独立行政法人」に該当するものをいう。

答

第三者提供の制限は、「個人データ」に適用される（法27条）。

正解　1

Q3 個人情報保護法上の民間事業者のルールについて教えてください。

A 個人情報保護法には、民間事業者（個人情報取扱事業者）の個人情報（個人データ）の取得・利用・第三者提供、利用目的の通知、開示、訂正、利用停止等のルールが定められています。

解説

1 個人情報の取得時のルール

個人情報取扱事業者は、**個人情報**を取り扱うにあたっては、**利用目的をできる限り特定**しなければなりません（法17条）。

また、特定された利用目的の達成に必要な範囲を超えて個人情報を取り扱ってはなりません（法18条）。目的外利用をする場合には、あらかじめ本人の同意が必要となります。

個人情報を取得したときは、本人に速やかに利用目的を通知または公表しなければなりません（法21条１項）。本人から直接書面（電磁的方法を含みます。）で取得する場合には、**あらかじめ本人に利用目的を明示**しなければなりません（同条２項）。

個人情報取扱事業者は、偽りその他不正な手段によって**個人情報**を取得してはなりません（法20条）。平成27年改正法により、**要配慮個人情報を取得**するには**あらかじめ本人の同意**の取得が必要となりました（法20条２項）。

2 個人データの利用・保管のルール

（1）不適正利用の禁止（法19条）

令和２年改正法により、不適正利用の禁止（法19条）が明文化され、個人情報取扱事業者は、違法または不当な行為を助長し、または誘発するおそれがある方法により個人情報を利用してはならないこととされました。

（2）個人データ内容の正確性の確保（法22条）

個人情報取扱事業者は、利用目的の範囲内で、**個人データ**を正確かつ最新の内容に保つよう努めなければなりません。平成27年改正法により、利用の必要がなくなった個人データを遅滞なく消去する旨の努力義務が追加されました。

（3）安全管理措置（法23条）、従業者・委託先の監督（法24条・25条）

個人情報取扱事業者は、個人データについての安全管理措置（法23条）、従業者の監督（法24条）、委託先の監督（法25条）を講ずる義務を負います。「従業者の監督」と「委託先の監督」は広義の安全管理措置に該当します。

通則編ガイドライン「（別添）講ずべき安全管理措置の内容」においては、「組織的・人的・物理的・技術的」安全管理措置の観点ごとに「講じなければならない措置」および「手法例」が示されています。

令和２年改正法による通則編ガイドラインの改正により、安全管理措置として「外的環境の把握」が追加されました。個人情報取扱事業者が、外国において個人データを取り扱う場合、当該外国の個人情報の保護に関する制度等を把握した上で、個人データの安全管理のために必要かつ適切な措置を講じなければなりません。

（4）漏えい等報告等（法26条）

令和２年改正法により、その施行前は漏えい等報告が努力義務でしたが、義務化されました。

個人情報取扱事業者は、次の①から④に掲げる事態（以下「報告対象事態」といいます。）を知ったときは、高度の暗号化をしている場合等を除き、個人情報保護委員会に報告しなければなりません。

① 要配慮個人情報が含まれる個人データの漏えい等が発生し、又は発生したおそれがある事態（規則７条１号）
② 不正に利用されることにより財産的被害が生じるおそれがある個人データの漏えい等が発生し、又は発生したおそれがある事態（例：クレジットカード番号やインターネットバンキングのID・パスワード等）（同条２号）
③ 不正の目的をもって行われたおそれがある個人データの漏えい等が発生し、又は発生したおそれがある事態（例：不正アクセスや従業員による持ち出し等）（同条３号）
④ 個人データに係る本人の数が1,000人を超える漏えい等が発生し、又は発生したおそれがある事態（同条４号）

報告は、報告対象である事態を知ってから速やか（おおむね３～５日以内）にその時点で把握していることを報告する「**速報**」と、報告対象事態を知った日から**30日以**

内（「不正の目的をもって行われたおそれがある個人データの漏えい等が発生し、又は発生したおそれがある事態」を知った場合には60日以内）に、当該事態に関する報告事項を個人情報保護委員会に報告しなければならない「**確報**」があります。

報告対象事態が生じた場合には、高度の暗号化等をしている場合を除き、本人に対しても通知を行う必要があります。

3 個人データの第三者提供（法27条～31条）

（1）個人データの第三者提供のルール（法27条）

個人情報取扱事業者は、原則として、あらかじめ本人の同意を得ないで、本人以外の第三者に**個人データ**を提供してはなりません。

個人データの第三者提供の制限の例外としては、①法令に基づく場合等（法27条1項各号）、②オプトアウト（同条2項）、③第三者に該当しない場合（同条5項各号）があります。

「第三者に該当しない場合」としては、（i）**個人データ**の全部または一部の取扱いを委託する場合（法27条5項1号）、（ii）合併等の事業承継の場合（同項2号）、（iii）共同利用をする場合（同項3号）です。

平成27年改正法により、①オプトアウトの手続の厳格化（法27条2項～4項）、②外国にある第三者への提供の制限（法28条）、③確認・記録義務（法29条・30条）が設けられました。

令和2年改正法により、個人関連情報の提供先で他の情報と合わせて個人データとなることが想定される場合、提供先の第三者は本人から同意を取得しなければならず、提供元は第三者が同意を取得したか確認しなければならなくなりました（法31条）。

（2）越境データ移転（外国にある第三者への個人データの提供）のルール（法28条）

上記（1）のとおり、平成27年改正法により、外国にある第三者への提供の制限のルールが設けられ、令和2年改正法により、外国にある第三者への個人データの提供について、移転先事業者における個人情報の取扱いに関する本人への情報提供の充実や当該外国の個人情報保護制度の情報提供が必要となりました（法28条）。

ア 越境データ移転を行う個人情報取扱事業者に求められる対応

移転元となる個人情報取扱事業者に対して下記の対応が求められます。

① 本人の同意を根拠に移転する場合（法28条1項・2項）

令和2年改正法により、移転先事業者における個人情報の取扱い（例：移転先国の名称や個人情報の保護に関する制度の有無など）に関して、本人への情報提供の充実を求めることとなりました。

② 本人の同意を得ることなく個人データを移転する場合（法28条１項・３項）

移転先事業者において継続的な適正取扱いを担保するための体制が整備されていることが条件となります。令和２年改正法により、本人の求めに応じて、移転先事業者における個人情報の取扱いに関する情報提供を行うこととなりました。

③ 我が国と同等の個人情報保護水準にあると個人情報保護委員会が認めた国（現時点では、EU加盟国・英国）（別途個人情報保護委員会の補完的ルールを遵守する必要があります。）

②・③の場合には、これだけでは外国にある第三者への提供が認められることとはならず、(i) 本人の同意（法27条１項）、(ii) オプトアウトにより提供する方法（同条２項）、(iii) 委託、事業承継または共同利用に伴って提供する方法（同条５項各号）のいずれかの方法による必要があります。

なお、「法令に基づく場合」（日本の法令に限られます。法27条１項１号）など、法27条１項各号に列挙された公益的な例外に該当する場合には、上記①から③の方法によらずに外国にある第三者に個人データを提供することができます。

■外国にある第三者に個人データを提供する３つの場合

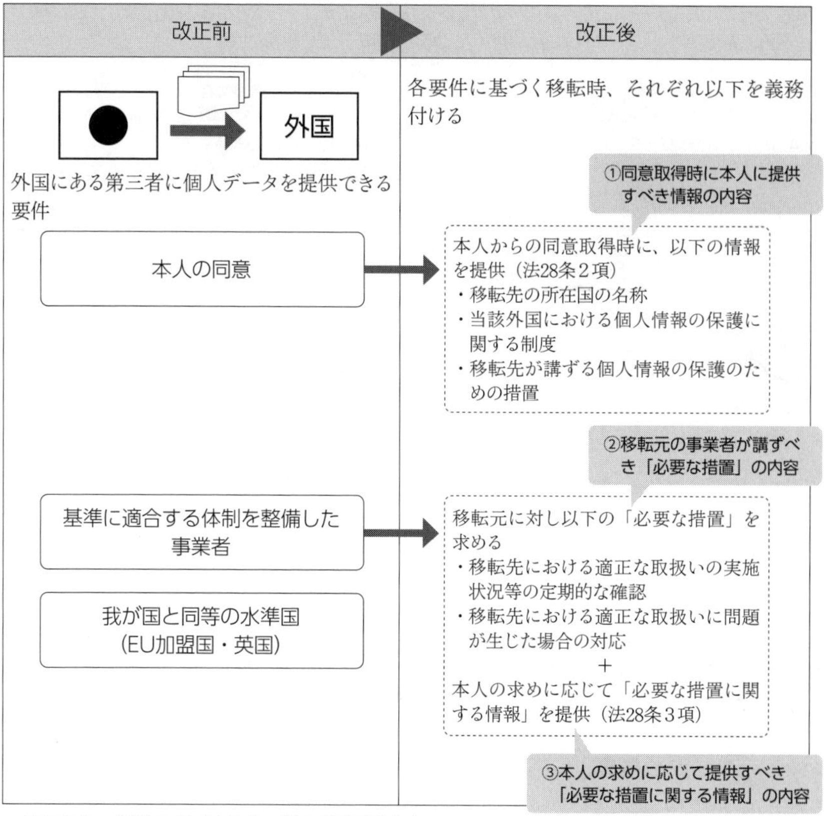

※この他、「法令に基づく場合」等の例外要件あり。

出所：個人情報保護委員会作成資料を修正

（３）個人関連情報の提供の制限

令和２年改正法により設けられた規律で、個人関連情報取扱事業者は、提供先の第三者が個人関連情報（個人関連情報データベース等を構成するものに限ります。）を個人データとして取得することが想定されるときは、法27条１項各号に掲げる場合を除き、提供先の第三者において、あらかじめ当該個人関連情報に係る本人の同意が得られていること等を確認しないで、当該個人関連情報を提供してはなりません（法31条１項）。

■個人関連情報の第三者提供規制の概要

- 提供元では個人データに該当しないものの、提供先において個人データとなることが想定される情報の第三者提供について、本人同意が得られていること等の確認を義務付ける。

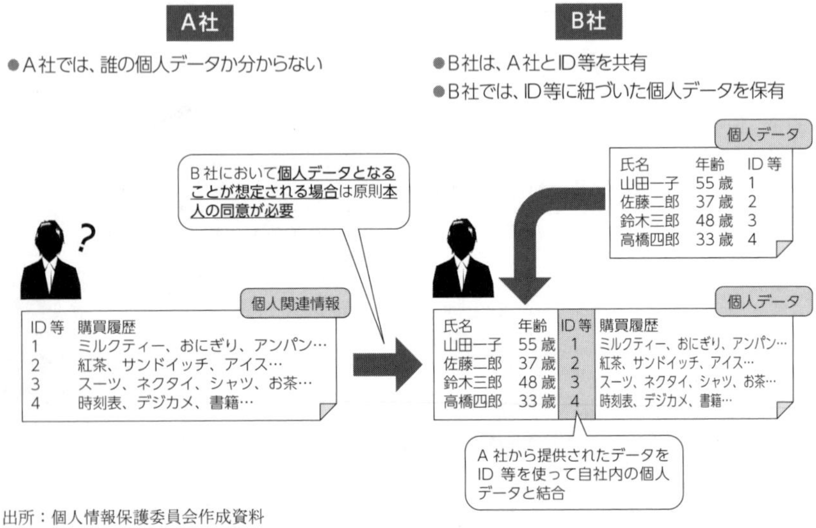

出所：個人情報保護委員会作成資料

4 利用目的の通知、開示、訂正、利用停止等（法32条～35条）

（1）ルールの概要

個人情報取扱事業者は、**保有個人データ**の利用目的、開示等に必要な手続、苦情の申出先等について本人の知り得る状態に置かなければなりません（法32条）。

また、本人からの請求等に応じて、**保有個人データ**を開示しなければなりません（法33条）。**保有個人データ**の内容に誤りのあるときは、本人からの請求等に応じて、利用目的の達成に必要な範囲内で、調査し、訂正等を行わなければなりません（法34条）。**保有個人データ**を法の義務に違反して取り扱っているときは、本人からの求めに応じて、利用停止等を行わなければなりません（法35条）。

平成27年改正法により、開示、訂正、利用停止等について、裁判上の請求も認められることとなりました。

令和２年改正法では、開示請求手続のデジタル化（電磁的方法）や利用停止等・第三者提供の停止等の要件の緩和などがなされました。

（２）令和２年改正法による個人の権利の強化

ア　保有個人データの開示項目の充実（法32条）

令和２年改正法により、保有個人データの開示項目として、①当該個人情報取扱事業者が法人である場合にその代表者の氏名、②法23条の規定により保有個人データの安全管理のために講じた措置（本人の知り得る状態（本人の求めに応じて遅滞なく回答する場合を含みます。）に置くことにより当該保有個人データの安全管理に支障を及ぼすおそれがあるものを除きます。）が開示項目として追加されました。

イ　開示請求の方法の拡充

令和２年改正法の施行前までは、書面の交付による方法により開示請求をすることとされていましたが、施行により、本人は、個人情報取扱事業者に対し、①電磁的記録の提供による方法、②書面の交付による方法、③その他当該個人情報取扱事業者が定める方法により開示を請求することができることとされました（法33条１項、規則30条）。

これは、GDPRで認められているデータポータビリティ権を意識した改正です。

ウ　利用停止、消去、第三者提供の停止の請求に係る要件の緩和

令和２年改正法により、従前から認められていた、①個人情報の目的外利用（法18条）、②不正な手段による取得（法19条・20条）に違反した場合に加えて、③利用する必要がなくなった場合、④当該本人が識別される保有個人データに係る漏えい等報告の事態（法26条１項本文）が生じた場合、および、⑤当該本人の正当な利益が害されるおそれがある場合に、利用停止等（利用停止または消去）および第三者提供の停止の請求ができることとなりました。

問

個人情報保護法上の民間事業者のルールに関する次の選択肢のうち、誤っているものを選びなさい。

1　個人情報取扱事業者には、不適正取得の禁止のほか不適正利用の禁止が義務付けられている。

2　個人関連情報取扱事業者は、提供先の第三者が個人関連情報（個人関連情報データベース等を構成するものに限る。）を個人データとして取得することが想定されるときは、本人の同意を得なければ、当該個人関連情報を提供してはならない。

3　本人は、個人情報取扱事業者に対し、①電磁的記録の提供による方法、②書面の交付による方法、③その他当該個人情報取扱事業者が定める方法により保有個人データの開示を請求することができる。

答

個人関連情報取扱事業者は、提供先の第三者が個人関連情報（個人関連情報データベース等を構成するものに限る。）を個人データとして取得することが想定されるときは、法27条1項各号に掲げる場合を除き、提供先の第三者において、あらかじめ当該個人関連情報に係る本人の同意が得られていること等を確認しないで、当該個人関連情報を提供してはならない（法31条1項）。個人関連情報取扱事業者自体が本人の同意を得なければならないわけではない。

正解　2

Q4 令和３年改正法の制定経緯・概要について教えてください。

A 個人情報保護法、行政機関個人情報保護法、独立行政法人等個人情報保護法の３本の法律を１本の法律に統合するとともに、地方公共団体の個人情報保護制度についても個人情報保護法において全国的な共通ルールが規定され、全体の所管が個人情報保護委員会に一元化されます。また、学術研究分野の適用除外について一律の適用除外ではなく、義務ごとの例外規定として精緻化されます。

解説

1 制定経緯・背景

（1）制定経緯

個人情報保護法は、主に個人情報を取り扱う民間事業者の遵守すべき義務等を定める法律です（法４章～７章）。

令和３年改正法の第１弾改正の施行前（令和４（2022）年３月31日以前）は、行政機関における個人情報の取扱いについては「行政機関個人情報保護法」において、独立行政法人等における個人情報の取扱いについては「独立行政法人等個人情報保護法」において定められていました。

また、令和３年改正法の第２弾改正の施行前（令和５（2023）年３月31日以前）は、都道府県庁や市町村役場、教育委員会、公立学校、公立病院等における個人情報の取扱いについては、各地方公共団体が策定する「個人情報保護条例」が適用されました。

このように、個人情報保護法制がバラバラになっていることが問題となってきました。

平成27年改正法附則12条６項においては、「政府は、新個人情報保護法の施行の状況、第１項の措置の実施の状況その他の状況を踏まえ、新個人情報保護法第２条第１項に規定する個人情報及び行政機関等保有個人情報の保護に関する規定を集約し、一体的に規定することを含め、個人情報の保護に関する法制の在り方について検討する」（下線筆者）と規定されました。

これを受けて、個人情報保護委員会の**制度改正大綱**において、「行政機関、独立行政法人等に係る法制と民間分野に係る法制との一元化」や「地方公共団体の個人情報保護制度」について取り扱われました（第７節 官民を通じた個人情報の取扱い）。

令和２年改正法では、保有個人データに関する取扱いが強化されるとともに、リクナビ問題を契機に個人情報以外の個人に関する情報（個人関連情報）の取扱いについて定められました。また、外国の第三者への個人データの提供に際しての情報提供の充実が求められることとなりますが、軌を一にして海外の委託先の個人データへのアクセスが問題となったLINE問題が起こりました。

令和３年改正法では、いままで縦割りだった国・独立行政法人・地方公共団体の個人データの取扱いがようやく個人情報保護法に一元化されました。

そして、内閣官房の「個人情報保護制度の見直しに関するタスクフォース」（令和元（2019）年12月25日～同２（2020）年12月23日・計３回開催）およびその下に設けられた「個人情報保護制度の見直しに関する検討会」（令和２（2020）年３月９日～同年12月17日・計11回開催）において検討がなされ、令和２（2020）年８月28日に「**個人情報保護制度の見直しに向けた中間整理**」が、同年12月23日に「**個人情報保護制度の見直しに関する最終報告**」が出されました。

「最終報告」を受けて、令和３（2021）年２月９日に内閣提出法案として提出された「デジタル社会の形成を図るための関係法律の整備に関する法律」（令和３年法律第37号）における個人情報保護法関連の改正（法50条・51条）として、下記[2]に掲げる改正がなされることとなりました（令和３年改正法）。

（２）背景

令和３年改正法においては、個人情報保護制度の見直しの背景について以下のとおり整理されています。

① 新たに「デジタル庁」を創設し、国や地方のデジタル業務改革を強力に推進していく方針であるところ、これに伴い、公的分野で取り扱うデータの質的・量的な増大が不可避となる。そこで、個人情報保護に万全を期すため、独立規制機関である個人情報保護委員会が、公的分野を含め、個人情報の取扱いを一元的に監視監督する体制の確立が必要となる。

② 情報化の進展や個人情報の有用性の高まりを背景として、官民や地域の枠を超えたデータ利活用が活発化している。そこで、データ利活用の支障となり得る現行法制の不均衡・不整合を是正する必要がある。「不均衡・不整合」の例としては以下がある。

●民間分野と公的分野で「個人情報」の定義が異なる

- 国立病院、民間病院、公立病院で、データ流通に関する法律上のルールが異なる
- 国立大学と私立大学で学術研究に係る適用除外規定のあり方が異なる
- 地方公共団体間で個人情報保護条例の規定やその運用が異なる（いわゆる「2000個問題」）

③　国境を越えたデータ流通の増加を踏まえ、GDPRの十分性認定への対応をはじめとする国際的な制度調和を図る必要性がいっそう高まっている。そこで、学術研究分野の適用除外を一律の適用除外とするのではなく、義務ごとの例外規定として精緻化する必要がある。

2　改正項目の概要

令和３年改正法における個人情報保護法関連の改正項目の概要は、以下のとおりです。

①　個人情報保護法、行政機関個人情報保護法、独立行政法人等個人情報保護法の３本の法律を１本の法律に統合するとともに、地方公共団体の個人情報保護制度についても統合後の法律において全国的な共通ルールを規定し、全体の所管を個人情報保護委員会に一元化する。

②　医療分野・学術分野の規制を統一するため、国公立の病院、大学等には原則として民間の病院、大学等と同等の規律を適用する。

③　学術研究分野を含めたGDPRの十分性認定への対応を目指し、学術研究に係る適用除外規定について、一律の適用除外ではなく、義務ごとの例外規定として精緻化する。

④　個人情報の定義等を国・民間・地方で統一するとともに、行政機関等（行政機関、地方公共団体の機関、独立行政法人等、地方独立行政法人）での匿名加工情報の取扱いに関する規律を明確化する。

■個人情報保護制度の見直しの全体像

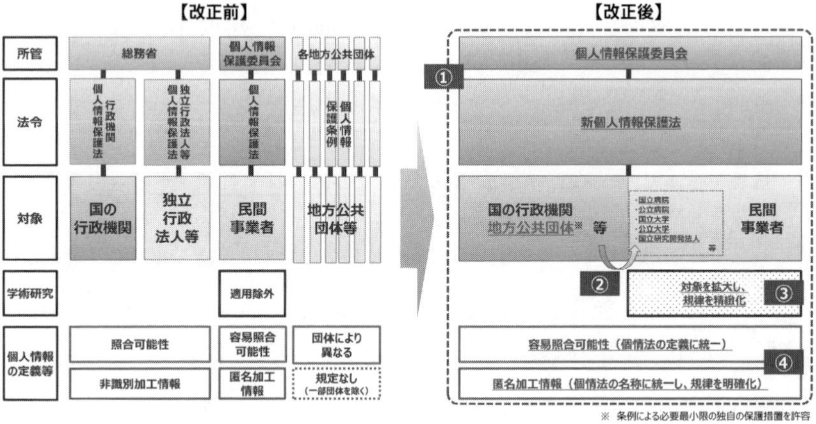

出所：個人情報保護制度の見直しに関するタスクフォース「個人情報保護制度の見直しに関する最終報告（概要）」（一部改変）

3 施行日

令和３年改正法は、令和３（2021）年５月12日に国会で成立し、同年５月19日に公布されました。

令和３年改正法の原則的な施行日は令和３（2021）年９月１日とされていますが、２段階に分けて施行されました。

第１弾改正（個人情報保護法・行政機関個人情報保護法・独立行政法人等個人情報保護法の一元化等）は、令和４（2022）年４月１日に施行されました。令和２年改正法の施行日も同日（同年４月１日）であり、両方の改正が同日施行されました。

第２弾改正（個人情報保護法と各地方公共団体の個人情報保護条例の一元化）は、令和５（2023）年４月１日に施行されました。

4 施行スケジュール

令和２年改正法	令和４（2022）年４月１日	個人情報の不適正な利用の禁止、仮名加工情報の創設等
令和３年改正法（第１弾改正）		個人情報保護法・行政機関個人情報保護法・独立行政法人等個人情報保護法の一元化等

令和3年改正法 (第2弾改正)	令和5（2023）年4月1日	個人情報保護法と各地方公共団体の個人情報保護条例の一元化

第1弾改正・第2弾改正の改正事項は、それぞれ以下のとおりです。

（1）第1弾改正

① 法律の一元化・所管の一元化

- 個人情報保護法、行政機関個人情報保護法、独立行政法人等個人情報保護法の3本の法律を個人情報保護法に統合するとともに、全体の所管を個人情報保護委員会に一元化

② 個人情報の定義の統一

- 容易照合性・個人識別行為について個人情報保護法の定義に合わせる

③ 匿名加工情報の定義の一元化・行政機関等における匿名加工情報の取扱いの明確化

- 「非識別加工情報」から「行政機関等匿名加工情報」に変更
- 「行政機関等匿名加工情報」に識別行為の禁止が求められることとなる

④ 行政機関等に個人情報保護法の規律導入

- 不適正な利用・不適正取得の禁止
- 漏えい等報告等
- 外国にある第三者への提供制限
- 個人関連情報の提供を受ける者に対する措置要求
- 仮名加工情報の取扱い

⑤ 医療分野・学術分野の規律の統一（個人情報取扱事業者と開示等・審査請求の手続・匿名加工情報の取扱いを除き同じ規律を適用）

- 医療分野・学術分野の規律を統一するため、国公立の病院、大学等には原則と

して民間の病院、大学等と同等の規律を適用

⑥　学術研究分野に係る適用除外規定の見直し（精緻化）

●学術研究分野を含めたGDPRの十分性認定への対応を目指し、学術研究に係る適用除外規定について、一律の適用除外ではなく、義務ごとの例外規定として精緻化

（2）第2弾改正

第2弾改正は、地方公共団体の機関および地方独立行政法人を対象とするものです。

①　適用対象

●地方公共団体の機関および地方独立行政法人を対象とし、国と同じ規律を適用
●病院、診療所および大学には、民間分野と同じ規律を適用

②　定義の一元化

●地方公共団体の機関および地方独立行政法人が保有する個人情報の定義について、国・民間分野と同じ規律を適用
例）容易照合可能性、個人識別符号、要配慮個人情報等
●条例で独自の要配慮個人情報を定められる

③　個人情報の取扱い

●地方公共団体の機関および地方独立行政法人が保有する個人情報の取扱いについて、国と同じ規律を適用
例）保有の制限、安全確保措置、利用および提供の制限等

④　個人情報ファイル簿の作成・公表

●地方公共団体の機関および地方独立行政法人による個人情報ファイル簿の作成・公表について、国と同じ規律を適用

※個人情報ファイル簿の作成等を行う個人情報ファイルの範囲は国と同様（1,000人以上等）とする
※引き続き、個人情報取扱事務登録簿を作成することも可能とする

⑤ 地方公共団体の機関および地方独立行政法人に対する自己情報の開示、訂正および利用停止の請求

● 開示等の請求権や要件、手続は国と同じ制度。主要な部分を法律で規定

⑥ 地方公共団体の機関および地方独立行政法人における匿名加工情報の提供制度の導入

● 匿名加工情報の提供制度（定期的な提案募集）について、国と同じ規律を適用
※ただし、経過措置として、当分の間、都道府県および政令指定都市について適用することとし、他の地方公共団体は任意で提案募集を実施することを可能とする

⑦ 個人情報保護委員会と地方公共団体の関係

● 個人情報保護委員会は、地方公共団体における個人情報の取扱い等に関し、国の行政機関に対する監視に準じた措置を行う
● 地方公共団体は、個人情報の取扱い等に関し、個人情報保護委員会に対し、助言その他の必要な支援を求めることが可能
例）個人情報の提供を行う場合、匿名加工情報の作成を行う場合等

⑧ 条例との関係

● 保有個人情報の開示等の手続、審査請求の手続について、法律に反しない限り条例で必要な事項を定められる

問 令和３年改正法の制定経緯・概要に関する次の選択肢のうち、誤っているものを選びなさい。

1　個人情報保護法、行政機関個人情報保護法、独立行政法人等個人情報保護法の３本の法律が個人情報保護法に統合され、「個人情報」の定義も一元化された。

2　行政機関等の匿名加工情報の制度も個人情報取扱事業者と一元化された。

3　地方公共団体は、条例で独自の要配慮個人情報を定めることができる。

答

行政機関等（行政機関、地方公共団体の機関、独立行政法人等、地方独立行政法人）については、「行政機関等匿名加工情報」の制度が適用され、提案募集手続が適用されるため、個人情報取扱事業者の匿名加工情報の制度とは異なる。

正解　2

Q5 令和３年改正法における、法の形式と所管の一元化については、どのような点が変更になるのでしょうか？

A　個人情報保護法、行政機関個人情報保護法、独立行政法人等個人情報保護法の３本の法律が１本の法律に統合されるとともに、地方公共団体の個人情報保護制度についても統合後の法律において全国的な共通ルールが規定され、全体の所管が個人情報保護委員会に一元化されます。

解説

1 地方公共団体の個人情報保護制度

（1）改正前の地方公共団体の個人情報保護制度の課題

社会全体でデジタル化に対応した「個人情報保護」と「データ流通」の両立が要請される中、地方公共団体ごとの個人情報保護条例の規定・運用の相違がデータ流通の支障となっています。

中でも、医療分野や学術分野等の、官民の共同作業が特に重要な分野について、地方公共団体の条例を含む当該分野の個人情報保護に関するルールが不統一であることが、円滑な協働作業の妨げになっています。

また、一部事務組合等については、個別の個人情報保護条例を制定していないなど条例の適用関係が明らかでない団体が、少なくとも613団体存在します。

さらに、独立した機関による監督を求めるGDPRの十分性認定など国際的な制度調和と、G20大阪首脳宣言におけるDFFT（信頼ある自由なデータ流通）など我が国の成長戦略への整合の要請もあります。

こうした課題に対応するため、地方公共団体の個人情報保護制度について、全国的な共通ルールを法律で規定するとともに、国がガイドライン等を示すことにより、地方公共団体の的確な運用を確保することとされました。

（2）改正法における規律

令和３年改正法の第２弾改正（令和５（2023）年４月１日施行）により、地方公共団体の機関および地方独立行政法人は、「行政機関等」の定義に含まれることとなり、行政機関や独立行政法人等と同様の規律に従うこととなりました。なお、地方公共団体の議会は、「行政機関等」の定義から適用除外されています。

（3）地方公共団体独自の保護措置

以下のとおり、地方公共団体の機関および地方独立行政法人には、独自の保護措置を設けることができます。

ア　条例要配慮個人情報

「条例要配慮個人情報」とは、地方公共団体の機関または地方独立行政法人が保有する個人情報（要配慮個人情報を除きます。）のうち、地域の特性その他の事情に応じて、本人に対する不当な差別、偏見その他の不利益が生じないようにその取扱いに特に配慮を要するものとして地方公共団体が条例で定める記述等が含まれる個人情報をいいます（法60条５項）。

個人情報ファイル簿に条例要配慮個人情報が含まれる場合は、その旨を記載しなければなりません（法75条４項）。

イ　保有個人情報の開示義務

保有個人情報の開示義務の対象から、情報公開条例の規定により開示することとされている情報として条例で定めるものが除かれます（法78条２項）。

また、行政機関の保有する情報の公開に関する法律５条に規定する不開示情報に準ずる情報であって、情報公開条例において開示しないこととされているもののうち、当該情報公開条例との整合性を確保するために不開示とする必要があるものとして条例で定めるものについても、開示義務の対象となりません（法78条２項）。

ウ　手数料

地方公共団体の機関に対し開示請求をする者は、条例で定めるところにより、実費の範囲内において条例で定める額の手数料を納めなければなりません（法89条２項）。

エ　保有個人情報の開示等手続、審査請求手続

地方公共団体は、保有個人情報の開示、訂正および利用停止の手続ならびに審査請求の手続に関する事項について、この節の規定に反しない限り、条例で必要な規定を定めることを妨げられません（法108条）（令和３年改正法の第２弾改正で新設）。

例えば、以下のような定めを個人情報保護法の施行条例（以下「法施行条例」といいます。）においてすることができます。

- 任意代理人からの開示請求について、本人の意思を特に確認する必要があるときに、本人に対して確認書を送付し、返信をもって本人の意思を確認する手続をとることを認める法施行条例の規定を設けること（公的分野QA5-3-3）
- 開示を受けていない保有個人情報について訂正請求および利用停止請求の対象とすること（公的分野QA5-8-2）

- 法施行条例で規定することにより、訂正決定等を行うべき期間に上限を設け、または期間の延長に訂正請求者の同意を要することとすること（公的分野QA5-8-3）

オ　法施行条例で定められる事項

上記エのとおり、地方公共団体は、一定の事項について、法施行条例を定めることができます。そのほか、以下の事項を法施行条例において定めることができます。

- 地方公共団体の機関が個人情報ファイルを作成する場合に、当該地方公共団体内部において事前通知を要する等の手続を法施行条例で定めることができます（公的分野QA4-1-1）。

他方、以下の事項を法施行条例において独自に定めることは禁じられます。

- 死者に関する情報のうち生存する遺族の個人情報に該当する情報について、「個人情報」に該当することを定めること（※死者に関する情報の取扱いについて個人情報保護制度とは別の制度として条例で定めることは可）（公的分野QA2-2-1）
- 要配慮個人情報の取得制限を法施行条例で定めること（公的分野QA3-2-1）
- 不要な保有個人情報の消去を法施行条例で規定すること（公的分野QA3-2-2）
- 開示対象となる保有個人情報の記録媒体である行政文書等について、法施行以降に保有を開始した行政文書等に限定する等法律で規定する場合以外の制限を法施行条例で定めること（公的分野QA5-1-1）
- 開示請求書の提出方法を窓口での提出に限定する等、法で規定されている開示請求の方法を制限すること（公的分野QA5-2-1）
- 未成年者の法定代理人による開示請求について、一律に本人の同意を証する書類の提出を義務付けることは、実質的に任意代理のみを認めて法定代理を認めないこととなり、開示請求権について法に定めのない制限を課すものであって開示の手続に関する事項であるとはいえず、そのような規定を法施行条例で定めること（※開示請求に係る保有個人情報について、当該保有個人情報を法定代理人に開示することにより本人の生命、健康、生活または財産を害するおそれがある情報（法78条１項１号に規定する不開示情報）に該当する場合もあるため、同号該当性の判断にあたって、必要に応じて本人の意思を確認することは妨げられません。）（公的分野QA5-3-1）
- 本人が意思表示を行うことが困難な場合について、親族等の一定の者による開示請求を認める法施行条例の規定を設けること（公的分野QA5-3-2）
- 訂正請求を行う者に対して、当該請求の内容が事実に合致することを証明する資料の提出または提示を求めることを認める法施行条例の規定を設けること（公的分野QA5-8-1）

2 個人情報保護委員会による一元的な監督体制

■個人情報保護委員会による一元的な監督体制の確立

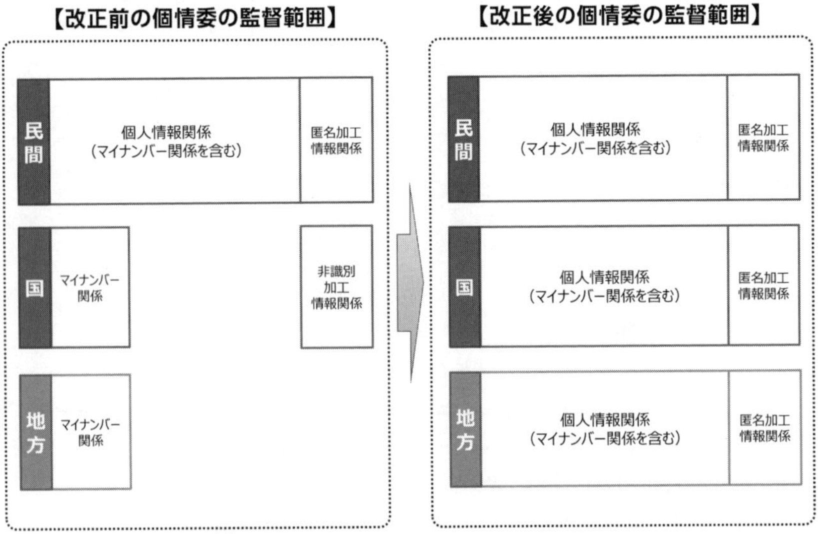

出所：個人情報保護制度の見直しに関するタスクフォース「個人情報保護制度の見直しに関する最終報告（概要）」（令和２年12月）を一部改変

令和３年改正法施行前の行政機関個人情報保護法等は、行政機関等における個人情報の取扱いについての監視権限を、原則として、所管大臣である総務大臣に付与しています。行政機関非識別加工情報（独立行政法人等については独立行政法人等非識別加工情報）の取扱いについては、個人情報保護委員会に監視権限を付与しています。

地方公共団体の個人情報の取扱いについては各地方公共団体が監視権限を有しており、個人情報保護委員会には監督権限はありません。

令和３年改正法による公的分野と民間分野の規律の一元化後は、独立規制機関である個人情報保護委員会が、民間事業者、行政機関、地方公共団体の機関、独立行政法人等、地方独立行政法人における個人情報および匿名加工情報の取扱いを一元的に監視監督する体制が構築され、行政機関等における個人情報および匿名加工情報の取扱い全般についての監視権限が、個人情報保護委員会に付与されます（法６章３款）。

問

地方公共団体の独自の保護措置に関する次の選択肢のうち、誤っているものを選びなさい。

1　任意代理人からの開示請求について、本人の意思を特に確認する必要があるときに、本人に対して確認書を送付し、返信をもって本人の意思を確認する手続をとることを認める法施行条例の規定を設けることができる。

2　地方公共団体の機関が個人情報ファイルを作成する場合に、当該地方公共団体内部において事前通知を要する旨の手続を、法施行条例で定めることができる。

3　要配慮個人情報の取得制限を、法施行条例で定めることができる。

答

要配慮個人情報の取得制限を、法施行条例で定めることはできない。

正解	3

Q 6 令和３年改正法において、医療分野・学術分野の規制については、どのような点が改正されましたか？

A 医療分野・学術分野の規制を統一するため、国公立の病院、大学等には原則として民間の病院、大学等と同等の規律を適用することとされました。

解説

1 令和３年改正法施行前の規律の問題点

医療分野・学術分野では、実質的に民間事業者と同等の立場で個人情報を取得・保有している法人であっても、当該法人が公的分野に属するか（独立行政法人、国立大学法人等）、民間分野に属するか（私立大学、民間病院、民間研究機関等）によって、適用される法律上の規律が大きく異なっており、これが、公的分野と民間分野との垣根を越えた医療や共同研究の実施を躊躇させる一因となっていました。

■医療分野・学術分野における規制の統一（改正前）

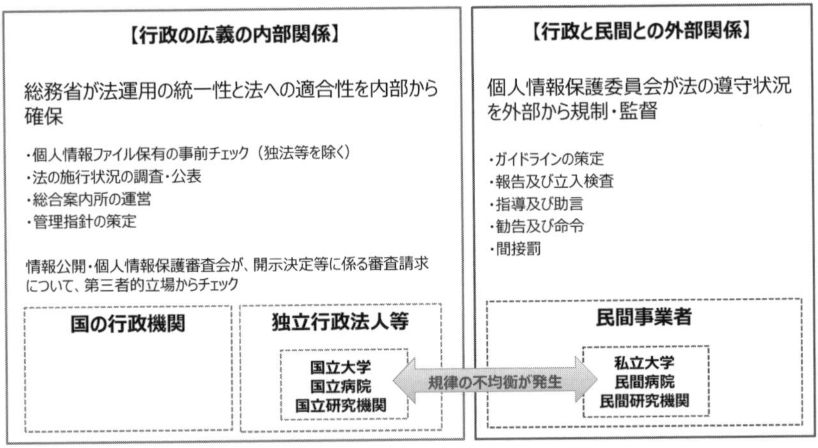

出所：個人情報保護制度の見直しに関するタスクフォース「個人情報保護制度の見直しに関する最終報告（概要）」（令和２年12月）

2 令和3年改正法の下での医療分野・学術分野の規律

令和3年改正法では、公的分野と民間分野の規律の一元化により、施行前の独立行政法人等個人情報保護法の規律対象となっている独立行政法人等のうち、民間分野において同種の業務を行う法人との間で個人情報を含むデータを利用した共同作業を行うもの等、本人からみて官民で個人情報の取扱いに差を設ける必要が乏しいもの（例：国立研究開発法人、独立行政法人国立病院機構、国立大学法人、大学共同利用機関法人）については、原則として、民間事業者と同様の規律が適用されることとなりました。

これに対して、行政機関に準ずる立場で（公権力の行使に類する形で）個人情報を取得・保有するもの（例：行政執行法人、日本年金機構等）については、行政機関と同様の規律が適用されます。

ただし、改正前の独立行政法人等個人情報保護法の規律のうち、①「**本人からの開示等請求に係る規律**」は、情報公開法制において本人開示が認められていない点を補完する側面を有しており、また、②「**非識別加工情報の提供に係る規律**」は、公的分野が有するデータを広く民間事業者に開放し活用を促す広義のオープンデータ政策としての性格を有しています。

そのため、公的分野と民間分野の規律の一元化後も、①「**本人からの開示等請求に係る規律**」および②「**非識別加工情報（令和3年改正法により「行政機関等匿名加工情報」）の提供に係る規律**」は令和3年改正法施行前と同様に、すべての独立行政法人等が行政機関に準じて扱われます。

■一元化の下での医療分野・学術分野における規制の統一

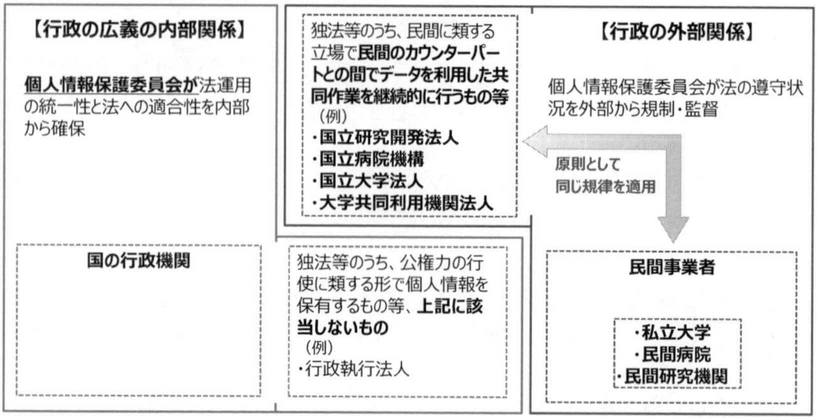

※「民間のカウンターパートと継続的なデータ流通を行う業務」と「公権力の行使に類する形で個人情報を保有する業務」の双方を行う独法等については、後者の業務を行う部門に対しては例外的に行政機関と同様の規律を適用する。

出所：個人情報保護制度の見直しに関するタスクフォース「個人情報保護制度の見直しに関する最終報告（概要）」（令和２年12月）

3　民間分野の規律が適用される法人と規律

（1）個人情報取扱事業者の規律が適用される独立行政法人等

ア　独立行政法人等と扱われるものの個人情報取扱事業者等の規定が適用されるもの（労災病院・地方公共団体の機関による病院、診療所、大学）

令和３年改正法の第１弾改正により、独立行政法人労働者健康安全機構が行う病院（いわゆる労災病院）の運営業務における「個人情報」、「仮名加工情報」または「個人関連情報」については、個人情報取扱事業者、仮名加工情報取扱事業者、個人関連情報取扱事業者による個人情報、仮名加工情報または個人関連情報の取扱いとみなして、法４章（個人情報取扱事業者等の義務等）、法６章（個人情報保護委員会）、法７章（雑則）、法８章（罰則）が適用されます（法58条２項）。

すなわち、労災病院の運営業務には、「個人情報取扱事業者」ではなく、「独立行政法人等」に該当するものの、個人情報取扱事業者等の規定が適用されます。

また、第２弾改正により、地方公共団体の機関による病院、診療所、大学の運営業務も同様の取扱いを受けることとなります。

イ 個人情報取扱事業者に該当する法人

令和3年改正法の第1弾改正により、「独立行政法人等」の定義から、法別表第二に掲げられる以下の法人が除外されます（法2条9項）。

「個人情報取扱事業者」の定義（法16条2項）からは「独立行政法人等」が除外されるので（同項3号）、以下の独立行政法人は「個人情報取扱事業者」に該当することとなりました（法58条1項）。

- 福島国際研究教育機構
- 沖縄科学技術大学院大学学園
- 国立研究開発法人（国立がん研究センター等）
- 国立大学法人・大学共同利用機関法人
- 独立行政法人国立病院機構（東京医療センター等）
- 独立行政法人地域医療機能推進機構（東京新宿メディカルセンター等）
- 放送大学学園

また、第2弾改正により、地方独立行政法人のうち、(i) 大学等、(ii) 病院事業に係る業務を目的とするものも、「個人情報取扱事業者」に該当することとなります。

（2）上記（1）ア・イの法人に適用されない個人情報取扱事業者に関する規定

上記（1）ア・イに掲げる法人には、以下の個人情報取扱事業者の規定は適用されません（法58条1項・2項）。

- 保有個人データの取扱いに関する規定（開示等請求等）（法32条～39条）
- 匿名加工情報取扱事業者等の義務（法4章4節：法43条～46条）

（3）上記（1）アの法人に適用される行政機関等に関する規定

ア 上記（1）アの法人（労災病院・地方公共団体の機関による病院、診療所、大学）の運営業務に適用される規定

上記（1）アの法人（労災病院・地方公共団体の機関による病院、診療所、大学）の運営業務には、行政機関等（行政機関、地方公共団体の機関、独立行政法人等、地方独立行政法人）に関する以下の規定が適用されます（法125条1項）。上記（1）イの法人との違いは、「行政機関等の安全管理措置（の一部の規定）」および「行政機関等の職員に

対する罰則」が適用される点です。

- 行政機関等の義務等の総則（法５章１節：法60条）
- 安全管理措置（法66条２項（４号・５号（同項４号に係る部分に限る。）に係る部分に限る。））
- 個人情報ファイル簿の作成・公表（法75条）
- 開示等請求手続（法５章４節：法76条～108条）
- 行政機関等匿名加工情報の提供等（法５章５節：法109条～123条）
- 保有されていないものとみなされる保有個人情報（法124条２項）
- 開示請求等をしようとする者に対する情報提供（法127条）
- 行政機関の職員に対する罰則（法176条・180条・181条）

イ　上記（1）イの法人に適用される規定

上記（1）イの法人には、行政機関等（行政機関、地方公共団体の機関、独立行政法人等、地方独立行政法人）に関する以下の規定が適用されます（法125条２項）。

- 行政機関等の義務等の総則（法５章１節：法60条）
- 個人情報ファイル簿の作成・公表（法75条）
- 開示等請求手続（法５章４節：法76条～108条）
- 行政機関等匿名加工情報の提供等（法５章５節：法109条～123条）
- 保有されていないものとみなす保有個人情報（法124条２項）
- 開示請求等をしようとする者に対する情報提供（法127条）
- 個人情報保護委員会（法６章：法130条～170条）
- 雑則（法７章：法171条～175条）
- 罰則（法８章。ただし、行政機関の職員に対する罰則（法176条・180条・181条）は適用されない）

問

令和3年改正法における医療分野・学術分野の規制に関する次の選択肢のうち、誤っているものを選びなさい。

1　国公立大学の病院や大学には、すべて個人情報取扱事業者と同じ個人情報保護法上の規定が適用される。

2　労災病院は「個人情報取扱事業者」ではなく、「独立行政法人等」に該当するものの個人情報取扱事業者の規定が適用される。

3　令和5（2023）年4月1日より、地方独立行政法人のうち、（i）大学等、（ii）病院事業に係る業務を目的とするものも、「個人情報取扱事業者」に該当することとなる。

答

①「本人からの開示等請求に係る規律」および②「行政機関等匿名加工情報の提供に係る規律」は、行政機関等（行政機関、地方公共団体の機関、独立行政法人等、地方独立行政法人）の規律が適用されます。

正解　1

Q7 令和３年改正法において、学術分野に係る適用除外については、どのような点が改正されましたか？

A 学術研究分野を含めたGDPRの十分性認定への対応を目指し、学術研究に係る適用除外規定について、一律の適用除外ではなく、義務ごとの例外規定として精緻化することとされました。

解説

1 令和３年改正法施行前の規律

令和３年改正法の施行前（令和４（2022）年３月31日以前）は、憲法が保障する学問の自由への配慮から、大学その他の学術研究を目的とする機関もしくは団体またはそれらに属する者（以下「学術研究機関等」といいます。）が、学術研究目的で個人情報を取り扱う場合を、一律に個人情報保護法４章に定める各種義務の適用除外としていました（令和３年改正前の法76条１項３号）。

その一方、学術研究機関等に対し、安全管理措置等の個人情報の適正な取扱いを確保するために必要な措置を自ら講じ、その内容を公表する努力義務を課していました（令和３年改正前の法76条３項）。

また、個人情報保護委員会は、個人情報取扱事業者に対して立入検査や勧告・命令等の監督権限を行使する際は、「学問の自由を妨げてはならない」とされています（令和３年改正前の法43条１項）。その趣旨に照らし、個人情報取扱事業者が学術研究機関等に対して個人情報を提供する行為に対しては、監督権限を行使しないこととされていました（令和３年改正前の法43条２項）。

2 令和３年改正法施行前の規律の問題点

令和３年改正法の施行前の個人情報保護法においては、学術研究機関等が学術研究目的で個人情報を取り扱う場合を一律に各種義務の適用除外としている結果、我が国の学術研究機関等に対してEU圏から移転される個人データについては、GDPRの十分性認定の効力が及ばないこととなっています。このような事態は、我が国の学術研究機関等がEU圏の研究機関と個人データを用いた共同研究を行う際の支障ともなり得るものでした。

そこで、令和３年改正法による公的分野と民間分野の規律の一元化を機に、学術研究に係る適用除外規定の内容を見直し、我が国の学術研究機関等に移転された個人データについても、GDPRの十分性認定の効力が及ぶような素地を作ることが求められました。

■学術研究に係る適用除外規定の見直し（精緻化）

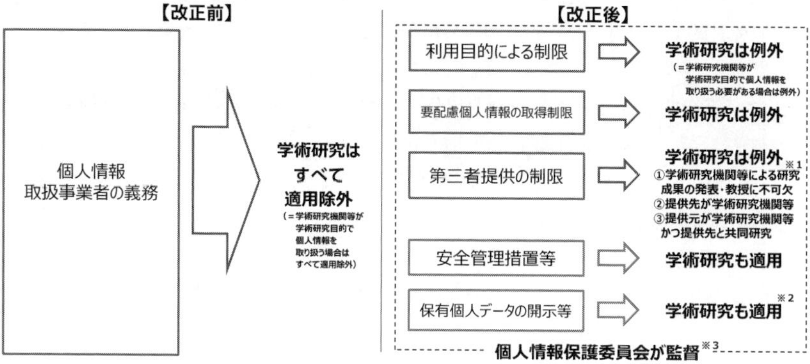

※１　学術研究機関等：大学（私立大学、国公立大学）、学会、国立研究開発法人等（**下線は令和３年改正法で追加**されるもの）

※２　国公立大学及び国立研究開発法人の場合は、保有個人情報の開示等については行政機関と同じ規律を適用

※３　利用目的の特定・公表（15条・18条）不適正利用・取得の禁止（16条の２・17条１項）漏えい報告（22条の２）も適用

出所：個人情報保護制度の見直しに関するタスクフォース「個人情報保護制度の見直しに関する最終報告（概要）」（令和２年12月）を一部改変

3　令和３年改正法の規律

（１）学術研究に係る適用除外規定の精緻化

令和３年改正法により、「利用目的による制限の適用除外」（法18条３項）、「要配慮個人情報の取得の同意の例外」（法20条２項）、「第三者提供の制限の例外」（法27条１項）に、学術研究に係る適用除外が追加されました。

いずれも、「目的の一部が学術研究目的（「学術研究の用に供する目的」）である場合」を含み、「個人の権利利益を不当に侵害するおそれがある場合」を除くこととされています。

この適用除外は、Q6③で解説した医療分野・学術分野の規律統一に伴い、個人情報取扱事業者として扱われる国公立大学や国立研究開発法人にも適用されます。

ア　利用目的による制限の適用除外

以下に該当する場合に、利用目的による制限の適用除外とされます（法18条３項５号・６号）。

① 当該個人情報取扱事業者が学術研究機関等である場合であって、当該個人情報を学術研究目的で取り扱う必要があるとき（当該個人情報を取り扱う目的の一部が学術研究目的である場合を含み、個人の権利利益を不当に侵害するおそれがある場合を除く。）

② 学術研究機関等に個人データを提供する場合であって、当該学術研究機関等が当該個人データを学術研究目的で取り扱う必要があるとき（当該個人データを取り扱う目的の一部が学術研究目的である場合を含み、個人の権利利益を不当に侵害するおそれがある場合を除く。）

イ　要配慮個人情報の取得の同意の例外

以下に該当する場合に、要配慮個人情報を取得する際の同意取得義務の例外とされます（法20条２項５号・６号）。

① 当該個人情報取扱事業者が学術研究機関等である場合であって、当該要配慮個人情報を学術研究目的で取り扱う必要があるとき（当該要配慮個人情報を取り扱う目的の一部が学術研究目的である場合を含み、個人の権利利益を不当に侵害するおそれがある場合を除く。）

② 学術研究機関等から当該要配慮個人情報を取得する場合であって、当該要配慮個人情報を学術研究目的で取得する必要があるとき（当該要配慮個人情報を取得する目的の一部が学術研究目的である場合を含み、個人の権利利益を不当に侵害するおそれがある場合を除く。）（当該個人情報取扱事業者と当該学術研究機関等が共同して学術研究を行う場合に限る。）

ウ　第三者提供の制限の例外

以下に該当する場合に、第三者提供の制限の例外とされます（法27条１項５号～７号）。

① 当該個人情報取扱事業者が学術研究機関等である場合であって、当該個人データの提供が学術研究の成果の公表または教授のためやむを得ないとき（個人の権利利益を不当に侵害するおそれがある場合を除く。）

② 当該個人情報取扱事業者が学術研究機関等である場合であって、当該個人データを学術研究目的で提供する必要があるとき（当該個人データを提供する目的の一部が学術研究目的である場合を含み、個人の権利利益を不当に侵害するおそれがある場合を除く。）（当該個人情報取扱事業者と当該第三者が共同して学術研究を行う場合に限る。）

③ 当該第三者が学術研究機関等である場合であって、当該第三者が当該個人データを学術研究目的で取り扱う必要があるとき（当該個人データを取り扱う目的の一部が学術研究目的である場合を含み、個人の権利利益を不当に侵害するおそれがある場合を除く。）

（２）義務規定の適用

令和３年改正法の施行前（令和４（2022）年３月31日以前）の個人情報保護法のような包括的な適用除外でなくなることから、学術研究機関にも、個人情報取扱事業者として以下の規定が適用されることとなりました。

- 利用目的の特定・公表（法17条・21条）
- 不適正な利用・取得の禁止（法19条・20条）
- 安全管理措置等（法23条～ 25条）
- 漏えい報告等（法26条）
- 保有個人データの開示等請求手続（法32条～ 39条）※

※国公立大学や国立研究開発法人には、行政機関等としての開示等請求手続（法５章４節：法76条～ 108条）が適用されます。

問

令和３年改正法における学術分野に係る適用除外に関する次の選択肢のうち、誤っているものを選びなさい。

1　当該個人情報取扱事業者が学術研究機関等である場合であって、当該個人情報を学術研究目的で取り扱う必要があるときであっても、個人の権利利益を不当に侵害するおそれがある場合には、利用目的が制限される。

2　当該個人情報取扱事業者が学術研究機関等である場合であって、当該個人データを学術研究目的で提供する必要があるときであっても、個人の権利利益を不当に侵害するおそれがない場合には、当該個人情報取扱事業者と当該第三者が共同して学術研究を行う場合でなくても、個人データの提供が認められる。

3　学術研究機関も、利用目的の特定・公表が必要となった。

答

「当該個人情報取扱事業者と当該第三者が共同して学術研究を行う場合」でなければ、このような提供は認められない。

正解　2

Q 8 令和３年改正法において、個人情報の定義および匿名加工情報についてはどのように改正されましたか？

A 個人情報の定義等が国・民間・地方で統一されるとともに、行政機関等での匿名加工情報の取扱いに関する規律が明確化されました。

解説

1 「個人情報」の定義の一元化

（1）令和３年改正法施行前の規律（照合性について）

個人情報保護法の「個人情報」においては、他の情報との照合により個人情報となる場合について、「他の情報と**容易に照合**することができ、それにより特定の個人を識別することができることとなるものを含む」（令和３年施行前の法２条１項１号）とされています。

これに対して、行政機関個人情報保護法および独立行政法人等個人情報保護法の「個人情報」においては、「他の情報と**照合**することができ、それにより特定の個人を識別することができることとなるものを含む」（令和３年改正法による廃止前の行政機関個人情報保護法２条２項１号および独立行政法人等個人情報保護法２条２項１号）とされています。

（2）令和３年改正法の規律

令和３年改正法では、公的分野と民間分野とで個人情報の定義が異なることは、国民の目からみて極めてわかりにくく、両分野の間でのデータ流通の妨げともなり得ることから、一元化の機会に、両分野における「個人情報」の定義を統一することとなりました。

定義変更に伴う影響を最小化する観点から、一元化後の定義は、個人情報保護法の定義（＝容易照合可能性を要件とするもの）が採用されます。

すなわち、行政機関、地方公共団体の機関、独立行政法人等、地方独立行政法人のいずれにも、以下の法２条１項の「個人情報」の定義が適用されることとなります。

この法律において「個人情報」とは、生存する個人に関する情報であって、次の各号のいずれかに該当するものをいう。

一　当該情報に含まれる氏名、生年月日その他の記述等（文書、図画若しくは電磁的記録（電磁的方式（電子的方式、磁気的方式その他人の知覚によっては認識することができない方式をいう。次項第２号において同じ。）で作られる記録をいう。以下同じ。）に記載され、若しくは記録され、又は音声、動作その他の方法を用いて表された一切の事項（個人識別符号を除く。）をいう。以下同じ。）により特定の個人を識別することができるもの（他の情報と容易に照合することができ、それにより特定の個人を識別することができることとなるものを含む。）

二　個人識別符号が含まれるもの

なお、個人情報のデータベース、保有する個人情報の定義については、以下のとおり令和３年改正法施行前と同様に別の定義が設けられました。

「行政機関等」の定義には、令和３年改正法の第１弾改正では行政機関および独立行政法人等が該当し、第２弾改正では、地方公共団体および地方独立行政法人も該当することとなりました（法２条11項）。

■個人情報・データベース・主体・保有する個人情報に関する定義

<table>
<tr><th></th><th>民間事業者</th><th>行政機関等</th></tr>
<tr><td>個人情報の定義</td><td colspan="2">共通の定義（容易照合性）（法２条１項）</td></tr>
<tr><td>データベース</td><td>個人情報データベース等（法16条1項）</td><td>個人情報ファイル（法60条2項）
保有個人情報を含む情報の集合物で体系化されたもの</td></tr>
<tr><td>主体</td><td>個人情報取扱事業者（法16条2項）</td><td>行政機関等（行政機関、地方公共団体の機関、独立行政法人等、地方独立行政法人）（法2条11項）</td></tr>
<tr><td rowspan="2">保有する個人情報</td><td>個人データ（法16条3項）
個人情報データベース等を構成する個人情報</td><td rowspan="2">保有個人情報（法60条1項）
行政機関等の職員が職務上作成、取得した個人情報で、当該行政機関等の職員が組織的に利用するものとして、当該行政機関等が保有しているもの（行政文書（行政機関）・法人文書（独立行政法人等）地方公共団体等行政文書（地方公共団体の機関）に記載されているものに限る）</td></tr>
<tr><td>保有個人データ（法16条4項）
開示等請求の対象となる個人データ</td></tr>
</table>

2　個人情報取扱事業者と同様の規律の追加

令和３年改正法により、以下の個人情報取扱事業者と同じ規律が設けられました。

なお、仮名加工情報は、事業者内部での利用のためのものであり、匿名加工情報と異なり、原則として第三者への提供が予定されていません。

- 不適正な利用の禁止（法63条）
- 適正な取得（法64条）
- 漏えい等報告等（法68条）
- 外国にある第三者への提供の制限（法71条）
- 個人関連情報の提供を受ける者に対する措置要求（法72条）
- 仮名加工情報の取扱いに係る義務（法73条）
- 行政機関の職員による不正な利益を図る目的での盗用（法178条）

3 行政機関等における匿名加工情報の取扱い

（1）行政機関個人情報保護法における取扱い

令和３年改正法の施行前（令和４（2022）年３月31日以前）の行政機関個人情報保護法における「非識別加工情報」の取扱いに関する規律は、非識別加工情報が個人情報に該当し得ることを前提としていました。

具体的には、行政機関等による非識別加工情報の作成・提供は、他の個人情報の利用・提供と同様、原則として利用目的の範囲内でのみ可能であることが前提とされています（行政機関個人情報保護法８条１項、44条の２第２項等）。行政機関個人情報保護法４章の２等が定める提案募集手続は、当該手続に従った非識別加工情報の作成・提供を、「法令に基づく場合」として例外的に許容するものと位置付けていました。

また、行政機関等による匿名加工情報の取得は、他の個人情報の取得と同様、原則として利用目的の範囲内でのみ可能でした（行政機関個人情報保護法３条２項）。

なお、個人情報の管理についての規律が適用されると考えられるため、行政機関等が民間事業者等から匿名加工情報を取得した場合の安全管理措置や識別行為禁止については、規定が置かれていませんでした。

独立行政法人等の独立行政法人等非識別加工情報についても、独立行政法人等個人情報保護法に同様の規律が置かれていました（独立行政法人等個人情報保護法４章の２）。

（2）令和３年改正法による施行後の規律

ア　第１弾改正（施行日：令和４（2022）年４月１日）

① 行政機関等匿名加工情報

行政機関等による匿名加工情報の「作成」「取得」「提供」のそれぞれについて、匿名加工情報が非個人情報である前提で、法律上のルールが再構成されます。「非識別加工情報」ではなく、「行政機関等匿名加工情報」（法60条３項）の定義が用いられることとなります。

② 行政機関等匿名加工情報の作成

「行政機関等匿名加工情報」の「**作成**」については、匿名加工情報の作成それ自体が個人の権利利益を侵害する危険性はなく、行政機関等が保有個人情報に対する安全管理措置の一環として匿名加工情報を作成することが必要な場合もあり得ることから、柔軟な取扱いを認めるべきであり、法令の定める所掌事務または業務の遂行に必要な範囲内であれば、作成を認められます（法109条１項）。

③ 匿名加工情報の取得・識別

「匿名加工情報」や「行政機関等匿名加工情報」の「**取得**」についても、行政機関等（特に独立行政法人等）が民間事業者等から匿名加工情報を取得して業務を遂行することが必要な場合もあり得ることから、柔軟な取扱いを認めるべきであり、法令の定める所掌事務または業務の遂行に必要な範囲内であれば、取得を認められます。

その際、「行政機関等匿名加工情報」は非個人情報であるという前提で、民間の匿名加工情報取扱事業者に準じた識別行為禁止義務および安全管理措置義務が課されます（法121条１項・２項、123条２項・３項）。

④ 行政機関等匿名加工情報の提供

「行政機関等匿名加工情報」の「**提供**」については、令和３年改正法施行前の法が非識別加工情報の提供を公平かつ適正に実施するための手続として提案募集から契約締結に至る一連の手続を定めていることを踏まえ、一元化後においても当該手続に従った提供が原則とされ、行政機関等（行政機関、地方公共団体の機関、独立行政法人等、地方独立行政法人）が匿名加工情報を外部に提供できるのは、基本的に、以下の場合に限られます（法109条２項）。

- 法令に基づく場合（提案募集手続を経て契約を締結した者に提供する場合を含む）（同項１号）
- 保有個人情報を利用目的のために第三者に提供することができる場合において、当該保有個人情報を加工して作成した行政機関等匿名加工情報を当該第三者に提供するとき（同項２号）

なお、令和３年改正法施行前は、行政機関の保有する情報の公開に関する法律５条２号ただし書に規定する情報（法人等に関する情報のうち、一般的には不開示情報に該当するが、公益的理由から例外的に開示対象となるもの）も、非識別加工情報の対象に概念上は含まれ得ることを前提に、当該情報を非識別加工して提供する場合には、手続保障の観点から、当該法人等に対して意見書提出の機会を与えることを**義務付けて**いました（令和３年改正法による廃止前の行政機関個人情報保護法44条の８が準用する行政機関情報公開法13条２項)。

令和３年改正法の施行後は、行政機関の保有する情報の公開に関する法律５条２号ただし書に規定する情報も、他の不開示情報と同様に加工元情報からあらかじめ削除することとした上で、第三者への意見聴取はすべて**任意**とされます。

イ　第２弾改正（施行日：令和５（2023）年４月１日）

第２弾改正によって、地方公共団体も「行政機関等」（法２条11項）に該当することとなり、上記アの行政機関等匿名加工情報の取扱いの規律が適用されます。

ただし、経過措置として、当分の間、都道府県および政令指定都市以外の地方公共団体については、行政機関等匿名加工情報の提案の募集（法110条・111条）は**任意**の取扱いとされます（法附則７条の改正)。

問

令和３年改正法における改正後の個人情報および匿名加工情報に関する次の選択肢のうち、誤っているものを選びなさい。

1　行政機関、地方公共団体の機関、独立行政法人等、地方独立行政法人のいずれにも、個人情報取扱事業者と同じ「個人情報」の定義が適用される。

2　「行政機関等匿名加工情報」の「作成」については、法令の定める所掌事務または業務の遂行に必要な範囲内であれば、作成を認められる。

3　「行政機関等匿名加工情報」の「提供」については、提案募集手続を経て契約を締結した者に提供する場合のみしか認められない。

答

「行政機関等匿名加工情報」の提供については、①法令に基づく場合（提案募集手続を経て契約を締結した者に提供する場合を含む。）（法109条１項１号）、②保有個人情報を利用目的のために第三者に提供することができる場合において、当該保有個人情報を加工して作成した行政機関等匿名加工情報を当該第三者に提供するとき（同項２号）が認められている。

正解　3

Q9 民間事業者と行政機関等では、それぞれどのような情報に個人情報保護法が適用されますか？

A 「個人情報」の定義は共通で適用されます。保有する個人情報は民間事業者は「保有個人データ」、行政機関等は「保有個人情報」と定義されています。「要配慮個人情報」の定義は民間事業者・行政機関等ともに共通ですが、地方公共団体の機関は「条例要配慮個人情報」を定めることができます。匿名化した情報については、民間事業者は「匿名加工情報」、行政機関等は「行政機関等匿名加工情報」と定義されます。

解説

1 個人情報

民間事業者（個人情報取扱事業者）と行政機関等（行政機関、地方公共団体の機関、独立行政法人等、地方独立行政法人）に適用される「個人情報」の定義は、生存する個人に関する情報であって、次のいずれかに該当するものであり同一です（法２条１項）。

① 氏名、生年月日その他の記述等の特定の個人を識別できるもの（他の情報と容易に照合することができ、それにより特定の個人を識別できるものを含む）（同項１号）

② 個人識別符号（＝運転免許証などの公的な個人に付された符号、顔認証など身体的特徴を電子計算機で個人を認証できるようにしたもの）を含むもの（同項２号）

2 保有する個人情報

民間事業者（個人情報取扱事業者）が保有する個人情報は「保有個人データ」です（法16条４項）。厳密には、個人情報取扱事業者が、開示、内容の訂正、追加または削除、利用の停止、消去および第三者への提供の停止を行うことのできる権限を有する「個人データ」をいいます。「保有個人データ」は、「個人情報データベース等」（法16条１項）に含まれる「個人データ」（法16条３項）であることが前提となります。

行政機関等（行政機関、地方公共団体の機関、独立行政法人等、地方独立行政法人）が保有する個人情報は「保有個人情報」です（法60条１項）。厳密には、行政機関等の職員が職務上作成し、または取得した個人情報であって、当該行政機関等の職員が組織的に利用するものとして、当該行政機関等が保有しているものをいいます（行政文書等に記録されているものに限ります。）。なお、保有個人情報の集合物は「個人情報ファイル」といいます（法60条２項）。

3 要配慮個人情報

民間事業者（個人情報取扱事業者）と行政機関等（行政機関、地方公共団体の機関、独立行政法人等、地方独立行政法人）に適用される「要配慮個人情報」の定義は同じであり、「本人の人種、信条、社会的身分、病歴、犯罪の経歴、犯罪により害を被った事実その他本人に対する不当な差別、偏見その他の不利益が生じないようにその取扱いに特に配慮を要するものとして政令で定める記述等が含まれる個人情報」です（法２条３項）。

地方公共団体の機関または地方独立行政法人は、「要配慮個人情報」に加えて、条例により、保有する個人情報のうち、地域の特性その他の事情に応じて、本人に対する不当な差別、偏見その他の不利益が生じないようにその取扱いに特に配慮を要するものとして、「条例要配慮個人情報」を定めることができます（法60条５項）。

4 匿名加工情報・行政機関等匿名加工情報

民間事業者（個人情報取扱事業者）は、加工基準に基づいて作成し、加工方法・削除した情報について安全管理措置・匿名加工情報との識別禁止措置が講じられており、元の個人情報に復元できないようにした情報として「匿名加工情報」（法２条６項）を作成・提供することができます。匿名加工情報の作成については特に制限がなく、民間事業者は自由にこれを作成・提供することができます。

これに対して、行政機関等（行政機関、地方公共団体の機関、独立行政法人等、地方独立行政法人）は、個人情報ファイルを構成する保有個人情報の全部または一部を加工して得られる匿名加工情報として、「行政機関等匿名加工情報」（法60条３項）を作成・提供することができます。「行政機関等匿名加工情報」は、①法令に基づく場合（提案募集手続も法令に基づく場合に含まれます。）、または、②保有個人情報を利用目的のために第三者に提供することができる場合において、当該保有個人情報を加工して作成した行政機関等匿名加工情報を当該第三者に提供するときに提供が可能です（法109条２項）。都道府県および政令指定都市を除く地方公共団体（市区町村）は、提案募集手続を行うことが任意（法附則７条）であるので、「行政機関等匿名加工情報」が作成・提供されない市区町村もでてきます。

5 統計情報

「統計情報」については、個人情報保護法上定義はありませんが、「複数人の情報から共通要素に係る項目を抽出して同じ分類ごとに集計して得られる情報」のことをいいます（民間分野QA1-7）。

特定の個人との関係も排斥されるので、「個人に関する情報」に該当するものではないため、「個人情報」にも該当せず、個人情報保護法のルールが適用されません。

これは、民間事業者（個人情報取扱事業者）であろうと、行政機関等（行政機関、地方公共団体の機関、独立行政法人等、地方独立行政法人）であろうと相違ありません。

■民間事業者・行政機関等に適用される情報

<table>
<tr><th></th><th>民間事業者</th><th>行政機関等</th></tr>
<tr><td>主体</td><td>個人情報取扱事業者
（法16条２項）</td><td>行政機関等（法２条11項）</td></tr>
<tr><td>個人情報</td><td colspan="2">※定義は共通（法２条１項）
生存する個人に関する情報であって、次のいずれかに該当するもの
①氏名、生年月日その他の記述等により特定の個人を識別できるもの（他の情報と容易に照合することができ、それにより特定の個人を識別できるものを含む）
②個人識別符号（＝運転免許証などの公的な個人に付された符号、顔認証など身体的特徴を電子計算機で個人を認証できるようにしたもの）を含むもの</td></tr>
<tr><td>保有する個人情報</td><td>●保有個人データ（データベース（「個人情報データベース等」（法16条１項）に含まれる「個人データ」（法16条３項）であることが前提））（法16条４項）</td><td>●保有個人情報（法60条１項）
※「個人情報ファイル」保有個人情報の集合物（法60条２項）</td></tr>
<tr><td rowspan="2">要配慮個人情報</td><td colspan="2">●本人の人種、信条、社会的身分、病歴、犯罪の経歴、犯罪により害を被った事実その他本人に対する不当な差別、偏見その他の不利益が生じないようにその取扱いに特に配慮を要するものとして政令で定める記述等が含まれる個人情報（法２条３項）</td></tr>
<tr><td></td><td>●条例要配慮個人情報（法60条５項）
地方公共団体の機関又は地方独立行政法人が保有する個人情報（要配慮個人情報を除く。）のうち、地域の特性その他の事情に応じて、本人に対する不当な差別、偏見その他の不利益が生じないようにその取扱いに特に配慮を要するものとして地方公共団体が条例で定める記述等が含まれる個人情報</td></tr>
<tr><td>匿名加工情報</td><td>○匿名加工情報（法２条６項）
●加工基準に基づいて作成し、加工方法・削除した情報について安全管理措置・匿名加工情報との識別禁止措置が講じられており元の個人情報に復元できないようにした情報</td><td>○行政機関等匿名加工情報（法60条３項）
●個人情報ファイルを構成する保有個人情報の全部又は一部を加工して得られる匿名加工情報
➡提案募集手続必要（※）</td></tr>
</table>

匿名加工情報	※民間事業者が自由に可能	※都道府県および政令指定都市を除く地方公共団体は任意
統計情報	●個人情報保護法上定義なし ●複数人の情報から共通要素に係る項目を抽出して同じ分類ごとに集計して得られる情報 ※個人情報保護法のルールは適用されない（非個人情報）	

（※）厳密には、行政機関等匿名加工情報は、①法令に基づく場合（提案募集手続も法令に基づく場合に含まれます。）、または②保有個人情報を利用目的のために第三者に提供することができる場合において、当該保有個人情報を加工して作成した行政機関等匿名加工情報を当該第三者に提供するときに提供可能（法109条２項）。

問 民間事業者と行政機関等に適用される情報に関する次の選択肢のうち、誤っているものを選びなさい。

1 保有する個人情報に関して、民間事業者は「保有個人データ」、行政機関等は「保有個人情報」と定義される。

2 「要配慮個人情報」の定義は、民間事業者と行政機関等とでは異なる。

3 匿名化した情報について、民間事業者は「匿名加工情報」、行政機関等は「行政機関等匿名加工情報」と定義される。

答

「要配慮個人情報」の定義は民間事業者（個人情報取扱事業者）・行政機関等（行政機関、地方公共団体の機関、独立行政法人等、地方独立行政法人）ともに共通であるが、地方公共団体の機関は「条例要配慮個人情報」を定めることができる。

正解 2

Q10 民間分野と公的分野では、それぞれどのような個人情報の取得・利用・提供のルールが適用されますか？

A 取得に関しては、民間事業者・行政機関等ともに、利用目的の特定が必要となりますが、行政機関等は、法令の定める所掌事務または業務を遂行するために必要な場合に限られます。民間事業者・行政機関等ともに利用目的の明示は本人から直接書面（電磁的記録を含みます。）により個人情報を取得する場合に必要となります。民間事業者は第三者から個人情報を取得した場合は利用目的の通知・公表が必要ですが、行政機関等は不要です。

利用に関しては、民間事業者・行政機関等ともに、利用目的の範囲内の利用が原則ですが、目的外利用については、民間事業者が本人の同意がある場合であるのに対して、行政機関等は（暫定的な利用方法ですが）それ以外の方法も認められています。

第三者提供に関しては、民間事業者は本人の同意があるのが原則ですが、行政機関等は利用目的の範囲内であるか否かにより取扱いが異なります。

解説

	民間事業者	行政機関等
取得	●利用目的の特定（法17条１項） ●（本人からの直接書面（電磁的記録を含む。）により取得する場合）利用目的の明示（法21条２項） ●（第三者から取得する場合）利用目的の通知・公表（法21条１項） ●不適正取得の禁止（法20条）	●法令（条例を含む。）の定める所掌事務または業務を遂行するために必要な場合＋利用目的の特定（法61条） ●（本人から直接書面（電磁的記録を含む）により取得する場合）利用目的の明示（法62条） ●（第三者から取得する場合）利用目的の明示不要 ●不適正取得の禁止（法64条）
安全管理措置	●安全管理措置（法23条） ●従業者の監督（法24条） ●委託先の監督（法25条）	●安全管理措置（委託先の安全管理措置含む。）（法66条） ●行政機関等の職員等の義務（法67条）
利用	●特定した利用目的の範囲内で利用可能 ●目的外利用には本人の同意必要（法18条） ●不適正利用の禁止（法19条）	●特定した利用目的の範囲内で利用可能（法69条） （利用目的以外） ●以下の場合で本人・第三者の利益を不当に侵害しない場合（法69条２項） ①本人の同意・本人への提供

利用		②法令の定める所掌事務・業務遂行に必要な範囲で行政機関等の内部で利用する場合＋利用することに相当の理由 ③他の行政機関等に提供する場合で、提供を受ける者が法令の定める所掌事務・業務遂行に必要な範囲で利用＋利用することに相当の理由 ④専ら統計作成・学術研究目的、本人の利益、その他提供することに特別の理由 ● 不適正利用の禁止（法63条）
第三者 提供	原則：本人の事前の同意必要（法27条１項） 例外： ①「法令に基づく場合」等の公益的理由のある場合（法27条１項各号） ②オプトアウト（法27条２項） ③第三者に該当しない場合（委託・事業承継・共同利用）（法27条５項）➡本人の同意不要	原則：特定した利用目的の範囲内の提供であれば本人の同意不要（法69条１項） （利用目的以外） ● 法令に基づく場合（法69条１項） ● 以下の場合で本人・第三者の利益を不当に侵害しない場合（法69条２項） ①本人の同意・本人への提供 ②法令の定める所掌事務・業務遂行に必要な範囲で行政機関等の内部で利用する場合＋利用することに相当の理由 ③他の行政機関等に提供する場合で、提供を受ける者が法令の定める所掌事務・業務遂行に必要な範囲で利用＋利用することに相当の理由 ④専ら統計作成・学術研究目的、本人の利益、その他提供することに特別の理由 ※提供について、「オプトアウト」「委託」などの例外なし ※提供を受ける者に対して必要な措置を講ずること（法70条）

1　個人情報の取得のルール

（1）利用目的の特定

民間事業者（個人情報取扱事業者）、行政機関等（行政機関、地方公共団体の機関、独立行政法人等、地方独立行政法人）のいずれも、**利用目的をできる限り特定**しなければなりません（法17条１項・61条１項）。

民間事業者は、特定する利用目的の設定範囲について特に制約はありませんが、行政機関等（行政機関、地方公共団体の機関、独立行政法人等、地方独立行政法人）は、「利用目的の特定」の前提として、「**法令（条例を含む）の定める所掌事務又は業務を遂行するために必要な限り**」という制約があります（法61条１項）。

（２）利用目的の変更

民間事業者（個人情報取扱事業者）は、利用目的を変更する場合には、変更前の利用目的と「**関連性**」を有すると合理的に認められる範囲を超えて行ってはなりません（法17条２項）。

行政機関等（行政機関、地方公共団体の機関、独立行政法人等、地方独立行政法人）は、利用目的を変更する場合には、変更前の利用目的と「**相当の関連性**」を有すると合理的に認められる範囲を超えて行ってはなりません（法61条３項）。

民間事業者（個人情報取扱事業者）が「関連性」とされているのに対して、行政機関等（行政機関、地方公共団体の機関、独立行政法人等、地方独立行政法人）は「相当の関連性」とされているので、利用目的の変更はより制限的になると考えられます。

行政機関等（行政機関、地方公共団体の機関、独立行政法人等、地方独立行政法人）は、特定した利用目的の範囲内で顧客から取得した個人情報を利用・提供するのが原則であるので、目的外利用となる場合には、利用目的を変更するのが「恒常的」な利用・提供方法となります。法69条２項１号から４号に規定する「本人の同意」をはじめとした目的外利用の場合の方法は「暫定的」な利用・提供方法となります。

（３）利用目的の明示・通知等

民間事業者（個人情報取扱事業者）は、本人から直接書面（電磁的記録を含みます。）に記録された本人の個人情報を取得する場合には、原則として、あらかじめ、本人に対して利用目的を明示する必要があります（法21条２項）。民間事業者は、第三者から本人の個人情報を取得する場合においても、原則として、あらかじめその利用目的を公表している場合を除き、速やかに、その利用目的を、本人に通知し、または公表しなければなりません（法21条１項）。

行政機関等（行政機関、地方公共団体の機関、独立行政法人等、地方独立行政法人）も、本人から直接書面（電磁的記録を含みます。）により個人情報を取得する場合には、原則として、あらかじめ、本人に対して、利用目的を明示する必要があります（法62条１項）。これに対して、行政機関等（行政機関、地方公共団体の機関、独立行政法人等、地方独立行政法人）は、第三者から本人の個人情報を取得する場合には、利用目的の明示をする必要がありません。

また、民間事業者（個人情報取扱事業者）・行政機関等（行政機関、地方公共団体の機関、独立行政法人等、地方独立行政法人）は、以下の場合には利用目的の明示は不要です（法21条4項各号、62条各号）。

民間事業者	行政機関等
①利用目的を本人に通知し、または公表することにより本人または第三者の生命、身体、財産その他の権利利益を害するおそれがある場合 ②利用目的を本人に通知し、または公表することにより当該個人情報取扱事業者の権利または正当な利益を害するおそれがある場合 ③行政機関または地方公共団体の機関が法令の定める事務を遂行することに対して協力する必要がある場合であって、利用目的を本人に通知し、または公表することにより当該事務の遂行に支障を及ぼすおそれがあるとき。 ④取得の状況からみて利用目的が明らかであると認められる場合	①人の生命、身体または財産の保護のために緊急に必要があるとき ②利用目的を本人に明示することにより、本人または第三者の生命、身体、財産その他の権利利益を害するおそれがあるとき ③利用目的を本人に明示することにより、行政機関、独立行政法人等、地方公共団体の機関または地方独立行政法人が行う事務または事業の適正な遂行に支障を及ぼすおそれがあるとき ④取得の状況からみて利用目的が明らかであると認められるとき

（4）適正取得

「個人情報取扱事業者」および「行政機関の長等」は、いずれも、偽りその他不正の手段により個人情報を取得してはなりません（法20条・64条）。

2 保有のルール

（1）安全管理措置

民間事業者（個人情報取扱事業者）は、（狭義の）安全管理措置（法23条）を講ずる義務を負うほか、広義の安全管理措置である従業者の監督（法24条）および委託先の監督（法25条）の義務を負います。

行政機関の長等（行政機関の長、地方公共団体の機関、独立行政法人等および地方独立行政法人）は、安全管理措置を講ずる義務を負います（法66条1項）が、「行政機関等から個人情報の取扱いの委託を受けた者」も「当該委託を受けた業務」について、行政機関等（行政機関、地方公共団体の機関、独立行政法人等、地方独立行政法人）に準じた安全管理措置を講ずる義務を負います（法66条2項1号）。個人情報の取扱いに従事する行政機関等の職員等は、その業務に関して知り得た個人情報の内容をみだりに他人に知らせ、または不当な目的に利用してはなりません（法67条）。

（2）漏えい等報告

民間事業者（個人情報取扱事業者）、行政機関等（行政機関、地方公共団体の機関、独立行政法人等、地方独立行政法人）ともに、個人情報保護委員会への漏えい等（漏えい、滅失または毀損）報告の義務を負う（法26条１項、68条１項）とともに、本人への通知の義務を負います（法26条２項、68条２項）。

報告対象事態はそれぞれ以下のとおりです（いずれも、高度な暗号化その他の個人の権利利益を保護するために必要な措置を講じたものを除きます。）。

民間事業者	行政機関等
①要配慮個人情報が含まれる個人データの漏えい等が発生し、又は発生したおそれがある事態（規則７条１号） ②不正に利用されることにより財産的被害が生じるおそれがある個人データの漏えい等が発生し、又は発生したおそれがある事態（例：クレジットカード番号やインターネットバンキングのID・パスワード等）（規則７条２号） ③不正の目的をもって行われたおそれがある個人データの漏えい等が発生し、又は発生したおそれがある事態（例：不正アクセスや従業員による持ち出し等）（規則７条３号） ④個人データに係る本人の数が1,000人を超える漏えい等が発生し、又は発生したおそれがある事態（規則７条４号）	①要配慮個人情報が含まれる保有個人情報の漏えい等が発生し、又は発生したおそれがある事態（規則43条１号） ②不正に利用されることにより財産的被害が生じるおそれがある保有個人情報の漏えい等が発生し、又は発生したおそれがある事態（規則43条２号） ③不正の目的をもって行われたおそれがある保有個人情報の漏えい等が発生し、又は発生したおそれがある事態（規則43条３号） ④保有個人情報に係る本人の数が100人を超える漏えい等が発生し、又は発生したおそれがある事態（規則43条４号） ⑤条例要配慮個人情報が含まれる保有個人情報の漏えい等が発生し、又は発生したおそれがある事態（地方公共団体の機関又は地方独立行政法人が漏えい等報告を行う場合であって、かつ、当該地方公共団体の機関又は地方独立行政法人に適用される条例において条例要配慮個人情報について定められているときに限る。）（規則43条５号）

3 利用のルール

（1）利用目的の範囲内の利用

民間事業者（個人情報取扱事業者）・行政機関等（行政機関、地方公共団体の機関、独立行政法人等、地方独立行政法人）はともに、特定された利用目的の範囲内で個人情報（保有個人データ・保有個人情報）を利用することができます。

民間事業者（個人情報取扱事業者）・行政機関の長等（行政機関の長、地方公共団体の機関、独立行政法人等および地方独立行政法人）はいずれも、違法または不当な行為を助長し、または誘発するおそれがある方法により個人情報を利用してはなりません（不適正利用の禁止）（法19条・63条）。

民間事業者（個人情報取扱事業者）は、あらかじめ本人の同意を得ないで、特定された利用目的の達成に必要な範囲を超えて個人情報を取り扱ってはなりません（法18条1項）。反対解釈すれば、本人の同意があれば目的外利用も許されます。

行政機関等（行政機関、地方公共団体の機関、独立行政法人等、地方独立行政法人）は、法令に基づく場合を除き（法69条1項）、特定された利用目的の達成に必要な範囲を超えて、個人情報を保有してはならないこととされています。次の各場合（法69条1項・2項1号～4号）に、利用目的以外の目的の利用または提供が認められますが、「保有個人情報を利用目的以外の目的のために自ら利用し、又は提供することによって、本人又は第三者の権利利益を不当に侵害するおそれがあると認められるとき」は許されないこととされています（法69条2項ただし書）。なお、これらの場合は「暫定的」な利用形態であり、「恒常的」な利用をしたい場合には、利用目的を変更して（法61条3項）利用目的の範囲内で利用すべきです（法69条1項）。

① 法令に基づく場合（法69条1項）
② 本人の同意があるとき、又は本人に提供するとき（法69条2項1号）
③ 行政機関等が法令の定める所掌事務又は業務の遂行に必要な限度で保有個人情報を内部で利用する場合であって、当該保有個人情報を利用することについて相当の理由があるとき（同項2号）
④ 他の行政機関、独立行政法人等、地方公共団体の機関又は地方独立行政法人に保有個人情報を提供する場合において、保有個人情報の提供を受ける者が、法令の定める事務又は業務の遂行に必要な限度で提供に係る個人情報を利用し、かつ、当該個人情報を利用することについて相当の理由があるとき（同項3号）
⑤ ②～④に掲げる場合のほか、専ら統計の作成又は学術研究の目的のために保有個人情報を提供するとき、本人以外の者に提供することが明らかに本人の利益になるとき、その他保有個人情報を提供することについて特別の理由があるとき（同項4号）

（2）正確性の確保・消去

民間事業者（個人情報取扱事業者）は、利用目的の達成に必要な範囲内において、個人データを正確かつ最新の内容に保つとともに、利用する必要がなくなったときは、当該個人データを遅滞なく消去するよう努めなければなりません（法22条）。

行政機関の長等（行政機関の長、地方公共団体の機関、独立行政法人等および地方独立行政法人）も、利用目的の達成に必要な範囲内で、保有個人情報が過去または現在の事実と合致するよう努めなければなりません（法65条）が、利用する必要がなくなった保有個人情報の消去の努力義務は定められていません。

もっとも、行政機関等（行政機関、地方公共団体の機関、独立行政法人等、地方独立行政法人）は、個人情報の保有は法令（条例を含みます。）の定める所掌事務または業務の遂行に必要な場合に限ることとされており（法61条１項）、また、利用目的の達成に必要な範囲を超えて個人情報を保有してはならないこととされています（同条２項）。

4 第三者提供のルール

（1）民間事業者の規律

民間事業者（個人情報取扱事業者）は、原則、あらかじめ本人の事前の同意がなければ個人データを第三者に提供することができません（法27条１項）。

例外的に、「本人の事前の同意」なしに、個人データの第三者提供が認められる場合としては、①「法令に基づく場合」等の公益的理由のある場合（法27条１項各号）、②オプトアウト手続（法27条２項）による場合があります。また、③個人データの取扱いの委託の場合、④合併等の事業承継に伴い個人データを提供する場合、⑤個人データを共同利用する場合は「第三者」に該当しないものとして、本人の同意は不要となります。

民間事業者（個人情報取扱事業者）には、第三者提供に係る記録の作成義務（法29条）、第三者提供を受ける場合の確認・記録義務（法30条）が適用されます。

（2）行政機関の長等の規律

行政機関の長等（行政機関の長、地方公共団体の機関、独立行政法人等および地方独立行政法人）については、民間事業者（個人情報取扱事業者）の「本人の同意」に基づく第三者提供の規律と異なり、第三者提供が認められるか否かはまず、特定された「利用目的」の範囲内か否かによります。

特定された「利用目的」の範囲内の第三者提供であれば、本人の同意は不要です。

行政機関等（行政機関、地方公共団体の機関、独立行政法人等、地方独立行政法人）による民間事業者に対する保有個人情報の取扱いの委託は、特定された「利用目的」の範囲内の第三者提供として、本人の同意は不要とされるのが通常です。

これに対して、特定された「利用目的」の範囲外の第三者提供は次の各場合（法69条1項・2項1号～4号）に認められますが、「保有個人情報を利用目的以外の目的のために自ら利用し、又は提供することによって、本人又は第三者の権利利益を不当に侵害するおそれがあると認められるとき」は許されないこととされています（法69条2項ただし書）。なお、これらの場合は、「暫定的」な提供形態であり、「恒常的」な提供をしたい場合には、利用目的を変更して（法61条3項）利用目的の範囲内で提供すべきです（法69条1項）。

① 法令に基づく場合（法69条1項）
② 本人の同意があるとき、又は本人に提供するとき（法69条2項1号）
③ 行政機関等が法令の定める所掌事務又は業務の遂行に必要な限度で保有個人情報を内部で利用する場合であって、当該保有個人情報を利用することについて相当の理由があるとき（同項2号）
④ 他の行政機関、独立行政法人等、地方公共団体の機関又は地方独立行政法人に保有個人情報を提供する場合において、保有個人情報の提供を受ける者が、法令の定める事務又は業務の遂行に必要な限度で提供に係る個人情報を利用し、かつ、当該個人情報を利用することについて相当の理由があるとき（同項3号）
⑤ ②～④に掲げる場合のほか、専ら統計の作成又は学術研究の目的のために保有個人情報を提供するとき、本人以外の者に提供することが明らかに本人の利益になるとき、その他保有個人情報を提供することについて特別の理由があるとき（同項4号）

上記③・④の「相当の理由」に相当する旧行政機関個人情報保護法8条2項とは、例えば、①外務省が在外邦人の連絡先等のデータを、地籍調査の遂行のため、市町村に提供した例、②国土交通省が、日本の船舶に関する登録データを、固定資産税の税額決定等のため、総務省に提供した例があります（冨安泰一郎・中田響編著『一問一答 令和3年改正個人情報保護法』（商事法務、2021年）96頁参照）。

行政機関の長等（行政機関の長、地方公共団体の機関、独立行政法人等および地方独立行政法人）は、利用目的のために、または上記③もしくは④の規定に基づき、保有個人情報を提供する場合において、必要があると認めるときは、保有個人情報の提供を受ける者に対し、提供に係る個人情報について、その利用の目的もしくは方法の制限その他必要な制限を付し、またはその漏えいの防止その他の個人情報の適切な管理のために必要な措置を講ずることを求めるものとされています（法70条）。

行政機関の長等（行政機関の長、地方公共団体の機関、独立行政法人等および地方独立行政法人）には、民間事業者（個人情報取扱事業者）のようなオプトアウトの手続（法27条２項参照）による第三者提供は認められていません。

また、民間事業者の第三者提供に係る記録の作成義務（法29条）、第三者提供を受ける場合の確認・記録義務（法30条）のような規定はありません。

問 民間分野と公的分野における個人情報の取得・利用・提供のルールに関する次の選択肢のうち、誤っているものを選びなさい。

1 民間事業者は第三者から個人情報を取得した場合は利用目的の通知・公表が必要であるが、行政機関等は不要である。

2 利用に関しては、民間事業者・行政機関等ともに利用目的の範囲内の利用が原則であるが、目的外利用についてはいずれも本人の同意による。

3 第三者提供に関しては、民間事業者は本人の同意があるのが原則であるが、行政機関等は利用目的の範囲内であるか否かにより取扱いが異なる。

答

利用に関しては、民間事業者（個人情報取扱事業者）・行政機関等（行政機関、地方公共団体の機関、独立行政法人等、地方独立行政法人）ともに、利用目的の範囲内の利用が原則であるが、目的外利用については、民間事業者が本人の同意がある場合であるのに対して、行政機関等は（暫定的な利用方法であるが）それ以外の方法も認められている。

正解 2

Q11 民間分野と公的分野では、要配慮個人情報の取扱いはどのように違いますか？

A　民間事業者は要配慮個人情報を取得する場合には本人の同意が必要となりますが、行政機関等はそのような取扱いはありません。民間事業者・行政機関等ともに、要配慮個人情報が含まれる個人情報が１件でも漏えい等すれば個人情報保護委員会への報告・本人への通知が必要となります。第三者提供に関しては、民間事業者は要配慮個人情報を含む個人データについてオプトアウト手続を利用できませんが、行政機関等は要配慮個人情報に関する特段の取扱いはありません。

解説

	民間事業者	行政機関等
要配慮個人情報の範囲	個人情報保護法の定義	個人情報保護法の定義＋条例要配慮個人情報
事前通知・公表	該当なし	個人情報ファイルの保有等に関する事前通知事項 記録情報に要配慮個人情報が含まれるときは、その旨
取得	原則：利用目的の明示＋本人の同意 例外：法令に基づく場合等公益的理由による例外	法令の定める所掌事務または業務を遂行するために必要な場合＋利用目的の範囲内 ※要配慮個人情報に関する特段の取扱いなし
漏えい等報告	要配慮個人情報が含まれる個人データ（高度な暗号化その他の個人の権利利益を保護するために必要な措置を講じたものを除く。）の漏えい等が発生し、または発生したおそれがある事態	要配慮個人情報・条例要配慮個人情報が含まれる保有個人情報（高度な暗号化その他の個人の権利利益を保護するために必要な措置を講じたものを除く。）の漏えい等が発生し、または発生したおそれがある事態
安全管理措置・適切な管理措置	要配慮個人情報の取扱いについて規定なし	アクセス制御 特定の個人の識別の容易性の程度、要配慮個人情報の有無、漏えい等が発生した場合に生じ得る被害の性質・程度などを考慮する
利用	利用目的の範囲内	利用目的の範囲内

第三者提供	要配慮個人情報が含まれる個人データについてはオプトアウト手続を利用できない	利用目的の範囲内 ※要配慮個人情報に関する特段の取扱いなし

1 要配慮個人情報の定義・範囲

民間事業者（個人情報取扱事業者）と行政機関等（行政機関、地方公共団体の機関、独立行政法人等、地方独立行政法人）に適用される「要配慮個人情報」の定義は同じであり、「本人の人種、信条、社会的身分、病歴、犯罪の経歴、犯罪により害を被った事実その他本人に対する不当な差別、偏見その他の不利益が生じないようにその取扱いに特に配慮を要するものとして政令で定める記述等が含まれる個人情報」です（法２条３項）。

地方公共団体の機関または地方独立行政法人は、「要配慮個人情報」に加えて、条例により、保有する個人情報（要配慮個人情報を除きます。）のうち、地域の特性その他の事情に応じて、本人に対する不当な差別、偏見その他の不利益が生じないようにその取扱いに特に配慮を要するものとして、「条例要配慮個人情報」を定めることができます（法60条５項）。

2 個人情報ファイル簿への記録・公表

民間事業者（個人情報取扱事業者）は、要配慮個人情報を作成したことを事前に通知・公表する義務はありません。

行政機関の長等（行政機関の長、地方公共団体の機関、独立行政法人等および地方独立行政法人）は、個人情報ファイル簿の記録情報に要配慮個人情報が含まれるときはその旨を個人情報ファイル簿に記録して作成・公表しなければなりません（法75条・74条１項６号）。

3 取得

民間事業者（個人情報取扱事業者）は、Q10[1]の個人情報の取得のルールに加えて、要配慮個人情報を取得する場合には、あらかじめ本人の同意が必要となります（法20条２項）。

行政機関等（行政機関、地方公共団体の機関、独立行政法人等、地方独立行政法人）については、要配慮個人情報の取得にあたって、事前に本人の同意は不要です。

4 漏えい等報告等

Q10②（2）のとおり、民間事業者（個人情報取扱事業者）・行政機関等（行政機関、地方公共団体の機関、独立行政法人等、地方独立行政法人）は、１件でも、①要配慮個人情報が含まれる個人情報の漏えい等が発生・発生したおそれがある場合（規則43条１号）、または②条例要配慮個人情報が含まれる保有個人情報の漏えい等が発生・発生したおそれがある場合（地方公共団体の機関または地方独立行政法人が漏えい等報告を行う場合で、かつ、当該地方公共団体の機関または地方独立行政法人に適用される条例において条例要配慮個人情報について定められているときに限ります。）（規則43条５号）は、高度な暗号化その他の個人の権利利益を保護するために必要な措置を講じている場合でない限り、個人情報保護委員会への報告・本人への通知が必要となります（法26条１項・２項、規則７条１号、法68条１項・２項、規則43条1号）。

5 安全管理措置

民間事業者（個人情報取扱事業者）については、要配慮個人情報の取扱いについて規定はありません。

行政機関等（行政機関、地方公共団体の機関、独立行政法人等、地方独立行政法人）は、アクセス制御において、「特定の個人の識別の容易性の程度、要配慮個人情報の有無、漏えい等が発生した場合に生じ得る被害の性質・程度などを考慮する」こととされています（事務対応ガイド4-8-5（１）（注））。

6 利用

民間事業者（個人情報取扱事業者）、行政機関の長等（行政機関の長、地方公共団体の機関、独立行政法人等および地方独立行政法人）ともに、特定した利用目的の範囲内であれば、特に利用についての制限はありません。

7 第三者提供

民間事業者（個人情報取扱事業者）は、要配慮個人情報が含まれる個人データについては、オプトアウト手続を利用できません（法27条２項）。

行政機関の長等（行政機関の長、地方公共団体の機関、独立行政法人等および地方独立行政法人）については、要配慮個人情報が含まれる保有個人情報の第三者提供について特段の手続は設けられていません。

問

民間分野と公的分野における要配慮個人情報の取扱いの違いに関する次の選択肢のうち、誤っているものを選びなさい。

1　地方公共団体の機関または地方独立行政法人は、「要配慮個人情報」に加えて、条例により、保有する個人情報のうち、地域の特性その他の事情に応じて本人に対する不当な差別、偏見その他の不利益が生じないようにその取扱いに特に配慮を要するものとして、「条例要配慮個人情報」を定めることができる。

2　民間事業者は、要配慮個人情報を取得する場合には、あらかじめ本人の同意が必要となるが、行政機関等については、要配慮個人情報の取得にあたって、事前に本人の同意は不要である。

3　行政機関等も、1件でも要配慮個人情報が含まれる個人情報が漏えいした場合は、高度な暗号化その他の個人の権利利益を保護するために必要な措置を講じている場合でない限り、個人情報保護委員会への報告・本人への通知が必要となるが、条例要配慮個人情報の漏えいについてはこのような取扱いは適用されない。

答

条例要配慮個人情報が含まれる保有個人情報の漏えい等が発生・発生したおそれがある場合（地方公共団体の機関または地方独立行政法人が漏えい等報告を行う場合で、かつ、当該地方公共団体の機関または地方独立行政法人に適用される条例において条例要配慮個人情報について定められているときに限る。）場合にも、漏えい等報告が必要となる。

正解　3

Q12 民間分野と公的分野では、個人情報の委託の取扱いはどのように異なりますか？

A　民間事業者と異なり、行政機関の長等は委託先の監督について規定されていませんが、ガイドラインにおいて同様の対応が求められています。また、行政機関の長等の委託先は、委託元の行政機関等が負う安全管理措置に準じた安全管理措置を講じなければなりません。

個人情報の取扱いについての本人の同意の要否に関しては、民間事業者については、第三者提供の規律において、「第三者」への個人データの提供には該当しないため、本人の同意は不要と扱われています。行政機関の長等については、特定された利用目的の範囲内での提供として本人の同意なく提供できます。

解説

1 委託元の監督

（1）民間事業者

民間事業者（個人情報取扱事業者）である委託元事業者は、取扱いを委託された個人データの安全管理が図られるよう、委託先事業者に対する必要かつ適切な監督を行わなければなりません（法25条）。

委託元事業者である個人情報取扱事業者は、①適切な委託先の選定、②委託契約の締結、③委託先における個人データ取扱状況の把握をしなければなりません（通則編ガイドライン3-4-4）。

（2）行政機関の長等

行政機関の長等（行政機関の長、地方公共団体の機関、独立行政法人等および地方独立行政法人）については、個人情報保護法上、委託先の監督に関する明文は設けられていません。

もっとも、個人情報の取扱いを委託する場合は、サイバーセキュリティに関する対策の基準等を参考に委託先によるアクセスを認める情報および情報システムの範囲を判断する基準や委託先の選定基準を整備するとともに、委託先との契約において安全管理措置のために必要な条項（委託先における情報管理に関する条項、再委託先の選定に関する条項、委託先に対する監査に関する条項等）を盛り込んだ上で、定期的な監査を行う等、委託先に対して必要かつ適切な監督を行うことが考えられるとされています（法66条１項、行政機関等編ガイドライン5-3-1（１））。

また、再委託の前提となる委託関係において委託元となる行政機関等（行政機関、地方公共団体の機関、独立行政法人等、地方独立行政法人）は、委託に係る安全管理措置として、委託契約において、再委託の制限または事前承認等再委託に係る条件に関する事項を定めるなどの対応が必要となります。具体的な措置については、事務対応ガイド4-8（(別添）行政機関等の保有する個人情報の適切な管理のための措置に関する指針）に基づき、実施することが求められます（事務対応ガイド4-3-1-2（５））。

行政機関等の従業者がその業務に関して知り得た個人情報の内容をみだりに他人に知らせ、または不当な目的に利用した場合には、行政機関等との委託契約の内容に基づき、契約の解除事由になり得ます。

2 委託先の事業者が負う義務

（１）民間事業者

民間事業者（個人情報取扱事業者）の委託先事業者が個人情報取扱事業者である場合には、委託先事業者は、個人データに関する安全管理措置を講じなければなりません（法23条）。

また、委託先事業者は個人情報取扱事業者であるか否かを問わず、委託元事業者との間の契約上の義務を負います。契約の内容としては、①委託先における委託された個人データの取扱状況を委託元が合理的に把握すること、②定期的に監査を行うこと、③委託先が再委託をする場合の措置を設けることが望ましいです（通則編ガイドライン3-4-4）。

（２）行政機関の長等

行政機関の長等（行政機関の長、地方公共団体の機関、独立行政法人等、地方独立行政法人）の委託先事業者は、委託元の行政機関等（行政機関、地方公共団体の機関、独立行政法人等および地方独立行政法人）が負う安全管理措置に準じた安全管理措置を講じなければなりません（法66条２項１号）。

また、委託元の行政機関等との間の「契約」に基づく義務も負います。上記1（２）で掲げた内容の事項を委託契約に定めることが考えられます。

また、委託先が個人情報取扱事業者に該当する場合には、委託先において、個人データに関する安全管理措置を講ずべき義務（法23条）も負います。

3 委託先の安全管理措置の内容

委託元が民間事業者（個人情報取扱事業者）であるか、行政機関の長等（行政機関の長、地方公共団体の機関、独立行政法人等および地方独立行政法人）であるかを問わず、委託先が個人情報取扱事業者である場合には、委託先事業者は安全管理措置（法23条）を負います。

安全管理措置の内容は、①基本方針の策定、②組織的安全管理措置、③人的安全管理措置、④物理的安全管理措置、⑤技術的安全管理措置、⑥外的環境の把握となります（通則編ガイドライン10）。

なお、委託先が個人情報取扱事業者でなくても、委託元との契約を通じた委託先の監督により、同様の対応は求められることとなります。

行政機関の長等（行政機関の長、地方公共団体の機関、独立行政法人等および地方独立行政法人）の委託先事業者は、委託元の行政機関等（行政機関、地方公共団体の機関、独立行政法人等および地方独立行政法人）が負う安全管理措置に準じた安全管理措置を講じなければなりません（法66条２項１号）。行政機関の長等の安全管理措置は、①組織的安全管理措置、②人的安全管理措置、③物理的安全管理措置、④技術的安全管理措置、⑤外的環境の把握です（事務対応ガイド4-3-1-1（１））。個人情報取扱事業者と異なり、基本方針の策定は含まれません。

4 委託に関する本人同意の要否

（１）民間事業者

民間事業者（個人情報取扱事業者）が利用目的の達成に必要な範囲内において個人データの取扱いの全部または一部を委託することに伴って当該個人データが提供される場合には、委託先は「第三者」に該当せず、本人の同意は不要です（法27条５項１号）。

すなわち、第三者提供（法27条）の規律において、「第三者」への個人データの提供には該当しないため、本人の同意は不要と扱われています。

もっとも、委託された業務の範囲外で委託先が当該加工を行い、作成された統計情報や匿名加工情報を自社のために用いることはできません（民間分野QA7-43、15-18）。

これらの委託された業務の範囲を超えた行為を委託先がするためには、個人データの第三者提供として本人の同意が必要となります。

（2）行政機関の長等

行政機関の長等（行政機関の長、地方公共団体の機関、独立行政法人等および地方独立行政法人）については、特定された利用目的の範囲内での提供として本人の同意なく提供できます（法69条１項）。

すなわち、公的分野においては、「委託」も「提供」の一類型という整理とされています。

公的分野においても、民間分野同様に、委託された業務の範囲外で委託先が当該加工を行い、作成された統計情報や匿名加工情報を自社のために用いる場合には、利用目的の範囲内の行為として認められないものと考えられます。

これらの委託された業務の範囲を超えた行為を委託先がするためには、以下のいずれかの場合に該当する必要があります（法69条１項・２項１号～４号）。

① 法令に基づく場合（法69条１項）
② 本人の同意があるとき、又は本人に提供するとき（法69条２項１号）
③ 行政機関等が法令の定める所掌事務又は業務の遂行に必要な限度で保有個人情報を内部で利用する場合であって、当該保有個人情報を利用することについて相当の理由があるとき（同項２号）
④ 他の行政機関、独立行政法人等、地方公共団体の機関又は地方独立行政法人に保有個人情報を提供する場合において、保有個人情報の提供を受ける者が、法令の定める事務又は業務の遂行に必要な限度で提供に係る個人情報を利用し、かつ、当該個人情報を利用することについて相当の理由があるとき（同項３号）
⑤ ②～④に掲げる場合のほか、専ら統計の作成又は学術研究の目的のために保有個人情報を提供するとき、本人以外の者に提供することが明らかに本人の利益になるとき、その他保有個人情報を提供することについて特別の理由があるとき（同項４号）

	民間事業者	行政機関の長等
委託元の監督・安全管理措置	●委託元事業者は取扱いを委託された個人データの安全管理が図られるよう、委託先事業者に対する必要かつ適切な監督を行わなければならない（法25条）	●委託先の監督に関する明文の規定はない ●委託元の行政機関等は、安全管理措置の一環として、委託先との契約において安全管理措置のために必要な条項（委託先における情報管理に関

委託元の 監督・ 安全管理措置		する条項、再委託先の選定に関する条項、委託先に対する監査に関する条項等）を盛り込んだ上で、定期的な監査を行う等、委託先に対して必要かつ適切な監督を行うことが考えられる（法66条1項、行政機関等編ガイドライン5-3-1（1））
委託先の 事業者が 負う義務	●（委託先事業者が個人情報取扱事業者である場合）個人データに関する安全管理措置を講ずべき義務（法23条） ●委託元の事業者との間の「契約」に基づく義務	●委託元の行政機関等が負う安全管理措置に準じた安全管理措置を講ずる必要（法66条2項） ●委託元の行政機関等との間の「契約」に基づく義務 ●委託先が民間事業者（個人情報取扱事業者）に該当する場合には、委託先において、個人データに関する安全管理措置を講ずべき義務（法23条）も負う
委託先の 安全管理措置 の内容	※委託先が個人情報取扱事業者である場合 （安全管理措置の内容） ●基本方針の策定 ●組織的・人的・物理的・技術的安全管理措置 ●外的環境の把握	（安全管理措置の内容） ●組織的・人的・物理的・技術的安全管理措置 ●外的環境の把握 ※基本方針の策定はなし ※委託先が民間事業者（個人情報取扱事業者）の場合は民間事業者の安全管理措置
委託に関する 本人の同意の 要否	●個人情報取扱事業者が利用目的の達成に必要な範囲内において個人データの取扱いの全部または一部を委託することに伴って当該個人データが提供される場合には、委託先は「第三者」に該当せず、**本人の同意不要**（法27条5項） ※「委託先」は「第三者」でないという整理	●利用目的の範囲内での提供として、本人の同意は不要（法69条1項） ※「委託」も「提供」の一類型という整理

問

公的分野における個人情報の委託の取扱いに関する次の選択肢のうち、誤っているものを選びなさい。

1 民間事業者と異なり、行政機関の長等は委託先の監督について規定されていないが、ガイドラインにおいて同様の対応が求められている。

2 行政機関の長等の委託先は、委託元の行政機関等が負う安全管理措置に準じた安全管理措置を講じることは求められていない。

3 行政機関の長等については、特定された利用目的の範囲内での提供として本人の同意なく提供できる。

答

行政機関の長等（行政機関の長、地方公共団体の機関、独立行政法人等および地方独立行政法人）の委託先は、委託元の行政機関等（行政機関、地方公共団体の機関、独立行政法人等、地方独立行政法人）が負う安全管理措置に準じた安全管理措置を講じることが求められている（法66条2項1号）。

正解 2

Q13 教育データの利活用は、公立学校・私立学校・国公立大学の附属学校ではどのように異なりますか？

A　公立学校（教育委員会）は地方公共団体の機関として公的分野の規律によります。私立学校（学校法人）は個人情報取扱事業者として民間分野の規律によります。国公立大学の附属学校は基本的には民間分野の規律によりますが、開示・訂正・利用停止等は公的分野の規律によります。

解説

1 公立学校、私立学校、国立・公立大学の附属学校の個人情報保護法上の位置付け

（1）公立学校

教育委員会が所管する市区町村の公立小学校・公立中学校（以下「公立学校」といいます。）については、個々の学校自体が「地方公共団体の機関」（法２条11項２号）に該当するものではなく、当該学校を所管する教育委員会が、「地方公共団体の機関」として、個人情報保護法上の義務の主体である「行政機関等」（法２条11項）や「行政機関の長等」（法63条）に該当することとされています（公的分野QA2-1-2）。

したがって、個々の公立学校は、市区町村の一部組織の位置付けとなり、同一の普通地方公共団体内小中学校相互間の個人情報の提供は、個人情報の外部提供ではなく、内部利用となります。

なお、地方公共団体の教育委員会は、地方自治法180条の８、地方教育行政の組織及び運営に関する法律２条に基づき設置されるものです。

（2）私立学校

私立学校は、私立学校法に基づき設立された学校法人が設置する学校です。

個人情報保護法上の義務の主体である「個人情報取扱事業者」となるのは法人格を有する「学校法人」となります。

したがって、同一学校法人内の個人情報の提供は、個人情報の外部提供ではなく、内部利用となります。

（3）国立大学法人・公立大学法人の附属学校

国立大学法人の附属学校は、国立大学法人法23条に基づき、公立大学法人の附属学校は、地方独立行政法人法21条2号に基づき、設置されます。

国立大学法人は、「独立行政法人等」の定義から、法別表第二に掲げられる法人として除外され（法2条9項）、また、「個人情報取扱事業者」の定義（法16条2項）からは「独立行政法人等」が除外されるので（法2条11項3号）、国立大学法人は「個人情報取扱事業者」に該当します。ただし、法32条から39条（開示等請求権に関する規定）までおよび4章4節（法43条～46条：匿名加工情報取扱事業者等の義務）は適用されません（法58条1項）。

また、地方公共団体の機関が学校教育法1条に規定する大学（以下「公立大学」といいます。）の運営についても、個人情報、仮名加工情報または個人関連情報の取扱いについては、個人情報取扱事業者、仮名加工情報取扱事業者または個人関連情報取扱事業者による個人情報、仮名加工情報または個人関連情報の取扱いとみなして、法4章（法32条～39条（開示等請求権に関する規定）および同章4節（法43条～46条：匿名加工情報取扱事業者等の義務）を除きます。）および法6章から8章までの規定が適用されます（法58条2項1号）。

国立大学法人には、行政機関等（行政機関、地方公共団体の機関、独立行政法人等、地方独立行政法人）に関する以下の規定が適用されます（法125条2項）。

- 行政機関等の義務等の総則（法5章1節：法60条）
- 個人情報ファイル簿の作成・公表（法75条）
- 開示等請求手続（法5章4節：法76条～108条）
- 行政機関等匿名加工情報の提供等（法5章5節：法109条～123条）
- 保有されていないものとみなす保有個人情報（法124条2項）
- 開示請求等をしようとする者に対する情報提供（法127条）
- 個人情報保護委員会（法6章：法130条～170条）
- 雑則（法7章：法171条～175条）
- 罰則（法8章。ただし、行政機関の職員に対する罰則（法176条・180条・181条）は適用されない）

公立大学法人には、行政機関等（行政機関、地方公共団体の機関、独立行政法人等および地方独立行政法人）に関する以下の規定が適用されます（法125条1項）。

国立大学法人との違いは、「行政機関等の安全管理措置（の一部の規定）」および

「行政機関等の職員に対する罰則」が適用される点です。

- 行政機関等の義務等の総則（法５章１節：法60条）
- 安全管理措置（法66条２項（４号・５号（同項４号に係る部分に限る。）に係る部分に限る。））
- 個人情報ファイル簿の作成・公表（法75条）
- 開示等請求手続（法５章４節：法76条～108条）
- 行政機関等匿名加工情報の提供等（法５章５節：法109条～123条）
- 保有されていないものとみなされる保有個人情報（法124条２項）
- 開示請求等をしようとする者に対する情報提供（法127条）
- 行政機関の職員に対する罰則（法176条・180条・181条）

国立大学法人および公立大学法人自体が法人格を有するものとして「個人情報取扱事業者」に該当するので、国立大学法人・公立大学法人内の学校間の個人情報の提供は、個人情報の外部提供ではなく、内部利用に該当します。

	個人情報保護法上の主体	個々の学校の位置付け	設置根拠法	適用される個人情報保護法の規定
公立学校	地方公共団体の教育委員会が「行政機関等」「行政機関の長等」に該当	個々の学校は普通地方公共団体の一部組織の位置付け ⇒同一の普通地方公共団体内小中学校相互間の個人情報の提供は個人情報の内部利用	地方自治法180条の８ 地方教育行政の組織及び運営に関する法律	法５章（行政機関等の義務等） 法60条～129条
国立大学法人（の附属学校）／公立大学法人	国立大学法人・公立大学法人は「個人情報取扱事業者」（民間事業者）の扱い ※ただし、開示等請求権・匿名加工情報の扱いは「行政機関等」の取扱い	国立大学法人の附属学校 ⇒同一国立大学法人・公立大学法人内の個人情報の流通は個人情報の内部利用	（国立大学法人）国立大学法人法23条 （公立大学法人）地方独立行政法人法21条２号	法４章（個人情報取扱事業者の義務等） ※ただし、法32条～39条までおよび４節を除く 法５章（行政機関等の義務等） １節　総則（法60条） ２節　行政機関等における個人情報等の取扱い（法75条のみ） ４節　開示、訂正及び

国立大学法人（の附属学校）／公立大学法人				利用停止（法76条～108条） 5節 行政機関等匿名加工情報の提供等（法109条～123条） 6節 雑則（法124条2項、127条） 法7章（雑則） 法8章（罰則）
私立学校	学校法人が個人情報取扱事業者に該当	学校法人が設置する学校 ⇒同一学校法人内の個人情報の提供は個人情報の内部利用	私立学校法	法4章（個人情報取扱事業者等の義務等） 法16条～59条

	私立学校	国立大学法人・公立大学法人（の附属学校）	公立学校
個人情報取扱事業者に係る規律			
取得に関する規律（法17条・18条・20条・21条）	○	○	
保有に関する規律（法19条・22条～26条）	○	○	
第三者提供に関する規律（法27条～31条）	○	○	
開示等請求に関する規律（法32条～39条）	○		
苦情処理（法40条）	○		
仮名加工情報の規律（法41条・42条）	○		
匿名加工情報の規律（法43条～46条）	○		
行政機関等・行政機関の長等に係る規律			
取得に関する規律（法61条～64条）			○
保有に関する規律（法65条～68条）			○
利用・提供に関する規律（法69条～72条）			○
個人情報ファイル簿の規律（法75条）		○	○
開示等請求の規律（法76条～108条）		○	○
行政機関等匿名加工情報の規律（法109条～123条）		○	○

2 教育データの種類

教育データは大きく分けて、「行政系データ」、「校務系データ」、「学習系データ」に整理することができます。教育データの取扱いについては、文部科学省が令和５年３月に公表した『教育データの利活用に係る留意事項（第１版）』をご参照ください。

「校務系データ」「学習系データ」は特定の個人（生徒）を識別できるものが多く、個人情報保護法上の「個人情報」に該当するものが多いと考えられます。

「行政系データ」は統計情報であるので、個人情報保護法上の「個人情報」に該当しないものが多いと考えられます。

（1）行政系データ

国や地方公共団体が統計・調査などにより収集・蓄積しているデータで、行政職員や教職員が取り扱う情報です。

（例）

- 児童生徒数・教員数等の基礎情報
- 端末整備の状況
- 学力・学習状況調査や体力調査の結果等

（2）校務系データ

学校運営に必要な児童生徒の学籍情報等のデータであり、教職員が学校・学級の管理運営、学習指導、生徒指導、生活指導などに活用する情報です。

（例）

- 学籍情報（学年・組・番号等）
- 出席簿
- 指導要録に記載のある成績情報
- 進路指導情報（進学先等）

（3） 学習系データ

ワークシートや学習ドリル、アンケートなどの学習に関するデータであり、教職員や児童生徒自身が日々の学校における教育活動において活用する情報です。

（例）

- 端末の利用ログ
- 学習の記録（確認テスト結果等）
- アンケートの回答結果

- 活動の記録（動画・写真等）

3　個人情報の取得のルール

（1）利用目的の特定

公立学校や学校設置者である教育委員会が個人情報に該当する教育データを取得するにあたっては、利用目的をできる限り特定する必要があります（法61条1項）。

私立学校や国公立大学の附属学校が個人情報に該当する教育データを取得する場合においても、利用目的をできる限り特定する必要があります（法17条1項）。

とりわけ、学習系データの分析や生徒のプロファイリングを行う場合には、そのことがよくわかるような利用目的の特定をした上で利用目的の明示（下記（2））をする必要があります。

なお、公立学校の行う教育データの利活用については、「法令（条例を含む）の定める所掌事務または業務を遂行するために必要な場合」（法61条1項）の要件は通常満たすものと考えられます。

（2）利用目的の明示

生徒から直接書面（電磁的記録）に記録された個人情報を取得する場合には、本人に対して利用目的の明示が必要となります（法62条）。私立学校や国公立大学の附属学校においても同様に利用目的の明示が必要となります（法21条2項）。

なお、利用目的を明示をするのは、地方公共団体の教育委員会や学校法人といった個人情報保護法上の主体に限られず、各学校の校長などの名義ですることも認められると考えられます。

生徒の判断能力の可塑性に鑑みて、少なくとも小中学校においては保護者に対する明示も必要になると考えられます。高校においても必要に応じて保護者に利用目的を明示するのが望ましいかもしれません。

なお、これまで行ってきた書面による学校教育における教育データの利用（主に校務系データ）については、「取得の状況からみて利用目的が明らかであると認められるとき」（法62条4号）や「取得の状況からみて利用目的が明らかであると認められる場合」（法21条4項4号）に該当するものとして利用目的の明示をしなくてもよいと整理できる場合もあると考えられます。これに対して、学習端末の利用を通じた学習系データの利活用は、「取得の状況」が明らかとはいえず、利用目的の明示が必要になると考えられます。

公立学校において、生徒以外の第三者から生徒の個人情報を取得する場合には、利用目的の明示は不要ですが、偽りその他不正の手段により個人情報を取得してはなりません（法64条）。

私立学校や国公立大学の附属学校において、生徒以外の第三者から生徒の教育データを取得する場合には、あらかじめその利用目的を公表している場合を除き、速やかに、その利用目的を本人に通知し、または公表しなければなりません（法21条１項）。この場合も、個人情報取扱事業者は、偽りその他不正の手段により個人情報を取得してはなりません（法20条１項）。

（３）要配慮個人情報の取得

教育現場において、要配慮個人情報に該当するものと該当しないものについては下記を参照してください。

公立学校においては、要配慮個人情報に該当する生徒の個人情報を取得する場合においても、本人の同意は必要ありません。

私立学校や国公立大学の附属学校においては、要配慮個人情報に該当する生徒の個人情報を取得する場合には、あらかじめ本人の同意を取得する必要があります（法20条２項）。

子どもの同意については、「法定代理人等から同意を得る必要がある子どもの具体的な年齢は、対象となる個人情報の項目や事業の性質等によって、個別具体的に判断されるべきですが、一般的には12歳から15歳までの年齢以下の子どもについて、法定代理人等から同意を得る必要があると考えられます。」とされています（民間分野QA1-62）。少なくとも、小中学校においては、保護者の同意を得ることが必要であると考えられます。高校については、個別具体的に判断することとなると考えられます。

子どもの同意の年齢に関しては、今後、個人情報保護法や関連ガイドラインにおいて、議論が深化されることが望まれます。

該当するもの	該当しないもの
人種 ●生徒や父母の人種、世系または民族的もしくは種族的出身	●生徒や父母の単純な国籍や「外国人」という情報は法的地位 ●生徒や父母の肌の色は、人種を推知させる情報にすぎないため、人種には含まない
信条 ●生徒や父母の個人としての基本的なものの見方、考え方を意味し、思想と信仰の双方を含む	生徒や父母が、「○△教に関する本を購入した」という購買履歴の情報や、特定の政党が発行する新聞や機関誌等を購読しているという情報は、「信条」を推知させる情報にすぎないため、当該情報のみでは要配慮個人情報には該当しない

社会的身分 ● 生徒や父母の境遇として固着していて、一生の間、自らの力によって容易にそれから脱し得ないような地位（例：「非嫡出子」や「被差別部落の出身」）	● 生徒の父母の単なる職業的地位や学歴 ● 生徒や父母の本籍地
病歴 ● 生徒や父母の病気に罹患した経歴（例：生徒や父母ががんに罹患している、統合失調症を患っている等）	
犯罪の経歴 ● 生徒や父母の前科、有罪の判決を受けこれが確定した事実	生徒や父母が、単に防犯カメラの映像等で、犯罪行為が疑われる映像が映ったのみである場合
身体障害、知的障害、精神障害その他身体の障害 ● 生徒が医師等から身体障害、知的障害、精神障害と診断されたこと ● 生徒が身体障害手帳、療養手帳、精神障害者保健福祉手帳を交付されていること ● 生徒が外形上、身体障害、知的障害を有することが明らかであること	● 障害や疾患の事情が推知されるにすぎない場合
健康診断等の結果 ● 生徒の健康診断の結果	身長、体重、血圧、脈拍、体温等の生徒の健康に関する情報を、健康診断、診療等の事業およびそれに関する業務とは関係のない方法により知り得た場合
健康診断等に基づく医師の指導・薬剤師の調剤	
刑事事件に関する手続 ● 生徒や父母が逮捕、捜索、差押え、勾留、公訴の提起のほか、不起訴、不送致、微罪処分等 ● 生徒や父母が無罪判決を受けた事実	生徒や父母が、単に防犯カメラの映像等で、犯罪行為が疑われる映像が映ったのみである場合
生徒について、少年法上の調査、観護の措置、審判、保護処分その他の少年の保護事件に関する手続が行われたこと	

4 個人情報の利用・保有のルール

（1）利用目的の範囲内の利用

公立学校や学校設置者である教育委員会、私立学校や国公立大学の附属学校はいずれも、特定された利用目的の範囲内で個人情報に該当する教育データを利用することができます。

公立学校や学校設置者である教育委員会、私立学校や国公立大学の附属学校はいずれも、違法または不当な行為を助長し、または誘発するおそれがある方法により個人情報を利用してはなりません（不適正利用の禁止）（法19条・63条）。

公立学校や学校設置者である教育委員会は、特定された利用目的の達成に必要な範囲を超えて、保有個人情報である教育データを保有してはなりませんが、次の各場合（法69条１項・２項１号～４号）に、利用目的以外の目的の利用が認められます。教育の現場では、「本人の同意」によることが多くなると考えられます。ただし、これらの利用方法は「暫定的」な利用方法であり、「恒常的」な利用については、「利用目的の変更」（法61条３項）により対応する必要があります。

① 法令に基づく場合（法69条１項）
② 本人の同意があるとき、又は本人に提供するとき（法69条２項１号）
③ 行政機関等が法令の定める所掌事務又は業務の遂行に必要な限度で保有個人情報を内部で利用する場合であって、当該保有個人情報を利用することについて相当の理由があるとき（同項２号）
④ 他の行政機関、独立行政法人等、地方公共団体の機関又は地方独立行政法人に保有個人情報を提供する場合において、保有個人情報の提供を受ける者が、法令の定める事務又は業務の遂行に必要な限度で提供に係る個人情報を利用し、かつ、当該個人情報を利用することについて相当の理由があるとき（同項３号）
⑤ ②～④に掲げる場合のほか、専ら統計の作成又は学術研究の目的のために保有個人情報を提供するとき、本人以外の者に提供することが明らかに本人の利益になるとき、その他保有個人情報を提供することについて特別の理由があるとき（同項４号）

私立学校や国公立大学の附属学校は、あらかじめ本人の同意を得ないで、特定された利用目的の達成に必要な範囲を超えて個人情報を取り扱ってはなりません（法18条１項）。反対解釈すれば、本人の同意があれば目的外利用も許されます。

なお、子どもの同意については、「法定代理人等から同意を得る必要がある子どもの具体的な年齢は、対象となる個人情報の項目や事業の性質等によって、個別具体的に判断されるべきですが、一般的には12歳から15歳までの年齢以下の子どもについて、法定代理人等から同意を得る必要があると考えられます。」とされています（民間分野QA1-62）。少なくとも、小中学校においては、保護者の同意を得ることが必要であると考えられます。高校については、個別具体的に判断することとなると考えられます。

子どもの同意の年齢に関しては、今後、個人情報保護法や関連ガイドラインにおいて、議論が深化されることが望まれます。

（２）正確性の確保

公立学校は、利用目的の達成に必要な範囲内で、保有個人情報である教育データが過去または現在の事実と合致するように努めなければなりません（法65条）。

私立学校や国公立大学の附属学校も、個人データに該当する教育データについて、利用目的の達成に必要な範囲内において、正確かつ最新の内容に保つよう努めることが求められます（法22条）。

（３）安全性の確保

公立学校および学校設置者である教育委員会は、保有個人情報である教育データについて安全管理措置を負います（法66条１項）。具体的には、文部科学省が令和４（2022）年３月に一部改訂した「教育情報セキュリティポリシーに関するガイドライン」が参考になると考えられます。生徒の教育データへのアクセス権限は必要に応じて最小限とすべきです。

私立学校や国公立大学の附属学校も、個人データである教育データについて安全管理措置を負います（法23条）。基本方針（プライバシーポリシー）の策定については、公立学校には求められず、私立学校や国公立大学の附属学校に求められるものですが、その他の安全管理措置として求められる内容（組織的・人的・物理的・技術的安全管理措置、外的環境の把握）は同じです。

（４）漏えい等報告等

学校設置者である教育委員会、私立学校の所属する学校法人、国公立大学法人は、個人情報保護委員会への漏えい等（漏えい、滅失または毀損）報告の義務を負う（法26条１項、68条１項）とともに、本人への通知の義務を負います（法26条２項、68条２項）。

生徒の要配慮個人情報が含まれる個人情報の漏えい等が発生し、または発生したおそれがある事態が１件でも発生した場合には、学校設置者である教育委員会、私立学校の所属する学校法人、国公立大学法人のいずれにおいても報告対象となります。

（５）消去・廃棄

公立学校および学校設置者である教育委員会は、個人情報の保有は法令（条例を含みます。）の定める所掌事務または業務の遂行に必要な場合に限ることとされており

(法61条1項)、また、利用目的の達成に必要な範囲を超えて個人情報を保有してはならないこととされています(同条2項)。

私立学校の所属する学校法人、国公立大学法人は、利用目的の達成に必要な範囲内において、個人データを正確かつ最新の内容に保つとともに、利用する必要がなくなったときは、当該個人データを遅滞なく消去するよう努めなければなりません(法22条)。

5 個人情報の利用・提供のルール

(1)公立学校および学校設置者である教育委員会の規律

公立学校および学校設置者である教育委員会については、第三者提供が認められるか否かはまず、特定された「利用目的」の範囲内か否かによります。

特定された「利用目的」の範囲内の第三者提供であれば、本人の同意は不要です。行政機関等(行政機関、地方公共団体の機関、独立行政法人等および地方独立行政法人)による民間事業者に対する保有個人情報の取扱いの委託は、特定された「利用目的」の範囲内の第三者提供として、本人の同意は不要とされるのが通常です。学習端末機において、学習ポータル事業者の提供するアプリを利用して自らの個人情報を提供する場合には、通常、利用目的の範囲内であると考えられます。

これに対して、特定された「利用目的」の範囲外の第三者提供は、次の各場合(法69条1項・2項1号～4号)に認められます。ただし、これらの利用方法は「暫定的」な利用方法であり、「恒常的」な利用については、「利用目的の変更」(法61条3項)により対応する必要があります。

① 法令に基づく場合(法69条1項)
② 本人の同意があるとき、又は本人に提供するとき(法69条2項1号)
③ 行政機関等が法令の定める所掌事務又は業務の遂行に必要な限度で保有個人情報を内部で利用する場合であって、当該保有個人情報を利用することについて相当の理由があるとき(同項2号)
④ 他の行政機関、独立行政法人等、地方公共団体の機関又は地方独立行政法人に保有個人情報を提供する場合において、保有個人情報の提供を受ける者が、法令の定める事務又は業務の遂行に必要な限度で提供に係る個人情報を利用し、かつ、当該個人情報を利用することについて相当の理由があるとき(同項3号)
⑤ ②～④に掲げる場合のほか、専ら統計の作成又は学術研究の目的のために保

有個人情報を提供するとき、本人以外の者に提供することが明らかに本人の利益になるとき、その他保有個人情報を提供することについて特別の理由があるとき（同項４号）

学習ポータル事業者が、提供を受けた教育データを用いて匿名加工情報や統計情報を自らのサービスとして作成する場合には、「利用目的」の範囲外として、本人の同意（法69条２項１号）を得なければならないものと考えられます。

なお、民間事業者（個人情報取扱事業者）のようなオプトアウトの手続は認められていません（法27条２項参照）。

（2）私立学校の所属する学校法人、国公立大学法人の規律

私立学校の所属する学校法人、国公立大学法人は、原則、あらかじめ本人の事前の同意がなければ個人データを第三者に提供することができません（法27条１項）。

例外的に、「本人の事前の同意」なしに、個人データの第三者提供が認められる場合としては、①「法令に基づく場合」等の公益的理由のある場合（法27条１項各号）、②オプトアウト手続（法27条２項）による場合があります。また、③個人データの取扱いの委託の場合、④合併等の事業承継に伴い個人データを提供する場合、⑤個人データを共同利用する場合は「第三者」に該当しないものとして、本人の同意は不要となります。

（3）本人の同意

子どもの同意については、「法定代理人等から同意を得る必要がある子どもの具体的な年齢は、対象となる個人情報の項目や事業の性質等によって、個別具体的に判断されるべきですが、一般的には12歳から15歳までの年齢以下の子どもについて、法定代理人等から同意を得る必要があると考えられます。」とされています（民間分野QA1-62）。例えば、小中学校生については、保護者の同意を得ることとし、高校生については生徒本人の同意を得ることとして、個別具体的に保護者の同意も得ることが考えられます。

子どもの同意の年齢に関しては、今後、個人情報保護法や関連ガイドラインにおいて、議論が深化されることが望まれます。

問

教育データの利活用に関する次の選択肢のうち、誤っているものを選びなさい。

1　教育委員会が所管する市区町村の公立小学校・公立中学校については、個々の学校自体が「地方公共団体の機関」に該当するものではなく、当該学校を所管する教育委員会が、「地方公共団体の機関」として個人情報保護法上の義務の主体である「行政機関等」や「行政機関の長等」に該当する。

2　私立学校については、個人情報保護法上の義務の主体である「個人情報取扱事業者」となるのは法人格を有する「学校法人」となる。

3　特定された「生徒の個人情報」の利用目的の範囲外の利用については、公立学校・私立学校ともに、本人の同意による。

答

公立学校については、法69条２項１号から４号の方法が例外的に認められている。なお、これらの利用・提供方法は「暫定的」な利用方法であるので、「恒常的」な利用については、利用目的を変更（法61条３項）して、利用目的の範囲内での利用による必要がある。

正解　3

第2章

個人情報関係

Q14 「個人情報」の定義の「容易照合性」とは？

A 「生存する個人に関する情報」単体では特定の個人を識別できなくても、他の情報と容易に照合することにより、特定の個人を識別できる場合には、「個人情報」に該当することをいいます。

解説

1 個人情報の定義

個人情報保護法上の「**個人情報**」とは、「**生存する個人に関する情報**」であって、①当該情報に含まれる氏名、生年月日その他の記述等により特定の個人を識別することができるもの（**他の情報と容易に照合することができ、それにより特定の個人を識別することができることとなるもの**を含みます。）および②個人識別符号を含むものをいいます（法2条1項）。

「**個人に関する情報**」とは、氏名、住所、性別、生年月日、顔画像等個人を識別する情報に限られず、個人の身体、財産、職種、肩書等の属性に関して、事実、判断、評価を表すすべての情報であり、評価情報、公刊物等によって公にされている情報や、映像、音声による情報も含まれ、暗号化等によって秘匿化されているかどうかを問いません（通則編ガイドライン2-1）。暗号化は、安全管理措置のひとつとして考慮されるべき要素であり、個人情報該当性に影響を与えません。

2 容易照合性

上記1の定義のとおり、「生存する個人に関する情報」で、それ自体では特定の個人を識別することができなくても、「**他の情報と容易に照合することができ、それにより特定の個人を識別することができることとなるもの**」は、「個人情報」に該当することとなります（法2条1項1号）。これを一般的に「容易照合性」ということがあります。

「**他の情報と容易に照合することができ**」るとは、事業者の実態に即して個々の事例ごとに判断されるべきものですが、「**通常の業務における一般的な方法で、他の情報と容易に照合することができる状態**」をいい、例えば、他の事業者への照会を要する場合等であって照合が困難な状態は、一般に、容易に照合することができない状態であると解されます（通則編ガイドライン2-1（※4））。

3　容易照合性の具体的な判断

民間部門QAによれば、容易照合性による個人情報該当性は以下のとおり解されています。

（1）住所・電話番号（民間部門QA1-3）

（氏名がなく）住所や電話番号だけでも、他の情報と容易に照合することにより特定の個人を識別することができる場合、当該情報と合わせて全体として個人情報に該当することがあります。

（2）メールアドレス（民間部門QA1-4）

メールアドレスのユーザー名およびドメイン名から特定の個人を識別することができる場合（例：kojin_ichiro@example.com）、当該メールアドレスは、それ自体が単独で、個人情報に該当します。これ以外の場合、個別の事例ごとに判断することとなりますが、他の情報と容易に照合することにより特定の個人を識別することができる場合、当該情報と合わせて全体として個人情報に該当することがあります。

（3）特定の個人を識別することができる情報に割り当てられている識別子（例：顧客ID等）（民間部門QA1-19）

特定の個人を識別することができる情報に割り当てられている識別子（例：顧客ID等）と共通のものが割り当てられていることにより、事業者内部において、特定の個人を識別することができる情報とともに参照することが可能な場合、他の情報と容易に照合することができると解され得るものと考えられます。

（4）Cookie等の端末識別子（民間部門QA8-1）

Cookie等の端末識別子は、他の情報と容易に照合することにより特定の個人を識別することができる場合には、当該情報と合わせて全体として個人情報に該当することとなります。

なお、Cookie等の端末識別子について、個人情報に該当しない場合には、通常、当該端末識別子に係る情報端末の利用者に関する情報として、「個人に関する情報」に該当し、個人関連情報に該当することとなると考えられます。また、家族等の特定少数の人が情報端末を共用している場合であっても、通常、情報端末の共用者各人との関係で、「個人に関する情報」に該当し、個人関連情報に該当することとなると考えられます。

（5）携帯電話番号やクレジットカード番号（民間部門QA1-25）

携帯電話番号やクレジットカード番号は、様々な契約形態や運用実態があり、およそいかなる場合においても特定の個人を識別することができるとは限らないこと等から、個人識別符号に位置付けられていません。このような番号も、氏名等の他の情報と容易に照合することができ、それにより特定の個人を識別することができることとなる場合には、個人情報に該当します。

（6）公開されているオンラインゲームにおける「ニックネーム」および「ID」（民間部門QA1-9）

オンラインゲームにおける「ニックネーム」および「ID」が公開されていても、通常は特定の個人を識別することはできないため、個人情報には該当しません。ただし、「ニックネーム」または「ID」を自ら保有する他の情報と容易に照合することにより特定の個人を識別できる可能性があり、そのような場合には個人情報に該当し得ます。また、例外的にニックネームやIDから特定の個人が識別できる場合（有名なニックネーム等）には、個人情報に該当します。

（7）顧客との電話の通話内容（通話内容から特定の個人を識別できない場合）（民間部門QA1-11）

基本的には個人情報に該当しません。ただし、その他の情報と容易に照合でき、それによって特定の個人を識別することができれば、その情報と合わせて全体として個人情報に該当することはあります。

なお、録音した音声から特徴情報を抽出し、これを話者認識システム等本人を認証することを目的とした装置やソフトウェアにより、本人を認証することができるデータに変換した場合、当該データは個人識別符号に該当し、それ単体で個人情報に該当します。

（8）カメラ画像から抽出した性別や年齢といった属性情報や、人物を全身のシルエット画像に置き換えて作成した移動軌跡データ（人流データ）（民間部門QA1-14）

性別、年齢、または全身のシルエット画像等による移動軌跡データのみであれば、抽出元の本人を判別可能なカメラ画像や個人識別符号等本人を識別することができる情報と容易に照合することができる場合を除き、個人情報には該当しません。

4　事業者内部における容易照合性（民間部門QA1-18）

事業者の各取扱部門が独自に取得した個人情報を取扱部門ごとに設置されているデータベースにそれぞれ別々に保管している場合において、双方の取扱部門やこれらを統括すべき立場の者等が、規程上・運用上、双方のデータベースを取り扱うことが厳格に禁止されていて、特別の費用や手間をかけることなく、通常の業務における一般的な方法で双方のデータベース上の情報を照合することができない状態である場合は、「容易に照合することができ」ない状態であると考えられます。

一方、双方の取扱部門の間で、通常の業務における一般的な方法で双方のデータベース上の情報を照合することができる状態である場合は、「容易に照合することができ」る状態であると考えられます。

行政機関等（行政機関、地方公共団体の機関、独立行政法人等、地方独立行政法人）の内部部門においても同様で、各内部部門が独自に取得した個人情報を取扱部門ごとに設置されているデータベースにそれぞれ別々に保管している場合で、双方の取扱部門やこれらを統括すべき立場の者等が、規程上・運用上、双方のデータベースを取り扱うことが厳格に禁止されていて、特別の費用や手間をかけることなく、通常の業務における一般的な方法で双方のデータベース上の情報を照合することができない状態である場合は、「容易に照合することができ」ない状態であると考えられます。

問

個人情報の定義の「容易照合性」に関する次の選択肢のうち、誤っているものを選びなさい。

1　「生存する個人に関する情報」で、それ自体では特定の個人を識別することができなくても、「他の情報と容易に照合することができ、それにより特定の個人を識別することができることとなるもの」は、「個人情報」に該当することになる。

2　Cookie等の端末識別子は、他の情報と容易に照合することにより特定の個人を識別することができる場合には、当該情報と合わせて全体として個人情報に該当することとなる。

3　事業者の各取扱部門が独自に取得した個人情報を取扱部門ごとに設置されているデータベースにそれぞれ別々に保管している場合において、双方の取扱部門やこれらを統括すべき立場の者等が、規程上・運用上、双方のデータベースを取り扱うことが厳格に禁止されていて、特別の費用や手間をかけることなく、通常の業務における一般的な方法で双方のデータベース上の情報を照合することができない状態である場合であっても容易照合性が認められる。

答

事業者の各取扱部門が独自に取得した個人情報を取扱部門ごとに設置されているデータベースにそれぞれ保管している場合において、双方の取扱部門やこれらを統括すべき立場の者等が、規程上・運用上、双方のデータベースを取り扱うことが厳格に禁止されていて、特別の費用や手間をかけることなく、通常の業務における一般的な方法で双方のデータベース上の情報を照合することができない状態である場合は、「容易に照合することができ」ない状態であると考えられる。

正解　3

Q15 「提供先」で特定の個人であることが識別できない場合は、個人データの提供に該当しませんか？

A 提供先で特定の個人であることが識別できない場合であっても、提供元で特定の個人であることが識別できる場合には、個人データの第三者提供に該当します。

解説

1 提供元基準とは

個人情報保護法では、生存する個人に関する情報であって、特定の個人を識別できるものを個人情報として規律の対象としています。情報は、あくまでも集合として意味を成すものなので、単独で評価するのではなく、組み合わせでも評価します。そのため、それ自体で特定の個人を識別できる場合に加えて、当該情報を取り扱う事業者の内部において、**他の情報と容易に照合することにより特定の個人を識別できる情報も、個人情報に該当する**こととし、様々なケースを漏らさず捉えることとしています。

この場合、民間事業者（個人情報取扱事業者）における適切な管理を促進し、一方で民間の営業の自由に配慮して過度に広範な規制を避ける観点から、照合できると判断する範囲は、実務に照らし違和感のない範囲にとどめ、容易に照合できるとしていますが、近年の組織内外のIT化の進展により、**通常の業務従事者の能力で照合できる範囲が格段に拡大しています**。

例えば、組織内に、照合可能なデータベースが存在していれば、普段、分離して使っていたとしても、意図を持って照合しようと思えばできることから、容易に照合できると評価し、全体として、個人情報としての管理を求めることとなります。

個人情報保護法は、それぞれの個人情報取扱事業者が個人情報を適切に取り扱うことを求めています。このため、外部に提供する際、提供する部分単独では個人情報を成していなくても、当該情報の提供元である事業者において「**他の情報と容易に照合することができ、それにより特定の個人を識別することができることとなる**」場合には、提供元に対して、個人情報としての管理の下で適切に提供することを法律は求めています。

これは、提供先で個人情報として認識できないとしても、個人情報を取得した事業者に、一義的に、本人の権利利益を保護する義務を課すという基本的発想から、**提供元において、上記のような情報についても個人情報として扱うことを求めています（いわゆる提供元基準）**。

平成29（2017）年５月30日に施行された個人情報保護法の全面改正にかかる法令やガイドラインにおいては、容易照合性について「提供元判断基準」「提供先判断基準」のいずれに立つのかは明らかにされていませんでした。

例えば、岡村久道『個人情報保護法（新訂版）』（商事法務、2009年）76頁においては、「Ａにとって識別性を具備する情報を、これを具備しないＢに提供する場合には、第三者提供の制限（法23条１項）違反とならないものと考えるべきである。Ｂにとどまらず通常人からみても誰の情報なのか識別できない以上、その提供によって、本法が想定する権利利益侵害のおそれが通常発生すると認められないからである。また、かく解さなければ、本人の権利利益を図るため、特定の個人を識別しうる部分を番号・符号に置き換える方法を用いて匿名化したデータを第三者に提供することすら許容されなくなりかねない。」（編注：引用中の「法23条１項」は、現行法27条を指します。）とされていました。

しかしながら、平成27年改正時のガイドラインパブコメ回答において、『ある情報を第三者に提供する場合、当該情報が（個人情報の定義のひとつである）「他の情報と容易に照合することができ、それにより特定の個人を識別することができることとなる」かどうかは、当該情報の提供元である事業者において「他の情報と容易に照合することができ、それにより特定の個人を識別することができることとなる」かどうかで判断します。』（『「個人情報の保護に関する法律についてのガイドライン（通則編）（案）」に関する意見募集結果』19番参照）とされ、「提供元判断基準」によることが明らかにされました。

また、個人情報保護委員会は、以下のとおり「個人情報保護法 いわゆる３年ごと見直し 制度改正大綱」（個人情報保護委員会、令和元年12月13日）において「提供元基準」を採用することを明らかにしています。

- 個人情報保護法は、それぞれの個人情報取扱事業者が個人情報を適切に取り扱うことを求めている。このため、外部に提供する際、提供する部分単独では個人情報を成していなくても、当該情報の提供元である事業者において「他の情報と容易に照合することができ、それにより特定の個人を識別することができることとなる」場合には、提供元に対して、個人情報としての管理の下で適切に提供することを求めている。
- これは、提供先で個人情報として認識できないとしても、個人情報を取得した事業者に、一義的に、本人の権利利益を保護する義務を課すという基本的発想から、提供元において、上記のような情報についても個人情報として扱うことを求めるものである（一般に「提供元基準」と呼ばれている。）。

2 提供元基準の効果

個人情報取扱事業者は、特定の個人が識別できないようにマスキングした個人に関するデータを第三者に提供する場合であっても、匿名加工情報に該当する手続を採らない場合には、個人データの第三者提供（法27条）に該当することになり、本人の同意（同条1項）またはオプトアウト手続（同条2項）による提供が必要となります。あるいは、個人データの委託の手続（同条5項1号）または共同利用（同項3号）によって、「第三者」に該当しないことにより、本人の同意を得ないこととする必要があります。

これは、外国にある第三者への提供についても同じです（法28条）。もっとも、提供先の外国にある第三者にとって個人情報に該当しないデータの取扱いを委託する場合において、委託契約において当該提供先が元となった個人情報を復元しないことが定められている等、当該提供先が元となった個人情報に係る本人を識別しないこととなっているときは、結果として、個人情報保護委員会規則で定める基準に適合する体制（以下「**基準適合体制**」といいます。法28条3項、規則16条）を整備しているものと解されます。この場合、当該提供先は、法28条1項における「第三者」に該当しないため、当該提供先に対する個人データの提供に際して、外国にある第三者への個人データの提供を認める旨の本人の同意を得る必要はないこととされています。（民間部門QA12-8）[1]

3 提供元基準による「個人情報」の相対化

特定の個人を識別できないように匿名化したデータは、提供元にとって個人データ（個人情報）に該当するとしても、提供先においては特定の個人を識別することはできず、「個人情報」に該当しないものと考えられます。

したがって、提供先においては、他の情報と容易に照合することにより特定の個人

---

1 ただし、提供元である個人情報取扱事業者は、当該提供先において元となった個人情報の復元がなされていないか等の定期的な確認を含め、当該提供先による相当措置の継続的な実施を確保するために必要な措置を講ずるとともに、本人の求めに応じて当該必要な措置に関する情報を提供する必要があります（法28条3項）。

が識別できない限りは（容易照合性がない限りは）、受領したデータを個人データ（個人情報）として扱う必要はないものと考えられます。

すなわち、個人情報保護法４章２節の個人情報取扱事業者の規律は適用されないものと考えられます。

ただし、このようなデータも「生存する個人に関する情報」として、「個人関連情報」（法２条７項）には該当するので、「個人関連情報取扱事業者」（法16条７項）として、第三者が個人関連情報（個人関連情報データベース等を構成するものに限ります。）を個人データとして取得することが想定されるときは、当該第三者が個人関連情報取扱事業者から個人関連情報の提供を受けて本人が識別される個人データとして取得することを認める旨の当該本人の同意が得られていること等を確認することをしないで、当該個人関連情報を当該第三者に提供してはなりません（法31条１項）。

4 公的分野における提供元基準の考え方

行政機関の長等（行政機関の長、地方公共団体の機関、独立行政法人等および地方独立行政法人）は、法令に基づく場合を除き、特定された利用目的以外の目的のために保有個人情報を自ら利用し、または提供してはなりません（法69条１項）。

いまのところ、個人情報保護委員会のガイドラインやQAでは明らかではありませんが、提供元基準の考え方は民間部門と同様に適用されるものと考えられます。

すなわち、提供元の行政機関の長等（行政機関の長、地方公共団体の機関、独立行政法人等および地方独立行政法人）においては特定の個人を識別することができる情報に割り当てられている識別子（ID等）を特定の個人を識別できない提供先に提供する場合においても、特定された利用目的の範囲でなければ、以下の各場合（法69条２項各号）に該当しない限り提供することはできません。

① 本人の同意があるとき、又は本人に提供するとき（法69条２項１号）
② 行政機関等が法令の定める所掌事務又は業務の遂行に必要な限度で保有個人情報を内部で利用する場合であって、当該保有個人情報を利用することについて相当の理由があるとき（同項２号）
③ 他の行政機関、独立行政法人等、地方公共団体の機関又は地方独立行政法人に保有個人情報を提供する場合において、保有個人情報の提供を受ける者が、法令の定める事務又は業務の遂行に必要な限度で提供に係る個人情報を利用し、かつ、当該個人情報を利用することについて相当の理由があるとき（同項３号）
④ ①～③に掲げる場合のほか、専ら統計の作成又は学術研究の目的のために保

有個人情報を提供するとき、本人以外の者に提供することが明らかに本人の利益になるとき、その他保有個人情報を提供することについて特別の理由があるとき（同項４号）

問

個人情報の定義の「容易照合性」に関する次の選択肢のうち、誤っているものを選びなさい。

1　個人情報取扱事業者は、特定の個人が識別できないようにマスキングした個人に関するデータを第三者に提供する場合には、匿名加工情報に該当する手続を採らなくても個人データの第三者提供に該当せず、本人の同意は不要である。

2　外国にある第三者への提供において、提供先の外国にある第三者にとって個人情報に該当しないデータの取扱いを委託する場合において、委託契約において当該提供先が元となった個人情報を復元しないことが定められている等、当該提供先が元となった個人情報に係る本人を識別しないこととなっているときは、「基準適合体制」を整備しているものとして、当該提供先は、「第三者」に該当しないため、当該提供先に対する個人データの提供に際して、外国にある第三者への個人データの提供を認める旨の本人の同意を得る必要はない。

3　特定の個人を識別できないように匿名化したデータは、提供元にとって個人データ（個人情報）に該当するとしても、提供先においては特定の個人を識別することはできず、「個人情報」に該当しない。

答

個人情報取扱事業者は、特定の個人が識別できないようにマスキングした個人に関するデータを第三者に提供する場合であっても、匿名加工情報に該当する手続を採らない場合には、個人データの第三者提供（法27条）に該当することになり、本人の同意（法27条1項）またはオプトアウト手続（法27条2項）による提供が必要となる。あるいは、個人データの委託の手続（法27条5項1号）または共同利用（同項3号）によって、「第三者」に該当しないことにより、本人の同意を得ないこととする必要がある。

正解　1

第3章

個人関連情報関係

Q16 Cookieとはどのようなものですか？

A　Cookieは、ウェブサイトのブラウザからコンピュータまたはモバイルデバイスに保存するように要求する小さなデータのことです。

ウェブサイトの閲覧者が閲覧したWebサーバとの間だけでやり取りが行われる「ファーストパーティ Cookie」とそれ以外のWebサーバでもやり取りをする「サードパーティ Cookie」があります。

解説

1 Cookieとは

Cookie（クッキー）とは、ウェブサイトのブラウザからコンピュータまたはモバイルデバイスに保存するように要求する小さなデータのことです。

Cookieを使用すると、ウェブサイトは個人の行動や嗜好を時間の経過とともに「記憶」することができます。ほとんどのブラウザはCookieをサポートしていますが、ユーザーはブラウザにおいてCookieを使用しないように設定できます。

2 ウェブサイトにおけるCookieの用途

- ウェブサイトは主にCookieを、①ユーザーの識別、②ユーザーのカスタム設定の記憶、③ユーザーがサイトを閲覧するときにサイトに入らずにタスクを完了できるようにすること、に使用できます。Cookieは、オンラインの行動ターゲット広告に使用して、過去にユーザーが検索したものに関連する広告を表示することもできます。
- ウェブサイトを提供するWebサーバは、ユーザーのコンピュータまたはモバイルデバイス上にCookieを格納することができます。ファイルをホストする外部Webサーバは、Cookieを格納するためにも使用できます。これらのCookieはすべて、http header Cookieと呼ばれます。Cookieを保存する別の方法は、そのページに含まれているJavaScriptコードを使用する方法があります。
- ユーザーが新しいページを要求するたびに、WebサーバはCookieのセットの値を受け取ることができます。同様に、JavaScriptコードは、そのドメインに属するCookieを読み取り、それに応じてアクションを実行することができます。

3　Cookieの種類

ア　存続期間による分類

（i）セッションCookie：ユーザーがブラウザを閉じたときに消去されるCookie

（ii）永続Cookie：事前定義された期間、ユーザーのコンピュータ／デバイスに残るCookie

イ　帰属による分類

（i）ファーストパーティ（first party）Cookie：Webサーバによって設定され、同じドメインを共有するCookieのことです。ウェブサイトの閲覧者が閲覧したWebサーバとの間だけでCookieのやり取りが行われます。

（ii）サードパーティ（Third Party）Cookie：訪問したウェブサイトのドメインとは別のドメインによって保存されたCookieのことです。このCookieは、ウェブサイトがそのドメイン外にあるJavaScriptなどのファイルを参照しているときに発生します。ウェブサイトの閲覧者が閲覧したWebサーバのみならず、それ以外のWebサーバでもCookieのやり取りがなされます。

問 Cookieに関する次の選択肢のうち、誤っているものを選びなさい。

1　Cookieとは、ウェブサイトのブラウザからコンピュータまたはモバイルデバイスに保存するように要求する小さなデータのことである。

2　ウェブサイトは主にCookieを、①ユーザーの識別、②ユーザーのカスタム設定の記憶、③ユーザーがサイトを閲覧するときにサイトに入らずにタスクを完了できるようにすること、に使用できる。

3　サードパーティ Cookieとは、Webサーバによって設定され、同じドメインを共有するCookieのことである。

答

ファーストパーティ Cookieの説明である。サードパーティ Cookieは、ウェブサイトの閲覧者が閲覧したWebサーバのみならず、それ以外のWebサーバでもCookieのやり取りがなされる。

正解　3

Q17 諸外国におけるCookie規制はどのようになっていますか？

A GDPRやCCPAなどの諸外国の個人情報保護法制では、Cookieも個人データ・個人情報の定義に該当します。Cookie同意がとられていないことによる制裁金事例も出てきています。

解説

1 GDPR・CCPAにおけるCookieの利用

（1）GDPR

2018年５月25日に施行されたGDPRにおいては、「個人データ」とは、識別された、または識別され得る個人（データ主体）に関するあらゆる情報を意味します。識別され得る個人は、特に、氏名、識別番号、位置データ、オンライン識別子のような識別子、または当該個人に関する物理的、生理的、遺伝子的、精神的、経済的、文化的もしくは社会的アイデンティティに特有なひとつもしくは複数の要素を参照することによって、直接的にまたは間接的に、識別され得るものをいう（GDPR ４条１項）と定義されています。

したがって、CookieやIPアドレスなどのオンライン識別子、位置データなども個人データに該当するとの解釈が有力です。もっとも、EU加盟国の監督機関の判断においては、CookieやIPアドレスは他の要素を参照して直接的にまたは間接的に特定のデータ主体が識別され得る場合に個人データに該当するのであり、ｅプライバシー指令（Directive on privacy and electronic communications（e-Privacy Directive））を国内法化したものを介して個人データとして扱われるとするものもあります。

EU加盟国では、従前から、ｅプライバシー指令５条３項においては、ユーザーの端末装置に蓄積された情報を保管し、また、それらの情報にアクセスするためには、Cookieの利用目的をわかりやすく説明した上で同意を取得すること（インフォームド・コンセント）が必要とされています。すなわち、ウェブサイトにおいて、ほとんどすべてのCookieや類似の技術（例えば、WebビーコンやFlash Cookieなど）を使用する前にユーザーの同意を取得することが必要です。

Cookieについての同意に関しては、①インフォームド・コンセントを必要とする

Cookieを使用してウェブサイトのすべてのページにCookieヘッダーバナーを掲載し、②Cookie通知のページへのリンクにアクセスできるようにして、③Cookieを使用しているページについて、ユーザーが同意した場合のみコンテンツを表示できるようにすることが考えられます。

○Cookieについての同意取得の具体例

Cookies
This site uses cookies to offer you a better browsing experience. Find out more on how we use cookies and how you can change your settings.
I accept cookies
I refuse cookies

（日本語訳）
Cookie
このサイトでは、ブラウジングの経験を向上させるためにCookieを使用しています。Cookieの使用方法と設定の変更方法の詳細については、こちらをご覧ください。
私はCookieを受け入れる
私はCookieを拒否する

なお、2002年に発効されたｅプライバシー指令を置き換えるものとして、2017年１月10日に欧州委員会が公表したｅプライバシー規則案（ePrivacy Regulation (ePR)）は、2021年、EU閣僚理事会において案文が合意され、EU閣僚理事会および欧州議会による立法手続を開始しましたが2023年２月25日現在は公布されていません。

同規則案では、端末装置の処理・蓄積機能の利用や利用者端末装置からの情報の取得は、専ら電子通信サービスを提供するために必要な場合や利用者が同意した場合等を除いて、当該利用者による場合のほか禁止されます（同規則案８条１項)。「利用者端末装置からの情報」にはCookieの情報も含まれます。

（２）CCPA（カリフォルニア州消費者プライバシー法）

ア　「個人情報」の範囲

2020年１月に施行されたカリフォルニア消費者プライバシー法（CCPA）においては、「個人情報」は以下のとおり定義されています。なお、2021年12月に成立した

CPRA（カリフォルニア州プライバシー権法）により、「センシティブ個人情報」の定義や事業者の義務等が追加されています。

> 第1798.140条（v）（1）
> 直接的・間接的に特定の消費者または世帯を識別する、関連付ける、記述する、連想できる、または、合理的に関連付けられる情報をいう。識別子、資産記録、購買記録などの営利情報、インターネット上の閲覧履歴、生体情報、位置情報、雇用情報、消費者の嗜好なども、この定義に該当する場合には、個人情報に該当する。

この定義によれば、Cookieなどのオンライン識別子やインターネット上の閲覧履歴、位置情報なども個人情報に該当すると考えられています。

イ　「販売」の意義

なお、CCPAでは、「個人情報」の「販売」が規制の対象となりますが、「販売」の意味は以下のとおり広く定義されています。価値のある対価と引き換えに個人情報（Cookieなどのオンライン識別子を含む）を共有・転送する場合を含むものです。

> 第1798.140条（ad）（1）
> 「販売する」、「販売すること」、「販売」または「販売した」とは、金銭またはその他の価値のある対価のために、事業者が第三者に対して、消費者の個人情報を、販売し、賃貸し、公表し、開示し、広め、利用可能にさせ、移転し、または、その他口頭で、書面で、電子的もしくはその他の方法により伝えることを意味する。

ウ　オプトアウト権

CCPAでは、消費者は、当該消費者の個人情報を第三者に販売する事業者に対し、自己の個人情報を販売・共有しないよういつでも指示する権利、すなわち、「オプトアウト権」を有しています（第1798.120条（a））。Cookieの第三者への販売・共有もオプトアウトの対象となります。

消費者の個人情報を第三者に販売する事業者は、個人情報が販売・共有される可能性があり、個人情報の販売・共有へのオプトアウト権を有するとの通知を消費者に行わなければなりません（同条（b））。

消費者から、当該消費者の個人情報を販売・共有しないよう指示を受け、または未成年の消費者の個人情報の場合は、当該未成年消費者の個人情報の販売・共有に対する同意を得ていない事業者は、消費者の指示を受け取った後、当該消費者の個人情報の販売・共有を禁じられます。ただし、消費者がその後、当該消費者の個人情報の販売・共有に明示的な許可を与えた場合はこの限りではありません（同条（d））。

消費者が16歳未満であることを事業者が実際に知っていた場合には、消費者の個人情報の販売・共有が禁じられます。ただし、消費者が13歳以上16歳未満の場合は当該消費者が、または消費者が13歳未満の場合は当該消費者の親もしくは保護者が、当該消費者の個人情報の販売・共有を積極的に許可したときはこの限りではありません。消費者の年齢を故意に無視する事業者は、消費者の年齢を実際に知っていたとみなされます（同条（c））。

オプトアウトの遵守義務を負う事業者は、消費者にとって合理的にアクセスしやすい形式で次の事項を行う必要があります（第1798.135条）。

（1）事業者のインターネットのホームページに「個人情報の販売・共有お断り」（Do Not Sell or Share My personal Information）と題して、消費者・代理人が当該消費者の個人情報の販売・共有をオプトアウトできるウェブページに向けて、明確で目立つリンクを貼る。事業者は、消費者に対し、個人情報を販売・共有しないよう指示するためのアカウント作成を要求してはならない。
（2）事業者のプライバシーポリシー、消費者の権利に関するカリフォルニア州独自の説明の中に、「個人情報の販売・共有お断り」のウェブページに向かう別のリンクを用意すると共に、オプトアウト権に関する消費者の権利の説明を記載する。
（3）事業者のプライバシー実務・コンプライアンスにおいて、消費者からの問い合わせを扱う担当者全員に、オプトアウト権に関する義務と消費者に対する権利行使の案内方法を周知するよう保障する。
（4）オプトアウト権を行使する消費者については、当該事業者が収集した当該消費者の個人情報の販売・共有を差し控える。
（5）既にオプトアウトした消費者については、その消費者に対して個人情報の販売・共有を許可するように要請する前に、オプトアウトの決定を少なくとも12か月は尊重する。
（6）オプトアウト請求に関連して消費者から収集した個人情報はオプトアウト請求に従う限り使用する。

2 GDPRにおけるCookie規制の動向

（1）Cookie同意に関する制裁金事案[2]

ア　スペインデータ保護局による制裁金事案

スペインデータ保護局は、2019年10月17日、ブエリング社に対して、同社のウェブサイトにアクセスするユーザーは、自分のコンピュータにインストールされるCookieを設定することはできないとして、３万ユーロの制裁金を科しました。

同社のウェブサイトのCookieポリシーにオンラインでアクセスすると、ユーザーは、Cookieとは何か、どのようなCookieを使用するかについて知らされ、また、ビーコン、ピクセルタグ、ローカルストレージ、評価、匿名データの統計計算など、ブエリング社自身または第三者を通じて情報を使用できることを伝え、「そのような情報は他の目的には使用されない」ことを明記しています。また、第三者の分析用Cookieを使用することがあると情報提供しています。

しかしながら、Cookieの管理については、「すべてのCookieをデフォルトで受け入れるか拒否するか、または各Cookieの受信に関する画面上の通知を受け取り、その時点でハードドライブへの実装の有無を決定するようにブラウザを設定することができます。また、「Do not track」トラッキング・Cookie・ブロック・ツールを使用することもできます。また、お客様は、ブエリング社によるCookieの使用について与えられた同意をいつでも取り消すことができ、この目的のためにブラウザを設定し、一般的にCookieのウェブサイトまたは第三者のインストールを防ぐためにブラウザの設定を調整することができます」との記載にとどまっています。

同社は、ユーザーがきめ細かく削除できる管理システムやCookieの設定パネルを提供していません。この選択を容易にするために、パネルは、すべてのCookieを拒否するメカニズムまたはボタン、すべてのCookieを有効にする別の、または各ユーザーの好みを管理するためのきめ細かい方法でそれを行うことができるようにしなければなりません。この件に関して、Cookieを設定するためにコンピュータのブラウザで提供されるツールで提供される情報は、以前のものを補完するものですが、きめ細かいまたは選択的な形で個人的嗜好を設定することを可能にするという意図した目的には不十分です。

2　The Spanish Data Protection Authority fined the company Vueling for the cookie policy used on its website with 30,000 euros | European Data Protection Board (europa.eu)

イ　ベルギーデータ保護局による制裁金事案[3]

ベルギーデータ保護局は、2019年12月17日、法律ニュース専門のウェブサイトがCookie管理とプライバシーポリシーに準拠していないとして、15,000ユーロの制裁金を科しました。

ベルギーデータ保護局は、同社のプライバシーポリシーが透明性を欠き、提供されるべき情報に関する規則に違反していること、また、同ウェブサイトが同意（「オプトイン」の原則）および同意の撤回に関する義務を遵守していないことを明らかにしました。

（2）Cookie同意に関するドイツDPAの監査結果[4]

2021年6月30日、ドイツ国内の複数の州のデータ保護監督当局は、メディア企業のウェブサイトにおけるCookieの使用と第三者サービスの組み込みについて調査を行いました。11州の合計49のウェブサイトが、共同監査目録に基づき監査されました。焦点は、プロモーション目的のユーザー追跡に当てられています。監査されたほとんどのウェブサイトは、Cookieやその他のトラッキング手法の使用に関する法的要件を満たしていないとの監査結果を公表しました。

監査対象となったメディアサイトは、主にユーザー追跡と広告資金調達のために、非常に多くのCookieと第三者サービスを使用していました。ウェブサイトは、Cookieと第三者サービスの使用について、差別化されたユーザー同意を求めているにもかかわらず、与えられた同意の大部分は無効でした。監査で確認された主な欠点は以下のとおりです。

- **順番が違う**：多くの場合、同意が必要な第三者サービスは、実際に同意を得る前に、ウェブサイトが開かれ、Cookieが設定された時点で、すでに実施されていることがある。
- **情報の不足**：第1段階の同意バナーでは、ユーザー追跡情報が不十分または不正確である。
- **不十分な同意のレベル**：ユーザーが第1段階の同意バナーで同意を拒否しても、同意を必要とする多くのCookieやサードパーティ・サービスは依然として有効である。

3　The Belgian DPA has imposed a fine of €15,000 on a website specialized in legal news | European Data Protection Board (europa.eu)

4　German SAs: Cross-state audit: Consent on media companies’ websites is mostly ineffective - Improvements are needed | European Data Protection Board (europa.eu)

- **簡単な拒否ができない**：第１階層の同意バナーには、すべてのCookieとサードパーティ・サービスに同意するボタンがあるが、このレベルには、ユーザー追跡を完全に拒否する、または決定せずにバナーを閉じるための対応するボタンがないことがよくある。
- **ユーザーの操作**：同意バナーのデザインには、多くの形態のナッジングが含まれている。すなわち、同意ボタンを拒否ボタンよりも大幅に目立たせる、つまりカラーハイライトしたり、同意の拒否を不必要に複雑にすることで、ユーザーが同意するように誘導している。

3　Google Analytics

Google Analytics（グーグルアナリティクス）は、Googleが無料で提供するウェブサイトのアクセス解析サービスです。

事業者のウェブサイトにおいてGoogle Analyticsを利用すると、事業者が発行するCookieを基にして、Google社が顧客の当該事業者のウェブサイトの訪問履歴を収集、記録、分析します。

事業者の使用目的は、サイト訪問者の動向を把握することで訪問者の欲求を知り、サイト内の人気ページや不人気ページ、問題のあるページを知り、サイトを改善することで訪問者の満足を高め、訪問者数を伸ばすことです。商用サイトであれば業務に寄与し、アフィリエイトサイトであれば収益を伸ばすことができます。

利用者と対象サイトを登録して対象サイト内にタグを埋め込むことで、基本的なアクセス情報として以下のものが入手できます。

> 「訪問者数」「閲覧ページ数」「滞在時間・訪問回数・訪問頻度」「訪問者のサイト内移動経路」「訪問者の検索キーワード」「訪問者の来訪前経由サイト」「訪問者の最初に開いたページと最後に開いたページ」「訪問者の使用PC等の画面解像度、ブラウザの種類、回線の種類、プロバイダ、アクセスしてきた国・地域」「広告クリック数と収益」

Google Analyticsにより収集、記録、分析された顧客の情報には、特定の個人を識別する情報は一切含まれません。また、それらの情報は、Google社により同社のプライバシーポリシーに基づいて管理されます。

事業者の顧客は、ブラウザのアドオン設定でGoogle Analyticsを無効にすることにより、Google社のGoogle Analytics利用による顧客の情報の収集等を停止することも可能です。Google Analyticsの無効設定は、Google社によるオプトアウトアドオンのダウンロードページで「Google Analyticsオプトアウトアドオン」をダウンロードおよびインストールし、ブラウザのアドオン設定を変更することで実施することができます。なお、顧客がGoogle Analyticsを無効設定した場合、当該顧客が訪問する当該サイト以外のウェブサイトでもGoogle Analyticsは無効になりますが、顧客がブラウザのアドオンを再設定することにより、再度Google Analyticsを有効にすることも可能です（Googleウェブサイト参照）。

＜Google Analyticsの利用規約＞
https://marketingplatform.google.com/about/analytics/terms/jp/
＜Googleのプライバシーポリシー＞
https://policies.google.com/privacy?hl=ja
＜Google Analyticsオプトアウトアドオン＞
https://tools.google.com/dlpage/gaoptout?hl=ja

Google Analyticsはファーストパーティ Cookieを用いており、当該サイトのパフォーマンスを向上する目的のためのみCookieを扱っていると思われることから、そのCookieは当該サイトの通信目的のためのみの技術的なCookieと捉えられ、GDPR等のプライバシー法上の対応は不要とする見解が大半でした。

2019年11月、ドイツ連邦データ保護監督機関をはじめ、ドイツ各州の複数の監督機関が、Google Analyticsを使用しているウェブサイトにおいては、閲覧者のオプトイン同意を取得しなければGDPR上違法であり、この場合、いわゆるCookieウォール（ユーザーが同意をしたものとみなす等、ユーザーに自由な同意をする機会を与えないCookieバナー）はGDPR上不適格である、という文書を一斉に公開しました。

その理由は、Google Analyticsを提供するGoogle社は、事業者の単なる委託先ではなく、自社の目的のために個人データ（閲覧者の閲覧履歴等）を処理するものなので管理者であり、この場合、Google Analyticsを利用しているウェブサイトはオプトイン同意を取得しなければならないというものです。

なお、民間分野QAにおいては、「A社が自社のウェブサイトにB社のタグを設置し、B社が当該タグを通じてA社ウェブサイトを閲覧したユーザーの閲覧履歴を取得している場合、A社はB社にユーザーの閲覧履歴を提供したことになりますか。」との質問に対して、「個別の事案ごとに判断することとなりますが、A社がB社のタグにより収集される閲覧履歴を取り扱っていないのであれば、A社がB社に閲覧履歴を「提供」したことにはならず、B社が直接にユーザーから閲覧履歴を取得したこととなると考えられます。このため、B社がそのタグを通じて閲覧履歴を取得することについて、法第31条第１項は適用されないと考えられます。

なお、個人情報取扱事業者であるＢ社は、閲覧履歴を個人情報として取得する場合には、偽りその他不正の手段によりこれを取得してはならず（法第20条第１項）、また、個人情報の利用目的を通知又は公表する必要があります（法第21条第１項）。」との回答がなされています（民間分野QA8-10）。

これがGoogle Analyticsを意識したものかは不明ですが、Google社が閲覧履歴を自己利用のために取得するためには、不正取得が禁止されるとともに（法20条１項）、利用目的を通知・公表する必要があります（法21条１項）。

問

諸外国におけるCookie規制に関する次の選択肢のうち、誤っているものを選びなさい。

1　GDPRでは「個人データ」にCookieが含まれるとの解釈が有力である。

2　CCPAでは「個人情報」にCookieが含まれると考えられる。

3　2021年6月30日に公表されたドイツ国内の複数の州のデータ保護監督当局は、メディアサイトにおけるCookieの使用について、概ね問題ないとの監査結果を出した。

答

同監査結果においては、ウェブサイトは、Cookieと第三者サービスの使用について、差別化されたユーザー同意を求めているにもかかわらず、与えられた同意の大部分は無効であるとされた。

正解　3

Q18 個人情報保護法のCookie規制はどのようになっていますか？

A　個人情報保護法上、Cookie等の端末識別子は、他の情報と容易に照合することにより特定の個人が識別できる場合を除き、個人情報に該当せず、個人に関連する情報（個人関連情報）に該当します。提供先の第三者がCookie等の個人関連情報（個人関連情報データベース等を構成するもの）を個人データとして取得することが想定されるときは、原則として、あらかじめ当該提供先の第三者が個人データとして取得することについて本人の同意を得ていること等を確認することが必要となります。

解説

1 Cookieの「個人情報」該当性（民間部門QA8-1）

Cookie等の端末識別子は、他の情報と容易に照合することにより特定の個人を識別することができる場合には、当該情報と合わせて全体として個人情報に該当することとなります（法2条1項1号）。

なお、Cookie等の端末識別子について、個人情報に該当しない場合には、通常、当該端末識別子に係る情報端末の利用者に関する情報として、「個人に関する情報」に該当し、個人関連情報に該当することとなると考えられます。

また、家族等の特定少数の人が情報端末を共用している場合であっても、通常、情報端末の共用者各人との関係で、「個人に関する情報」に該当し、個人関連情報に該当することとなると考えられます。

2 用語の定義

個人情報保護法上、**「個人関連情報」「個人関連情報データベース等」「個人関連情報取扱事業者」**という定義が置かれています（法31条1項）。

（1）「個人関連情報」（法2条7項、通則編ガイドライン2-8）

生存する個人に関する情報であって、個人情報、仮名加工情報および匿名加工情報のいずれにも該当しないものをいいます。

「個人に関する情報」とは、ある個人の身体、財産、職種、肩書等の属性に関して、事実、判断、評価を表すすべての情報です。「個人に関する情報」のうち、氏名、生年月日その他の記述等により特定の個人を識別することができるものは、個人情報に該当するため、個人関連情報には該当しません。

また、統計情報は、特定の個人との対応関係が排斥されている限りにおいては、「個人に関する情報」に該当するものではないため、個人関連情報にも該当しません。

【個人関連情報に該当する事例】
事例1）Cookie等の端末識別子を通じて収集された、ある個人のウェブサイトの閲覧履歴
事例2）メールアドレスに結び付いた、ある個人の年齢・性別・家族構成等
事例3）ある個人の商品購買履歴・サービス利用履歴
事例4）ある個人の位置情報
事例5）ある個人の興味・関心を示す情報

個人情報に該当する場合は、個人関連情報に該当しないこととなります。例えば、一般的に、ある個人の位置情報それ自体のみでは個人情報には該当しないものですが、個人に関する位置情報が連続的に蓄積される等して特定の個人を識別することができる場合には、個人情報に該当し、個人関連情報には該当しないこととなります。

（2）「個人関連情報データベース等」（法16条7項、令8条、通則編ガイドライン2-9）

①「個人関連情報」を含む情報の集合物であって、特定の個人関連情報を電子計算機を用いて検索することができるように体系的に構成したもの、または、②これに含まれる「個人関連情報」を一定の規則に従って整理することにより特定の個人関連情報を容易に検索することができるように体系的に構成した情報の集合物であって、目次、索引その他検索を容易にするためのものを有するものをいいます。

①②ともに、特定の個人関連情報をコンピュータを用いて検索することができるように体系的に構成した、個人関連情報を含む情報の集合物をいいます。また、コンピュータを用いていない場合であっても、紙媒体の個人関連情報を一定の規則に従って整理・分類し、特定の個人関連情報を容易に検索することができるよう、目次、索引、符号等を付し、他人によっても容易に検索可能な状態に置いているものも該当します。

（3）「個人関連情報取扱事業者」（法16条7項、通則編ガイドライン2-9）

「個人関連情報データベース等」を事業の用に供している者で、国の機関、地方公

共団体、独立行政法人等および地方独立行政法人を除いたものをいいます。

ここでいう「事業の用に供している」の「事業」とは、一定の目的をもって反復継続して遂行される同種の行為であって、かつ社会通念上事業と認められるものをいい、営利・非営利の別は問いません。なお、法人格のない、権利能力のない社団（任意団体）または個人であっても、個人関連情報データベース等を事業の用に供している場合は、個人関連情報取扱事業者に該当します。

具体的には、CookieやID等の識別子情報（個人関連情報）に紐づけられた閲覧履歴や趣味嗜好のデータベース（個人関連情報データベース等）から、特定のCookieやID等の識別子に紐づけられた閲覧履歴や趣味嗜好の情報を利用企業（第三者）に提供するDMP事業者が「個人関連情報取扱事業者」に該当するものと考えられます。

個人関連情報の第三者提供規制の概要

- 提供元では個人データに該当しないものの、提供先において個人データとなることが想定される情報の第三者提供について、本人同意が得られていること等の確認を義務付ける。

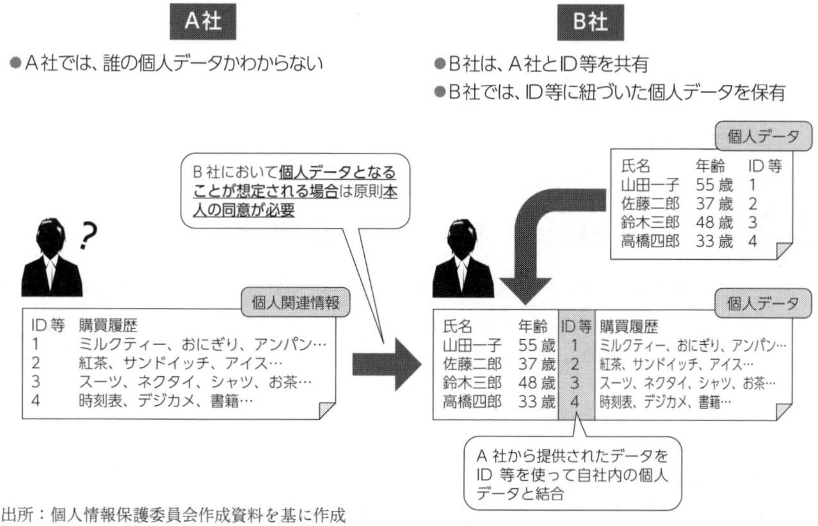

出所：個人情報保護委員会作成資料を基に作成

■個人関連情報に関する規制の一般的フロー

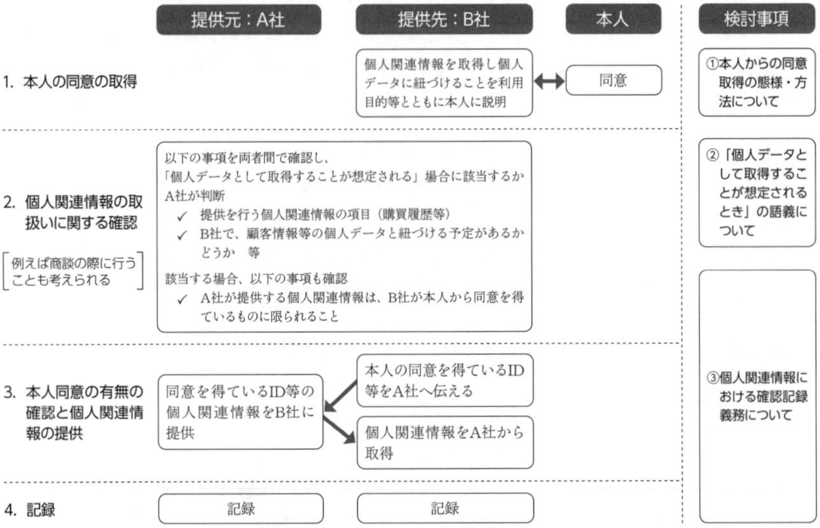

（※）上記フローは一例であり、1. と2. が前後する場合等もある。

出所：個人情報保護委員会作成資料を基に作成

3　法31条の適用の有無（通則編ガイドライン3-7-1）

個人関連情報取扱事業者は、提供先の第三者が個人関連情報（個人関連情報データベース等を構成するものに限ります。）を個人データとして取得することが想定されるときは、法27条１項各号に掲げる場合を除き、あらかじめ当該個人関連情報に係る本人の同意が得られていること等を確認しないで、当該個人関連情報を提供してはなりません。

法31条１項は、個人関連情報取扱事業者による個人関連情報の第三者提供一般に適用されるものではなく、**提供先の第三者が個人関連情報を「個人データとして取得することが想定されるとき」に適用**されるものです。そのため、個人関連情報の提供を行う個人関連情報取扱事業者は、提供先の第三者との間で、提供を行う個人関連情報の項目や、提供先の第三者における個人関連情報の取扱い等を踏まえた上で、それに基づいて法31条１項の適用の有無を判断します。

（1）「個人データとして取得する」について（通則編ガイドライン3-7-1-1）

法31条１項の「個人データとして取得する」とは、提供先の第三者において、個人データに個人関連情報を付加する等、個人データとして利用しようとする場合をいいます。

提供先の第三者が、提供を受けた個人関連情報を、ID等を介して提供先が保有する他の個人データに付加する場合には、「個人データとして取得する」場合に該当します。

提供先の第三者が、提供を受けた個人関連情報を直接個人データに紐づけて利用しない場合は、別途、提供先の第三者が保有する個人データとの容易照合性が排除しきれないとしても、ここでいう「個人データとして取得する」場合には直ちに該当しません。

提供先の第三者が、提供を受けた個人関連情報を、それ単体では特定の個人を識別することができない情報と紐づけて利用するのみであり、個人データとして利用しないのであれば、「個人データとして取得する」場合に該当しないと考えられます（令和２年改正時のガイドラインパブコメ回答（概要）21番）。

（2）「想定される」について（通則編ガイドライン3-7-1-2）

「想定される」とは、提供元の個人関連情報取扱事業者において、提供先の第三者が「個人データとして取得する」（上記（1）参照）ことを現に想定している場合、または一般人の認識を基準として「個人データとして取得する」ことを通常想定できる場合をいいます。

4　本人の同意の取得（法31条１項１号）

提供元の「個人関連情報取扱事業者」から**「個人関連情報」**の提供を受ける**「提供先の第三者」**は、**「個人関連情報」（「個人関連情報データベース等」を構成するものに限ります。）を個人データとして取得することが想定されるとき**は、法27条１項各号に該当する場合を除いて、**「個人関連情報取扱事業者」**から**「個人関連情報」の提供を受けて本人が識別される個人データとして取得**することを認める本人の同意を取得する必要があります（法31条１項１号）。

（1）本人の同意（通則編ガイドライン3-7-2-1）

法31条１項１号の「本人の同意」とは、個人関連情報取扱事業者が第三者に個人関連情報を提供し、当該第三者が当該個人関連情報を個人データとして取得することを承諾する旨の当該本人の意思表示をいいます。同号の同意の取得にあたっては、本人が同意に係る判断を行うために必要と考えられる合理的かつ適切な範囲の内容を明確に示した上で、本人の同意の意思が明確に確認できることが必要です。

また、本人の同意は、必ずしも第三者提供の都度取得しなければならないものではなく、本人が予測できる範囲において、包括的に同意を取得することも可能です。

法31条1項1号の「本人の同意」について、事業者は、必ずしも各提供行為について個別に本人の同意を取得しなければならないわけではなく、本人の意思を明確に確認できる限り、所定の事項を示した上で、各提供行為について一括して同意を取得することもできると考えられます（令和2年改正時のガイドラインパブコメ回答（概要）26番）。

また、提供先が所定の同意取得方法で個人関連情報の取扱いにつき本人から同意を得る旨を事前に誓約し、当該誓約に従って同意を取得済みであるとして、同意を取得済みのID等のリストを提供元に提供した場合には、提供元は、当該誓約および当該リストを確認することで、当該リストに掲載されたID等に係る各本人から同意を得ていることを、一括して確認することが可能であると考えられます（令和2年改正時のガイドラインパブコメ回答（概要）29番・30番）。

（2）本人の同意を取得する主体（通則編ガイドライン3-7-2-2）

法31条1項1号の「本人の同意」を取得する主体は、本人と接点を持ち、情報を利用する主体となる提供先の第三者ですが、同等の本人の権利利益の保護が図られることを前提に、同意取得を提供元の個人関連情報取扱事業者が代行することも認められます。

提供先の第三者による同意取得の場合であっても、提供元の個人関連情報取扱事業者による同意取得の代行の場合であっても、①個人関連情報の提供を受けて個人データとして取得する主体、②対象となる個人関連情報の項目、③個人関連情報の提供を受けて個人データとして取得した後の利用目的等について、本人が認識できるようにする必要があります。

個人関連情報の第三者提供につき、提供先で同意取得する場合の一般的フロー

	提供元：A社	提供先：B社	本人
1. 本人の同意の取得		個人関連情報を取得し個人データに紐づけることを利用目的等とともに本人に説明 ⟷	同意
2. 個人関連情報の取扱いに関する確認	以下の事項を両者間で確認し、 「個人データとして取得することが想定される」場合に該当するかA社が判断 ✓ 提供を行う個人関連情報の項目 ✓ B社で、顧客情報等の個人データと紐づける予定があるかどうか　等 該当する場合、以下の事項も確認 ✓ A社が提供する個人関連情報は、B社が本人から同意を得ているものに限られること		
3. 本人同意の有無の確認と個人関連情報の提供 ※外国にある第三者への提供の場合、情報提供についても確認	同意を得ているID等の個人関連情報をB社に提供	本人の同意を得ているID等をA社へ伝える（→A社） 個人関連情報をA社から取得（A社→）	
4. 記録	記録	記録	

※上記フローは一例であり、1. と2. が前後する場合等もある。

出所：通則編ガイドライン【付録】

■個人関連情報の第三者提供につき、提供元で同意取得を代行する場合の一般的フロー

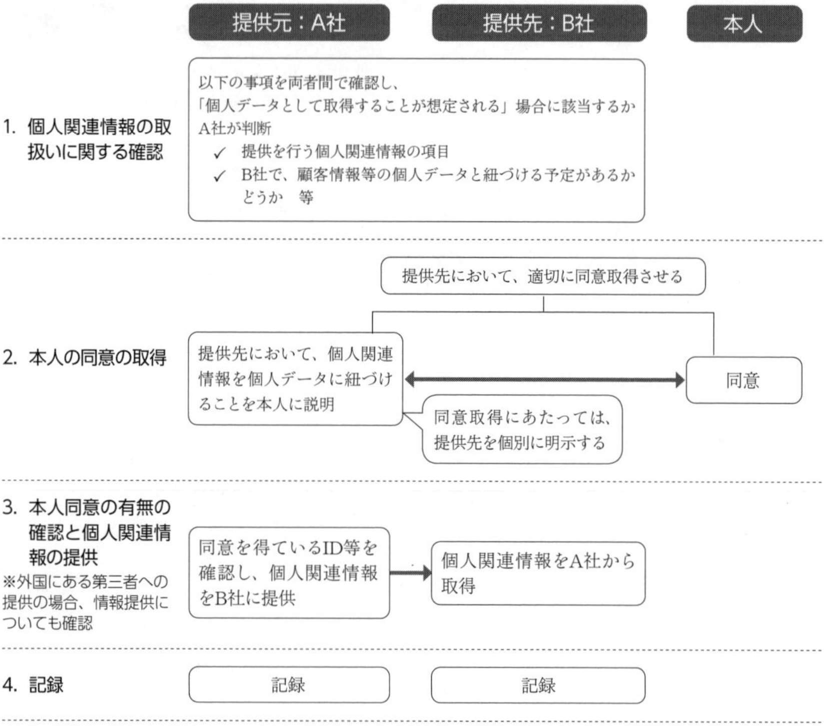

出所：通則編ガイドライン【付録】

（3）同意取得の方法（通則編ガイドライン3-7-2-3）

同意取得の方法としては、様々な方法がありますが、例えば、本人から同意する旨を示した書面や電子メールを受領する方法、確認欄へのチェックを求める方法があります。ウェブサイト上で同意を取得する場合は、単にウェブサイト上に本人に示すべき事項を記載するのみでは足りず、それらの事項を示した上でウェブサイト上のボタンのクリックを求める方法等によらなければなりません。

また、同意取得に際しては、本人に必要な情報をわかりやすく示すことが重要であり、例えば、図を用いるなどして工夫することが考えられます。

プライバシーポリシーにおいて、個人関連情報の提供について、利用者側にこれを拒否する選択肢を与えている（拒否されない限り同意しているものとして扱う）場合、こ

れをもって本人の同意を得たものとは認められません。

■ウェブサイトでの同意の取得例

明示の同意の取得例	明示の同意の取得とは認められない例
ウェブサイト上で必要な説明を行った上で、本人に当該ウェブサイト上のボタンのクリックを求める方法。	プライバシーポリシー等において、個人関連情報の提供につき、利用者側にこれを拒否する選択肢を与えている（拒否されない限り同意しているものとして扱う）場合、これをもって改正法の求める本人の同意を取得したとはいえない。

（ウェブサイトのイメージ）

当社は、第三者が運営するデータ・マネジメント・プラットフォームからCookieにより収集されたウェブの閲覧履歴及びその分析結果を取得し、これをお客様の個人データと結びつけた上で、広告配信等の目的で利用いたします。 ［上記の取扱に同意する］	個人関連情報の第三者提供を拒否する場合には、以下のボタンをクリックしてください。 ［拒否する］

出所：第158回個人情報保護委員会資料

5　本人の同意の確認方法（法31条１項１号）

提供元の「個人関連情報取扱事業者」は、「提供先の第三者」が「個人関連情報」（「個人関連情報データベース等」を構成するものに限ります。）を個人データとして取得することが想定されるときは、法27条１項各号に該当する場合を除いて、当該「提供先の第三者」が「個人関連情報取扱事業者」から「個人関連情報」の提供を受けて本人が識別される個人データとして取得することを認める本人の同意を得ていることを確認する必要があります。

6　確認にあたっての偽りの禁止（法31条３項の準用する法30条２項）

「提供先の第三者」は、提供元の「個人関連情報取扱事業者」が本人の同意を取得したことの確認を行う場合、当該「個人関連情報取扱事業者」に対して、当該確認に係る事項を偽ってはなりません。

7 提供元の個人情報取扱事業者における記録の作成・保存義務（法31条３項、30条３項関係、通則編ガイドライン3-7-4）

提供元の個人関連情報取扱事業者は、法31条１項の規定による確認を行った場合は、その記録を作成しなければなりません（法31条３項において準用される法30条３項）。

■提供元の記録事項

	提供年月日	第三者の氏名等	本人の氏名等	個人データ（個人関連情報）の項目	本人の同意等
個人関連情報の第三者提供	○	○		○	○
（参考）本人の同意による第三者提供		○	○	○	○
（参考）オプトアウトによる第三者提供	○	○	○	○	

■記録の保存期間

場合	記録の保存期間
①本人に対する物品または役務の提供に関連して当該本人に係る個人関連情報を第三者に提供した場合（契約書等の代替手段による方法）（規則27条３項、29条１号）	最後に当該記録に係る個人データの提供を受けた日から起算して１年を経過する日までの間
②当該第三者に対し個人関連情報を継続的に若しくは反復して提供したとき、または当該第三者に対し個人関連情報を継続的に若しくは反復して提供することが確実であると見込まれる場合（一括して記録を作成する方法）（規則27条２項ただし書、29条２号）	最後に当該記録に係る個人データの提供を受けた日から起算して３年を経過する日までの間
③上記①・②以外の場合（規則27条２項本文、29条３号）	３年

8 提供先の第三者における確認義務（法30条１項関係、通則編ガイドライン3-7-5）

個人情報取扱事業者である提供先の第三者は、法31条１項の規定による個人関連情報の提供（法27条１項各号に掲げる場合を除きます。）を受けて個人データとして取得する場合は、法30条１項の確認義務の適用を受けます。

9　提供先の第三者における記録義務（法30条３項関係、通則編ガイドライン3-7-6）

個人情報取扱事業者である提供先の第三者は、法31条１項の規定による個人関連情報の提供（法27条１項各号に掲げる場合を除きます。）を受けて個人データとして取得する場合は、法30条３項の記録義務の適用を受けます。

■提供先の記録事項

	提供を受けた年月日	第三者（提供元の個人関連情報取扱事業者）の氏名等	取得の経緯	本人の氏名等	個人データ（個人関連情報）の項目	個人情報保護委員会による公表	本人の同意等（※）
個人関連情報の提供を受けて個人データとして取得した場合		○		○	○		○
（参考）本人の同意による第三者提供		○	○	○	○		○
（参考）オプトアウトによる第三者提供	○	○	○	○	○	○	
（参考）私人などからの第三者提供		○	○	○	○		

※個人関連情報の第三者提供について、外国にある第三者への提供にあっては、法31条１項２号の規定による情報の提供についても記録する。

■記録の保存期間

場合	記録の保存期間
①本人に対する物品または役務の提供に関連して第三者から当該本人に係る個人データの提供を受けた場合（契約書等の代替手段の方法により記録を作成した場合）（規則25条１号、23条３項）	最後に当該記録に係る個人データの提供を受けた日から起算して１年を経過する日までの間
②当該第三者から継続的に若しくは反復して個人データの提供（オプトアウトの方法による提供を除く。）を受けたとき、または当該第三者から継続的に若しくは反復して個人データの提供を受けることが確実であると見込ま	最後に当該記録に係る個人データの提供を受けた日から起算して３年を経過する日までの間

れる場合（一括して記録を作成する方法により記録を作成した場合）（規則25条２号、23条２項ただし書）	
上記①・②以外の場合（規則25条３号）	３年

問

個人情報保護法上のCookie規制に関する次の選択肢のうち、誤っているものを選びなさい。

1　Cookie等の端末識別子を通じて収集された、ある個人のウェブサイトの閲覧履歴は、個人情報に該当しない場合は個人関連情報に該当する。

2　提供先の家族等の特定少数の人が情報端末を共用している場合であっても、通常、情報端末の共用者各人との関係で、「個人に関する情報」に該当し、個人関連情報に該当することとなると考えられる。

3　法31条１項１号の「本人の同意」を取得する主体は、本人と接点を持ち、情報を利用する主体となる提供先の第三者のみに限られる。

答

法31条１項１号の「本人の同意」を取得する主体は、本人と接点を持ち、情報を利用する主体となる提供先の第三者であるが、同等の本人の権利利益の保護が図られることを前提に、同意取得を提供元の個人関連情報取扱事業者が代行することも認められる。

正解　３

Q19 改正電気通信事業法ではどのようなCookie規制が設けられますか？

A SNS、電子掲示板、動画共有サービス、オンラインショッピングモール、オンライン検索サービス、各種情報のオンライン提供等は、サードパーティCookieの利用について、①利用者への通知または容易に知り得る状態に置くこと、②利用者の同意取得、③オプトアウト措置のいずれかを実施することが求められます。

解説

1 改正電気通信事業法による利用者に関する情報の外部送信規律

令和4（2022）年6月17日に公布された「電気通信事業法の一部を改正する法律」（令和4年法律第70号）は、令和5（2023）年6月16日に施行されます（以下「改正電気通信事業法」といいます。）。

同改正により、「電気通信事業を営む者」のうち、「利用者の利益に及ぼす影響が少なくない電気通信役務を提供する者」が、利用者に対し電気通信役務を提供する際に、「利用者に関する情報」を外部送信させる場合に、利用者に確認する機会の付与として、送信先について、**①利用者への通知または容易に知り得る状態に置くこと、②利用者の同意取得、③オプトアウト措置**のいずれかを実施することが求められることとなります（改正電気通信事業法27条の12）。

改正電気通信事業法の関連省令については、令和5（2023）年1月16日に公布された「電気通信事業法施行規則等の一部を改正する省令」（令和5年総務省令第58号）による改正電気通信事業法施行規則に基づき解説します。

2 外部送信規律の対象

外部送信規律の対象となる電気通信役務（内容、利用者の範囲および利用状況を勘案して利用者の利益に及ぼす影響が少なくない電気通信役務）は、以下のサービスで、ブラウザまたはアプリケーションを通じて提供されるものです（改正電気通信事業法施行規則22条の2の27各号）。

- 利用者間のメッセージ媒介等
- SNS・電子掲示板・動画共有サービス、オンラインショッピングモール等
- オンライン検索サービス

●各種情報のオンライン提供（例：ニュース配信、気象情報配信、動画配信、地図等）

3 外部送信規律の対象となる「利用者の情報」

外部送信規律の対象となる「利用者の情報」としては、利用者の端末に記録された当該利用者に関する情報として、氏名などの個人情報、Cookie情報、閲覧履歴などの利用者の行動履歴に関する情報などが該当します。

ただし、電気通信役務の利用に必要な情報として以下の情報は除かれます（改正電気通信事業法施行規則22条の２の30各号）。いずれも当該目的のために送信する場合に限ります。

① 当該電気通信役務において送信する符号、音響又は影像を当該利用者の電気通信設備の映像面に適正に表示するために必要な情報その他当該電気通信役務の提供のために真に必要な情報
② 当該利用者が当該電気通信役務を利用する際に入力した情報を当該利用者の電気通信設備の映像面に再表示するために必要な情報
③ 当該利用者が当該電気通信役務を利用する際に入力した認証に関する情報を当該利用者の電気通信設備の映像面に再表示するために必要な情報
④ 当該電気通信役務に対する不正な行為の検知等を行い、又は当該不正な行為による被害の軽減等を図るために必要な情報
⑤ 当該電気通信役務の提供に係る電気通信設備の負荷を軽減させるために必要な情報その他の当該電気通信設備の適切な運用のために必要な情報

したがって、Cookieに関しては、ウェブサイトの閲覧のために必要でウェブサイトの閲覧者が閲覧したWebサーバとの間だけでCookieのやり取りが行われる「ファーストパーティ Cookie」は電気通信役務の提供のために「真に必要な情報」として除外され（改正電気通信事業法施行規則22条の２の30第１号）、他のウェブサイトにも提供される「サードパーティ Cookie」のみ外部送信規律の対象となる「利用者の情報」に該当するものと考えられます。

なお、サードパーティ Cookieの廃止への代替策として注目されている、自社のWebサーバでデータをいったん蓄積した後に外部事業者にデータを送信して広告配信や行動分析を行う仕組み（メタ社（旧・Facebook社）のコンバージョンAPIなど）を導入する場合においても、実質的には「利用者の意思によらず第三者に自身の情報が送信されている場合」に該当し、外部送信規律の適用対象となり得ます（「電気通信事業法施行規則等の一部を改正する省令案等に対する意見募集の結果」（令和５年１月16日「電気通信事

業法施行規則等の一部を改正する省令案等に対する意見及びそれに対する考え方（審議会への必要的諮問事項以外の事項に係るもの）」意見3-6-2に対する回答）。

4 利用者への通知または容易に知り得る状態に置くこと

（1）通知または利用者に容易に知り得る状態に置く際に満たすべき要件（改正電気通信事業法施行規則22条の２の28）

ア　共通事項（改正電気通信事業法施行規則22条の２の28第１項）

- 日本語で記載、専門用語を避け、平易な表現を用いる
- 操作を行うことなく、文字が適切な大きさで表示される
- 利用者が下記（２）の通知または容易に知り得る状態に置くべき事項事項について、容易に確認できるようにする

イ　通知（同条２項）

- 通知すべき事項または当該事項を表示したウェブページやアプリケーションの所在に関する情報（URL等）を即時に（ポップアップ等により）表示する
- 上記と同等以上に利用者が容易に認識できるようにする

ウ　容易に知り得る状態（同条３項）

- 情報送信指令通信を行うウェブページまたは当該ウェブページから容易に到達できるウェブページにおいて表示する
- 情報送信指令通信を行うアプリケーションを利用する際に、最初に表示されるウェブページまたは当該ウェブページから容易に到達できるウェブページにおいて表示する
- 上記と同等以上に利用者が容易に到達できるようにする

（2）通知または容易に知り得る状態に置くべき事項（改正電気通信事業法施行規則22条の２の29）

「通知又は容易に知り得る状態に置くべき事項」は情報送信指令通信ごとに以下の事項です。

① 当該情報送信指令通信が起動させる情報送信機能により送信されることとなる利用者に関する情報の内容

② ①に規定する情報の送信先となる電気通信設備を用いて当該情報を取り扱うこととなる者の氏名または名称

③ ①に規定する情報の利用目的

5 オプトアウト措置

オプトアウト措置とは、利用者の求めに応じて次のいずれかに掲げる行為を停止する措置を講じることです（改正電気通信事業法27条の12第４号イ）。

- 当該情報送信指令通信が起動させる情報送信機能により行われる利用者に関する情報の送信
- 当該情報送信指令通信が起動させる情報送信機能により送信された利用者に関する情報の利用

オプトアウト措置を講じていることについては、利用者が容易に知り得る状態に置くことが求められますが、具体的には以下の事項が求められます（改正電気通信事業法施行規則22条の２の31）。

- オプトアウト措置（を講じていること）
- オプトアウト措置の内容（情報の送信を停止または送信された情報の利用の停止）
- 利用者の求めを受け付ける方法
- オプトアウト措置を行った場合に、どのようなサービスの制限を受けるか
- 送信されることとなる利用者に関する情報の内容
- 情報の送信を受けてこれを取り扱うこととなる者の氏名・名称
- 送信されることとなる利用者に関する情報の利用目的

6 外部送信規律FAQ

総務省は、外部送信規律に関するFAQをホームページに公表しています。

「利用者の端末に適正な画面表示をするためなど、当該電気通信役務の利用のために送信することが必要な情報や、当該電気通信役務を提供する事業者が利用者を識別するために自身に送信させる識別符号（いわゆる1st Party Cookieに保存されたID）の外部送信については、確認の機会の付与は不要です。」（問1-1）としています。

問

改正電気通信事業法のCookie規制に関する次の選択肢のうち、誤っているものを選びなさい。

1　外部送信規律の対象となる電気通信役務には、「利用者間のメッセージ媒介」「SNS・電子掲示板・動画共有サービス、オンラインショッピングモール」「オンライン検索サービス」「各種情報のオンライン提供（例：ニュース配信、気象情報配信、動画配信、地図等）」が含まれる。

2　外部送信規律においては、利用者に確認する機会の付与として、利用者の同意を得る方法しか認められていない。

3　外部送信規律の対象となる「利用者の情報」からはファーストパーティCookieは除外され、サードパーティ Cookieは対象となる。

答

「利用者に関する情報」を外部送信させる場合に、利用者に確認する機会の付与として、送信先について、①利用者への通知または容易に知り得る状態に置くこと、②利用者の同意取得、③オプトアウト措置のいずれかを実施することが求められることとなる（改正電気通信事業法27条の12）。

正解　2

第 4 章

利用目的関係

Q20 利用目的を「できる限り特定」することが求められますが、どのようなことに留意する必要がありますか？

A 本人が、自らの個人情報がどのように取り扱われることとなるか、利用目的から合理的に予測・想定できるようにしなければならず、行動・関心等の情報を分析する場合にはより具体的に特定をすることが求められます。

解説

1 利用目的の特定

個人情報取扱事業者は、個人情報を取り扱うにあたっては、「利用目的をできる限り特定」しなければなりません（法17条）。

「利用目的の特定」の趣旨は、個人情報を取り扱う者が、個人情報がどのような事業の用に供され、どのような目的で利用されるかについて明確な認識を持ち、できるだけ具体的に明確にすることにより、個人情報が取り扱われる範囲を確定するとともに、本人の予測を可能とすることです（通則編ガイドライン3-1-1（※1））。

「利用目的の特定」は、利用目的の通知・公表、明示（法21条１項・２項）が求められない場合（同条４項各号）でも行わなければならないものであり、また、その範囲内でしか個人データを利用できない（法18条１項）ので、非常に重要です。

2 具体事例

通則編ガイドライン3-1-1においては、「具体的に利用目的を特定している事例」「具体的に利用目的を特定していない事例」として以下が紹介されています。

【具体的に利用目的を特定している事例】
事例）事業者が商品の販売に伴い、個人から氏名・住所・メールアドレス等を取得するにあたり、「〇〇事業における商品の発送、関連するアフターサービス、新商品・サービスに関する情報のお知らせのために利用いたします。」等の利用目的を明示している場合

【具体的に利用目的を特定していない事例】
事例１）「事業活動に用いるため」

事例２）「マーケティング活動に用いるため」

3 行動・関心等の情報を分析する場合

本人が、自らの個人情報がどのように取り扱われることとなるか、利用目的から合理的に予測・想定できないような場合は、この趣旨に沿ってできる限り利用目的を特定したこととはなりません。例えば、本人から得た情報から、本人に関する行動・関心等の情報を分析する場合、個人情報取扱事業者は、どのような取扱いが行われているかを本人が予測・想定できる程度に利用目的を特定しなければならなりません（通則編ガイドライン3-1-1（※１））。

【本人から得た情報から、行動・関心等の情報を分析する場合に具体的に利用目的を特定している事例】
事例１）「取得した閲覧履歴や購買履歴等の情報を分析して、趣味・嗜好に応じた新商品・サービスに関する広告のために利用いたします。」
事例２）「取得した行動履歴等の情報を分析し、信用スコアを算出した上で、当該スコアを第三者へ提供いたします。」

4 顔識別機能付き防犯カメラを利用する場合

本人を判別可能なカメラ画像やそこから得られた顔認証データを取り扱う場合、個人情報の利用目的をできる限り特定し、当該利用目的の範囲内でカメラ画像や顔認証データを利用しなければなりません。

また、個人情報の利用目的をあらかじめ公表するか、または個人情報の取得後速やかに本人に通知もしくは公表する必要があります。

具体的には、店舗に設置した防犯カメラによりカメラ画像を取得し、そこから顔認証データを抽出してこれを防犯目的で利用する場合、本人においてかかる取扱いが行われるとは合理的に予測・想定できないと考えられ、また、顔認証データはマーケティング等他の目的にも利用され得る個人情報であることから、防犯のためにカメラ画像および顔認証技術を用いた顔認証データの取扱いが行われることを本人が予測・想定できるように利用目的を特定し、これをあらかじめ公表またはその取得後速やかに通知・公表する（法21条１項）必要があると考えられます（民間分野QA1-12）。

顔識別機能付きカメラシステムの防犯目的での利用事例は一部にとどまっており、また、顔識別機能付きカメラシステム自体の仕組み（どのように取得されたデータがどのように利用されているか。）についての社会認知度もいまだ高くないと考えられることから、取り扱われる個人情報の類型（設置されたカメラにより取得された顔画像・顔特徴量、照合用データベースに登録するためにカメラでの撮影以外により取得された顔画像・顔特徴量その他）ごとに、本人が、自らの個人情報がどのように取り扱われることとなるか、データ処理の方法（顔画像から抽出した顔特徴量を照合用DBと照合して同一性判定）を含めて、利用目的から合理的に予測・想定できるよう利用目的の特定を行わなければなりません（個人情報保護委員会「犯罪予防や安全確保のためのカメラ画像利用に関する有識者検討会」の報告書素案参照）。

また、（狭義の）利用目的について、抽象的に「防犯のため」とするのではなく、対象とする具体的な犯罪行為や迷惑行為の類型（テロ防止、万引き防止および行方不明者の捜索等）を特定することが望ましいです。

5 利用目的の特定と利用目的の変更

個人情報の取扱内容等に変更がない中で、本人が一般的かつ合理的に予測・想定できる程度に利用目的を特定し直した場合は、利用目的の変更（法17条２項）には該当しません。

この場合、特定し直した利用目的については、法27条１項の規定に基づいて、本人の知り得る状態（本人の求めに応じて遅滞なく回答する場合を含みます。）に置かなければなりません（令和２年改正時のガイドラインパブコメ回答（概要）32番）。

利用目的の変更は、「変更前の利用目的と関連性を有すると合理的に認められる範囲」の場合は認められますが（法17条２項）、以下のような事例（民間分野QA2-9）の場合は利用目的の変更は認められず、かなり厳しく解釈されるので、「利用目的の特定による明確化」と整理した方がよいでしょう。

【利用目的の変更が認められない事例】

事例１）当初の利用目的に「第三者提供」が含まれていない場合において、新たに、法27条２項（※オプトアウト）の規定による個人データの第三者提供を行う場合

事例２）当初の利用目的を「会員カード等の盗難・不正利用発覚時の連絡のため」としてメールアドレス等を取得していた場合において、新たに「当社が提供する商品・サービスに関する情報のお知らせ」を行う場合

6 行政機関等

行政機関等（行政機関、地方公共団体の機関、独立行政法人等、地方独立行政法人）は、個人情報を保有するにあたっては、「法令（条例を含む。）の定める所掌事務又は業務を遂行するため必要な場合」に限り、かつ、「その利用目的をできる限り特定」しなければならないとされています（法61条1項）。

「法令（条例を含む。）の定める所掌事務又は業務を遂行するため必要な場合」であることが上乗せされていますが、「利用目的をできる限り特定」しなければならないことは民間事業者（個人情報取扱事業者）と同じです。

事務対応ガイドにおいては、「その利用目的をできる限り特定」するとは、個人情報がどのような事務または業務の用に供され、どのような目的に使われるかをできるだけ具体的、個別的に特定することを求める趣旨であり、利用目的の特定の程度を行政機関等（行政機関、地方公共団体の機関、独立行政法人等、地方独立行政法人）の恣意的判断に委ねるものではありません。また、利用目的は、具体的な利用行為が当該利用目的の範囲内であるか否か、合理的かつ明確に判断できるものでなければならない」（事務対応ガイド4-1（3））とされていますが、「利用目的の特定」の考え方は基本的に上記で述べた民間事業者（個人情報取扱事業者）と同じです。

問

利用目的の特定に関する次の選択肢のうち、誤っているものを選びなさい。

1　「事業活動に用いるため」「マーケティング活動に用いるため」でも具体的に利用目的を特定している場合に該当する。

2　本人から得た情報から、行動・関心等の情報を分析する場合において、「取得した閲覧履歴や購買履歴等の情報を分析して、趣味・嗜好に応じた新商品・サービスに関する広告のために利用いたします。」は、具体的に利用目的を特定している場合に該当する。

3　行政機関等の個人情報の利用・提供においても利用目的の特定は必要である。

答

「事業活動に用いるため」「マーケティング活動に用いるため」は、通則編ガイドライン3-1-1において、「具体的に利用目的を特定していない事例」に該当する。

正解　1

Q21 「取得の状況からみて利用目的が明らかであると認められる場合」として利用目的の通知・公表や利用目的の明示が不要な場合には、どのような場合がありますか？この場合、どのようなことに留意する必要がありますか？

A　「取得の状況からみて利用目的が明らかであると認められる場合」は利用目的の通知・公表や利用目的の明示が不要となりますが、顔識別機能付きカメラシステムのように本人において取扱いが合理的に予測・想定できないものについては、この例外的取扱いは認められません。

解説

1 「取得の状況からみて利用目的が明らかであると認められる場合」による例外

個人情報取扱事業者は、書面（電磁的記録を含みます。）に記載された当該本人の個人情報を取得する場合その他本人から直接書面に記載された当該本人の個人情報を取得する場合は、あらかじめ、本人に対し、その利用目的を明示しなければなりません（法21条２項）。

また、それ以外の場合には、個人情報を取得した場合は、あらかじめその利用目的を公表している場合を除き、速やかに、その利用目的を、本人に通知し、または公表しなければなりません（法21条１項）。

しかしながら、「利用目的の通知・公表」や「利用目的の明示」をしなくてよい場合のひとつとして、「取得の状況からみて利用目的が明らかであると認められる場合」（法21条４項４号）が認められています。

2 具体的事例

通則編ガイドライン3-3-5（４）には以下の事例が掲げられています。

事例１）商品・サービス等を販売・提供するに当たって住所・電話番号等の個人情報を取得する場合で、その利用目的が当該商品・サービス等の販売・提供のみを確実に行うためという利用目的であるような場合

事例２）一般の慣行として名刺を交換する場合、直接本人から、氏名・所属・肩書・連絡先等の個人情報を取得することとなるが、その利用目的が今後の連絡や、所属する会社の広告宣伝のための冊子や電子メールを送付す

るという利用目的であるような場合

事例２については、業務時間外や、事業場外で名刺交換した場合であっても、個人情報取扱事業者の従業者であることを明らかにした上で名刺交換を行った場合であっても、「取得の状況からみて利用目的が明らかであると認められる場合」に該当すると解されます（民間部門QA4-15）。

3 直接書面等による取得の場合

申込書等の書面（ウェブサイト上の入力画面を含みます。）に本人が記入し、直接その本人から個人情報を取得する場合は、原則として利用目的の明示が必要です（法21条２項）。ただし、取得の状況からみて利用目的が明らかな場合は、例外的に利用目的の明示は不要です（同条４項４号）（民間分野QA4-16）。

具体的には、次のような事例が考えられます。

【取得の状況からみて利用目的が明らかであると認められる場合】
事例１）申込書の記載により取得したメールアドレス情報等を申込内容の確認、履行の結果通知等の目的で利用する場合（ただし、新たなサービスの案内、提携先への提供等に利用することは自明の利用目的に該当しない場合があるので注意を要します。）
事例２）懸賞付きアンケートによって取得した連絡先を、懸賞商品の抽選や懸賞商品に関する連絡・発送等のみに利用する場合

4 防犯カメラ

（１）従来型の防犯カメラ

カメラ画像を取得してこれを防犯目的のみに利用し、顔認証データは取り扱わない、従来型の防犯カメラの場合には、「取得の状況からみて利用目的が明らか」（法21条４項４号）であることから、利用目的の通知・公表は不要と考えられますが、かかる場合であっても、防犯カメラが作動中であることを店舗等の入口や設置場所等に掲示する等、防犯カメラにより自らの個人情報が取得されていることを本人において容易に認識可能とするための措置を講ずることが望ましいと考えられます（民間分野QA1-12）。

（２）顔識別機能付きカメラシステム

本人を判別可能なカメラ画像やそこから得られた顔認証データを取り扱う場合、個人情報の利用目的をできる限り特定し、当該利用目的の範囲内でカメラ画像や顔認証データを利用しなければなりません。また、個人情報の利用目的をあらかじめ公表するか、または個人情報の取得後速やかに本人に通知もしくは公表（法21条１項）する必要があります。すなわち、「取得の状況からみて利用目的が明らか」（同条４項４号）とはいえないものと考えられるためです。

具体的には、店舗等に設置した顔識別機能付きカメラシステムによりカメラ画像を取得し、そこから顔認証データを抽出してこれを防犯目的で利用する場合、本人においてかかる取扱いが行われるとは合理的に予測・想定できないと考えられ、また、顔認証データはマーケティング等他の目的にも利用され得る個人情報であることから、防犯のためにカメラ画像および顔認証技術を用いた顔認証データの取扱いが行われることを本人が予測・想定できるように利用目的を特定し、これをあらかじめ公表またはその取得後速やかに通知・公表する必要があると考えられます（民間分野QA1-12）。

5　学校における教育データの利活用

行政機関等（行政機関、地方公共団体の機関、独立行政法人等、地方独立行政法人）においても、利用目的の明示の例外として、「取得の状況からみて利用目的が明らかであると認められるとき」（法62条４号）が認められています。

なお、これまで行ってきた書面による学校教育における教育データの利用（主に校務系データ）については、「取得の状況からみて利用目的が明らかであると認められるとき」（法62条４号）や「取得の状況からみて利用目的が明らかであると認められる場合」（法21条４項４号）に該当するものとして利用目的の明示をしなくてもよいと整理できる場合もあると考えられます。これに対して、学習端末の利用を通じた学習系データの利活用は、「取得の状況」が明らかとはいえず、利用目的の明示が必要になると考えられます。

問 「取得の状況からみて利用目的が明らかであると認められる場合」に関する次の選択肢のうち、誤っているものを選びなさい。

1 「商品・サービス等を販売・提供するにあたって住所・電話番号等の個人情報を取得する場合で、その利用目的が当該商品・サービス等の販売・提供のみを確実に行うためという利用目的であるような場合」は利用目的の明示は不要である。

2 「一般の慣行として名刺を交換する場合、直接本人から、氏名・所属・肩書・連絡先等の個人情報を取得することとなるが、その利用目的が今後の連絡や、所属する会社の広告宣伝のための冊子や電子メールを送付するという利用目的の場合」は利用目的の明示は不要である。

3 「店舗等に設置した防犯カメラによりカメラ画像を取得し、そこから顔認証データを抽出してこれを防犯目的で利用する場合」は利用目的の明示は不要である。

答

店舗等に設置した防犯カメラによりカメラ画像を取得し、そこから顔認証データを抽出してこれを防犯目的で利用する場合、本人においてかかる取扱いが行われるとは合理的に予測・想定できないと考えられ、また、顔認証データはマーケティング等他の目的にも利用され得る個人情報であることから、防犯のためにカメラ画像および顔認証技術を用いた顔認証データの取扱いが行われることを本人が予測・想定できるように利用目的を特定し、これをあらかじめ公表またはその取得後速やかに通知・公表する必要があると考えられる（民間分野QA1-12）。

正解 3

第5章

安全管理措置・プライバシーガバナンス関係

Q22 プライバシーポリシーにはどのような事項を記載する必要がありますか？

A 保有個人データの公表事項を開示することとなります。令和４（2022）年４月より、安全管理措置の記載が追加されています。

解説

1 個人情報保護法上のプライバシーポリシーの位置付け

個人情報保護法上、「プライバシーポリシー」や「個人情報保護方針」といった書面を個人情報取扱事業者が作成し、公表することを求めているわけではありません。

もっとも、法32条１項において、個人情報取扱事業者は、保有個人情報について一定の事項について本人の知り得る状態に置くことが求められています。

また、通則編ガイドライン10-1において、個人情報取扱事業者は、個人データの適正な取扱いの確保について組織として取り組むために、基本方針を策定することが重要であるとされています。

したがって、個人情報取扱事業者は、保有個人データの公表事項（法32条１項）および基本方針として、「プライバシーポリシー」を策定することとなります。

2 保有個人データに関する事項の公表等

（1）公表等事項

個人情報取扱事業者は、保有個人データに関し、次に掲げる事項について、「本人の知り得る状態（本人の求めに応じて遅滞なく回答する場合を含む。）」に置かなければなりません（法32条１項、令10条）。

① 当該個人情報取扱事業者の氏名または名称および住所ならびに法人にあっては、その代表者の氏名

② すべての保有個人データの利用目的（法21条４項１号から３号に該当する場合を除きます。）

③ 保有個人データの利用目的の通知の求めまたは開示等の請求に応じる手続および保有個人データの利用目的の通知の求めまたは開示の請求に係る手数料の額（定めたときに限ります。）

④　保有個人データの安全管理のために講じた措置（本人の知り得る状態（本人の求めに応じて遅滞なく回答する場合を含みます。）に置くことにより当該保有個人データの安全管理に支障を及ぼすおそれがあるものを除きます。）
⑤　当該個人情報取扱事業者が行う保有個人データの取扱いに関する苦情の申出先
⑥　当該個人情報取扱事業者が認定個人情報保護団体の対象事業者である場合にあっては、当該認定個人情報保護団体の名称および苦情の解決の申出先

（2）本人の知り得る状態（本人の求めに応じて遅滞なく回答する場合を含む。）

「本人の知り得る状態（本人の求めに応じて遅滞なく回答する場合を含む。）」とは、ウェブサイトへの掲載、パンフレットの配布、本人の求めに応じて遅滞なく回答を行うこと等、本人が知ろうとすれば知ることができる状態に置くことをいい、常にその時点での正確な内容を本人の知り得る状態に置かなければなりません。必ずしもウェブサイトへの掲載、または事務所等の窓口等へ掲示すること等が継続的に行われることまでを必要とするものではありませんが、事業の性質および個人情報の取扱状況に応じ、内容が本人に認識される合理的かつ適切な方法によらなければなりません（通則編ガイドライン3-8-1（※１））。

【本人の知り得る状態に該当する事例】
事例１）問合せ窓口を設け、問合せがあれば、口頭又は文書で回答できるよう体制を構築しておく場合
事例２）店舗にパンフレットを備え置く場合
事例３）電子商取引において、商品を紹介するホームページに問合せ先のメールアドレスを表示する場合

なお、本人の知り得る状態については、本人の求めに応じて遅滞なく回答する場合を含むため、講じた措置の概要や一部をウェブサイトに掲載し、残りを本人の求めに応じて遅滞なく回答を行うといった対応も可能ですが、例えば、通則編ガイドラインに沿って安全管理措置を実施しているといった内容の掲載や回答のみでは適切ではありません。

（3）保有個人データの安全管理のために講じた措置

通則編ガイドライン3-8-1（１）においては、「安全管理のために講じた措置として本人の知り得る状態に置く内容の事例」として、以下の事例が記載されています。

（基本方針の策定）

事例）個人データの適正な取扱いの確保のため、「関係法令・ガイドライン等の遵守」「質問及び苦情処理の窓口」等についての基本方針を策定

（個人データの取扱いに係る規律の整備）

事例）取得、利用、保存、提供、削除・廃棄等の段階ごとに、取扱方法、責任者・担当者及びその任務等について個人データの取扱規程を策定

（組織的安全管理措置）

事例１）個人データの取扱いに関する責任者を設置するとともに、個人データを取り扱う従業者及び当該従業者が取り扱う個人データの範囲を明確化し、法や取扱規程に違反している事実又は兆候を把握した場合の責任者への報告連絡体制を整備

事例２）個人データの取扱状況について、定期的に自己点検を実施するとともに、他部署や外部の者による監査を実施

（人的安全管理措置）

事例１）個人データの取扱いに関する留意事項について、従業者に定期的な研修を実施

事例２）個人データについての秘密保持に関する事項を就業規則に記載

（物理的安全管理措置）

事例１）個人データを取り扱う区域において、従業者の入退室管理及び持ち込む機器等の制限を行うとともに、権限を有しない者による個人データの閲覧を防止する措置を実施

事例２）個人データを取り扱う機器、電子媒体及び書類等の盗難又は紛失等を防止するための措置を講じるとともに、事業所内の移動を含め、当該機器、電子媒体等を持ち運ぶ場合、容易に個人データが判明しないよう措置を実施

（技術的安全管理措置）

事例１）アクセス制御を実施して、担当者及び取り扱う個人情報データベース等の範囲を限定

事例２）個人データを取り扱う情報システムを外部からの不正アクセス又は不正ソフトウェアから保護する仕組みを導入

（外的環境の把握）

事例）個人データを保管しているＡ国における個人情報の保護に関する制度を把握した上で安全管理措置を実施

「外的環境の把握」は、令和３（2021）年に中国の拠点（委託先）から国内ユーザーのデータにアクセスでき、データガバナンスの点で問題となったLINE問題を契機に通則編ガイドラインが改正され設けられたものです。

「外的環境の把握」に関しては、外国（本邦の域外にある国または地域）の名称については、必ずしも正式名称を求めるものではありませんが、本人が合理的に認識できると考えられる形で情報提供を行う必要があります。また、本人の適切な理解と関与を促す観点から、保有個人データを取り扱っている外国の制度についても、本人の知り得る状態に置くといった対応が望ましいです（通則編ガイドライン3-8-1（１）（※８））。

「保有個人データの安全管理のために講じた措置」については、当該保有個人データの安全管理に支障を及ぼすおそれがあるものについては、「本人の知り得る状態（本人の求めに応じて遅滞なく回答する場合を含む。）」に置く必要はありません（令10条１号）。

「本人の知り得る状態に置くことにより支障を及ぼすおそれがあるもの」としては、以下の事例が該当します（通則編ガイドライン3-8-1（１））。

事例１）個人データが記録された機器等の廃棄方法、盗難防止のための管理方法
事例２）個人データ管理区域の入退室管理方法
事例３）アクセス制御の範囲、アクセス者の認証手法等
事例４）不正アクセス防止措置の内容等

「盗難または紛失等を防止するための措置を講じる」、「外部からの不正アクセスまたは不正ソフトウェアから保護する仕組みを導入」といった内容のみでは、本人の知り得る状態に置くことにより保有個人データの安全管理に支障を及ぼすおそれがあるとはいえませんが、その具体的な方法や内容については、本人の知り得る状態に置くことにより保有個人データの安全管理に支障を及ぼすおそれがあると考えられます（通則編ガイドライン3-8-1（１）（※９））。

（４）安全管理措置についてのプライバシーポリシーへの記載

消費者向けのサービスを提供するＥコマース事業者やSNS事業者などはプライバシーポリシーに以下のようなある程度詳細な安全管理措置の記載をしている事業者もあります。

〇個人情報の安全管理措置
※技術的・組織的に厳重な安全管理措置を講じている。
１．技術的安全管理措置

具体例として以下の対策を実施している。

- メッセージの暗号化機能の提供
- 知る必要性に基づいた厳格なアクセス統制
- 24時間365日のセキュリティ監視
- セキュリティ対策を客観的に評価するための外部認証
- 新しいセキュリティ技術の研究開発

別途「個人情報のセキュリティ対策のページ」へのリンク

2．個人情報の保管場所

- 日本および○で保管
- 日本と○はCBPRシステムに参加

3．個人情報の保管期間

- プライバシー性の高い情報、お客様の同意がある場合または適用法に基づく場合を除き、サービス以外には一切利用しない。これらの情報は必要最低限の期間保持するが、その後当社サーバからは自動的に削除する。

もっとも、一般の事業者は、プライバシーポリシーに以下のような簡易な安全管理措置の規定をしている例が多いです。このような場合でも、問い合わせ窓口への本人からの問い合わせに応じて遅滞なく、講じている安全管理措置の内容を説明する体制を整備していれば許されます。

「当社は、個人データについて、漏えい、滅失またはき損の防止等、その管理のために必要かつ適切な安全管理措置を講じます。また、個人データを取り扱う従業者や委託先（再委託先等を含みます。）に対して、必要かつ適切な監督を行います。」
「当社は、個人データの不正なアクセス、紛失、改ざんおよび漏洩などのリスクに対して、必要かつ適切な安全管理対策を講じます。」

3 Cookieポリシーについて

Cookie自体は「個人情報」には該当せず、「個人に関する情報」として「個人関連情報」（法2条7項）に該当します。

個人関連情報の第三者提供の制限等の規定（法31条）は設けられましたが、個人関連情報を「個人データとして取得することが想定されるとき」に該当しなければ、特段の取扱いは求められません。

そこで、欧米の事業者のようにいわゆるCookieポリシーのウェブサイトへの掲載や当該Cookieポリシーへの同意の取得は現在のところ求められません。

もっとも、事業者内では、Cookieも「他の情報と容易に照合することができ」る場合がほとんどであり、個人情報（法２条１項１号）に該当するので、個人情報（保有個人データ）のプライバシーポリシーの対象になる場合が多いと考えられます。

なお、GDPRが域外適用される事業者においては、Cookieポリシーを公表している場合が多いです。

問　プライバシーポリシーに記載する事項に関する次の選択肢のうち、誤っているものを選びなさい。

1　個人情報保護法上、「プライバシーポリシー」や「個人情報保護方針」といった書面を個人情報取扱事業者が作成し、公表することを求められている。

2　個人情報取扱事業者は、保有個人データに関し、一定の事項について、「本人の知り得る状態（本人の求めに応じて遅滞なく回答する場合を含む。）」に置かなければならない。

3　「外的環境の把握」に関しては、外国（本邦の域外にある国または地域）の名称については、必ずしも正式名称を求めるものではないが、本人が合理的に認識できると考えられる形で情報提供を行う必要がある。

答

個人情報保護法上、「プライバシーポリシー」や「個人情報保護方針」といった書面を個人情報取扱事業者が作成し、公表することを求めているわけではない。

正解　1

Q23 「プライバシーガバナンス」とは何ですか？

A　個人情報保護法を遵守するだけではなく、プライバシーに関する問題について企業が能動的に対応し、体制整備の構築、運用ルールの策定・周知、企業内のプライバシーに係る文化の醸成、消費者その他のステークホルダーとコミュニケーションを図ることをいいます。

解説

「プライバシーガバナンス」については、個人情報保護法には現在のところ規定はありませんが、総務省・経済産業省が2022年２月に公表した「DX時代における企業のプライバシーガバナンスガイドブックver1.2」（以下「プライバシーガバナンスガイドブック」といいます。）[5]が参考になります。以下では、プライバシーガバナンスガイドブックが示す、プライバシーガバナンスの重要性と事業者として取り組むべき事項について説明いたします。

1　企業のプライバシーガバナンスの重要性

現在、国内におけるプライバシー問題への対応は、個人情報保護法が主な規範として位置づけられています。このため、これまで企業がビジネスを行う上でプライバシー問題を考える際には、コンプライアンス＝法令等遵守の観点から、「個人情報保護法を遵守しているか否か」が問われ、多くの場合、その点を中心に検討することで事業が行われてきました。

一方において、新たなプライバシー問題の発生や人々のプライバシー意識の高まりという状況変化の中で、個人情報保護法を遵守していても、企業が本人への差別、不利益、不安を与えているという理由から、必ずしも批判を避けきれず炎上し、企業の存続に関わるような問題として顕在化するケースも見受けられます。

例えば、2021年の「LINE問題」の際には、LINE株式会社が動画や決済情報を韓国のサーバに保管していることについて、個人情報保護法に違反していないことを前提に、「データを適切に管理する「データガバナンス」の基準では、個人情報などの

5　https://warp.da.ndl.go.jp/info:ndljp/pid/12232105/www.meti.go.jp/policy/it_policy/privacy/guidebook12.pdf

重要データは国内のみで管理運用するのが鉄則とされる。」（日経新聞2021年３月21日社説）との批判もありました。[6]

特に、イノベーションの中心的役割を担うDX企業は、イノベーション（技術革新）と比例して、プライバシー保護の観点で考慮すべき範囲（プライバシー問題）が拡大し、プライバシー問題全体を考えられる体制の構築が必要となっています。

2 国内外の動向

（1）国外（EU加盟国・米国）の動向

EU加盟国ではGDPRにより基本的人権の観点から、米国ではFTC法５条により消費者保護の観点から、多額の罰金や制裁金の執行がなされ、経営者がプライバシー問題を経営上の問題として取り扱うことが認識されています。GDPRでは、独立したDPO（Data Protection Officer）の設置や、DPIA（Data Protection Impact Assessment）の実施など、企業に求められる体制・取組みも位置づけられています。

そのような環境下で、プライバシーを経営戦略の一環として捉え、プライバシー問題について能動的に対応することで、社会的に信頼を得て、企業価値向上につなげている企業も現れています。

例えば、2021年４月にAppleが４つのプライバシー保護原則やアプリトラッキングの透明性向上に関する方針について公表する等、企業の経営戦略において、プライバシーへの取組みを経営戦略の一環として捉え、プライバシー問題に適切に対応することで、社会的に信頼を得て、企業価値向上につなげている企業も現れています。

（2）国内の動向

国際的なデータ流通により経済成長を目指すDFFT（Data Free Flow with Trust：信頼性のある自由なデータ流通）を実現する観点からも、セキュリティやプライバシーの確保を通じた、人々や企業間の信頼が必要とされています。海外で求められるレベルへの目配せが国内企業にも必要となってきています。

個人情報保護法改正を受けて、プライバシー保護を強化しつつ適切な利活用を進める動きがあります。また、特にデジタル技術を活用した分野においては、民間主導の取組みのさらなる推進が必要とされ、**個人データの取扱いに関する責任者の設置**や**PIA（個人情報保護評価）の実施**などの自主的取組みが推奨されています。

「制度改正大綱」においては、法制化には結びつきませんでしたが、「PIA（Privacy

6　本記述は、プライバシーガバナンスガイドブックにない筆者の追加した内容です。

Impact Assessment、個人情報保護評価）の取組、個人データの取扱いに関する責任者の設置、企業の自主的な取組を推奨する仕組みなどについて、その取組を促進していくことが考えられる。」「個人データの取扱いに関する責任者の設置については、体制整備の一環として、個人情報の取扱いに関して、部署横断的・専門的な立場から各部署・従業員の指導・監督等を行うことは有効である。」として企業の自主的な取組みが推奨されています。

個人情報保護委員会は、民間の企業の自主的な取組みを促進するため、2021年６月30日に「PIAの取組の促進について―PIAの意義と実施手順に沿った留意点―」を、2020年10月に「データマッピング・ツールキット（個人情報保護法関係）」を策定・公表しています。[7]

3　「経営者が取り組むべき三要件」

プライバシーガバナンスガイドブックでは、「経営者が取り組むべき三要件」として以下の３点を掲げています。

要件１：プライバシーガバナンスに係る姿勢の明文化
要件２：プライバシー保護責任者の指名
要件３：プライバシーへの取組に対するリソース投入

（1）要件１：プライバシーガバナンスに係る姿勢の明文化

企業がそれぞれの企業理念の下、消費者のプライバシーを守っていくことが、商品やサービスの品質を向上させ、消費者や社会からの信頼を獲得することにつながり、企業価値を高めることとなります。

このことを経営者はこれからの経営上の重要事項のひとつと認識し、組織の一貫した対応を可能とするプライバシー保護の軸となる基本的な考え方や、プライバシーリスクに能動的に対応していく姿勢を、明文化し、組織内外に知らしめることが必要です。

明文化の具体的な形としては、宣言の形をとったプライバシーステートメントや、組織全体での行動原則などを策定するケースが考えられますが、大事なことは、形式を問わず、経営者の意思が滲み出てくるようなメッセージを明文化することです。

7　個人情報保護委員会のウェブサイト（民間の自主的取組（PIA・データマッピング等））参照（https://www.ppc.go.jp/personalinfo/independent_effort/）

（2）要件2：プライバシー保護責任者の指名

プライバシーガバナンスの実現には、経営者による関与と、プライバシーガバナンスに係る姿勢について明文化した内容の具体的な実践が不可欠です。そのために、経営者は、組織全体のプライバシー問題への対応の責任者を担当幹部（以下「プライバシー保護責任者」といいます。）として指名し、経営者が姿勢を明文化した内容を踏まえて、その実践を行うための責任を遂行させることが必要です。

経営者は、プライバシー保護責任者から報告を求め、評価をすることで、組織の内部統制をより効果的に機能させます。

その際には、プライバシー保護責任者の責任範囲を明確にし、プライバシー問題の発生を抑止するために必要な対応を遂行するための権限も与える必要があります。

（3）要件3：プライバシーへの取組に対するリソース投入

経営者は、姿勢を明文化した内容の実践のため、必要十分な経営資源（ヒト・モノ・カネ）を投入することが求められます。プライバシー問題に対応するための体制を構築し、そこに十分な人員を配置することや、人材育成、新たな人材の確保を実施することが必要です。

4 プライバシーガバナンスの重要項目

プライバシーガバナンスガイドブックでは、プライバシーガバナンスの重要項目として、以下の5点が挙げられています。

（1）体制の構築

ア　プライバシー保護責任者

プライバシー保護責任者は、経営者から与えられた権限に基づき実践のための方針を確立し、プライバシーリスクを把握、評価し、対応策を検討できる体制を構築して、方針の実施を徹底します。プライバシー保護責任者は経営者に対し報告を行い、経営者は、その内容が、プライバシーガバナンスに係る姿勢を明文化した内容と合致しているかを確認・徹底します。

イ　プライバシー保護組織

プライバシー保護責任者の下に、実質的なプライバシー保護の機能を担う中核組織として、プライバシー保護組織を設置することが望ましいです。プライバシー保護組織は、企業によって設置する形態は異なり、例えば、専門的な知見を有する専任者の確保が困難な場合には、兼務の従業員のみで保護組織を構成するなど、自社のリソースに合わせて実効性のある組織を構築することが重要です。

プライバシー保護組織の役割は、以下のとおりです。

① 社内のプライバシーに関わる情報を集約し、プライバシーリスクを漏れなくみつける
② 対象となる事業の目的を可能な限り実現しつつ対応を行うため、他部門と連携して多角的に検討
③ 国内外のプライバシーに関する記事、事例などを常に集めて分析、社内へ共有
④ 社外のプライバシー問題に詳しい有識者（学識者、コンサルタント、弁護士など）とのネットワークを構築
⑤ 社内の相談案件や対応結果を蓄積し、ノウハウにして自社の強みに
⑥ 有事のプライバシー保護責任者への報告はもちろん、平時から報告・連絡・相談

ウ　事業部門の役割

事業部門は自部門で扱う製品・サービスならびにデータなどがプライバシー問題を引き起こさないか当事者として確認をする必要があります。事業部門の自覚と主体的な行動が非常に重要であり、自部門だけで考えず、プライバシー保護組織と日頃から相談や連携をして、プライバシーリスクの洗い出しや特定、その対策などを検討することが必要です。また、消費者との接点がある場合には、消費者との信頼関係を構築する上で重要なポジションであることを十分に認識し、消費者の受容性などにも考慮する必要があります。

また、サービス提供や事業を担う部門として、CS部門などと連携し、平時から消費者の意見を広く受け取れる体制を構築することが重要です。

エ　内部監査部門やアドバイザリーボードなどの第三者的組織

プライバシー問題に係るリスク管理が適切に行われていることを独立した立場からモニタリング・評価することができれば、社内の取組みを徹底でき、社外からの信頼を更に高める根拠にもなります。

例えば、業務執行部門およびリスク管理部門から独立した内部監査を実施する体制を構築することが考えられます。また、第三者的な立場の外部の有識者からなるプライバシー保護に関するアドバイザリーボード、諮問委員会などを設置し、専門的な知見から、評価・モニタリングを受けるケースも検討すべきです。有識者としては、プライバシー問題に詳しい学識者、コンサルタント、弁護士、消費者団体などが想定されます。

（2）運用ルールの策定と周知

これらの体制が実質的に機能するためには、サービスや技術が開発・提供される前に、プライバシーリスクが、プライバシー保護責任者やプライバシー保護組織によって把握され、適切な検討がなされる必要があります。そのような運用が徹底されるためのルールを、プライバシー保護責任者の責任の下、組織内で策定しておくことが重要です。

プライバシー保護責任者やプライバシー保護組織は、ルールを組織全体に周知徹底する必要があります。

（3）企業内のプライバシーに係る文化の醸成

プライバシーガバナンスに係る体制や運用を実質的に機能させていくためには、経営者が姿勢を明文化した内容について、組織全体へ浸透させ、プライバシーリスクに適切に対応できるような企業文化を組織全体で醸成していくことが不可欠です。

（企業文化の醸成に係る取組みの例）

- 定期的なe-learningや研修教育
- 社員必携の冊子などの中で、プライバシー問題に対する姿勢に言及
- プライバシー問題に対する方針と連動したハンドブック等の配布
- プライバシー保護責任者の活動を社内広報する等の啓発活動
- パーソナルデータを取り扱う部署に対し、教育を集中的に実施
- 新入社員配属時、部署移動時のタイミングでの教育サポート
- 定期的な配置転換（ジョブローテーション）の対象組織として、プライバシー保護組織を入れる

（4）消費者とのコミュニケーション

プライバシーガバナンスには、消費者との継続的なコミュニケーションが必要です。また、企業によるパーソナルデータ利活用に対する消費者の意識や不安、求めている情報や取組み等について理解し、社会の受け止めの変化などを常に把握するとともに、企業がイノベーション創出やプライバシーリスクマネジメントに、いかに能動的に取り組んでいるのか、実際の問題が生じてしまった場合の対応をどのように行うのかという点について、消費者に対して積極的に、わかりやすく説明を行うことも重要です。このような取組みを積極的に行い、消費者に対する丁寧な説明を行うこと、さらに消費者に対するアカウンタビリティを果たすよう務めることで、消費者との信頼関係を構築していくことが不可欠です。

ア　取組みの公表・広報

企業のプライバシー問題への考え方や、リスクをどのように把握し、評価し、コントロールしているかを取りまとめ、社外に公表することが考えられます。具体的には、「透明性レポート」（消費者へのデータ取扱いの透明性を担保するために、企業が定期的に公表するレポート）を公表することが考えられます。

イ　消費者との継続的なコミュニケーション

定期的なレポートだけではなく、新たな消費者へ向けた機能追加や利用規約等の改訂のタイミング等では、どのようにサービスやプライバシーリスクに係る対応が改善したのか、迅速にわかりやすくウェブサイト等で知らせることで、消費者も迅速に情報を得ることができ、サービスへの信頼につながります。

また、情報更新時には、利用者へプッシュ通知で知らせたり、プライバシー設定についてあまり関心を払っていない利用者に対しては確認や見直しを働きかける案内を通知するなど、企業から消費者へ、継続的に、積極的なアプローチをすることが大切です。

ウ　問題発生時のコミュニケーション

実際にプライバシー問題が生じてしまった場合には、迅速に問題を発見し、内容を把握の上、対応することが重要です。そのために、関係する部門も含め、組織全体として問題発生時の体制や対応の流れを、サービス・製品のリリース前に検討し、構築しておくことが必要です。

漏えい等の実害を受けた消費者に対しては、実際に発生した問題について、わかる範囲で発生している事象の内容、原因、問題への対応のために企業が実施している措置などを、謝罪とともにわかりやすく伝える必要があります。特に、二次被害が発生するおそれのある消費者に対しては、二次被害の回避・軽減のための措置（暗証番号の変更等）を迅速に実施してもらう必要があるため、可能な場合には必ず個別の通知を行うこととし、個別の通知ができない場合には、プレスリリースを出すなど、あらゆる手段をつくす必要があります。

（5）その他のステークホルダーとのコミュニケーション

プライバシーガバナンスガイドブックは、「その他のステークホルダーとのコミュニケーション」として、ビジネスパートナー、グループ企業等、投資家・株主、行政機関、業界団体、従業員等とのコミュニケーションについても記載しています。

問

総務省・経済産業省が2022年２月に公表した「DX時代における企業のプライバシーガバナンスガイドブックver1.2」に記載されている、「経営者が取り組むべき三要件」に該当しない選択肢を選びなさい。

1　プライバシーガバナンスに係る姿勢の明文化

2　プライバシー影響評価の実施

3　プライバシーへの取組に対するリソース投入

答

３要件としては、「プライバシーガバナンスに係る姿勢の明文化」「プライバシー保護責任者の指名」「プライバシーへの取組に対するリソース投入」が挙げられている。

正解　2

Q24 令和２年改正法では「保有個人データ」に関してどのような改正がなされましたか？

A　①　６か月以内に消去する短期保存データも保有個人データとして扱われることとなりました。

本人の開示等の請求対象となる「保有個人データ」について、保存期間により限定しないこととされ、現在除外されている６か月以内に消去する短期保存データも「保有個人データ」に含められることとなります。

②　保有個人データの開示請求は電磁的記録の提供その他の本人の意向による方法によることとなりました。

本人が、電磁的記録の提供を含め、開示方法を指示できるようになり、請求を受けた個人情報取扱事業者は、原則として、本人が指示した方法により開示するよう義務付けられます。ただし、当該方法による開示に多額の費用を要する場合その他の当該方法による開示が困難である場合にあっては、書面の交付による方法による開示を認めることとし、その旨を本人に対し通知することが義務付けられます。

③　保有個人データ利用停止請求権・第三者提供の停止の要件が緩和されました。

個人の権利利益の侵害がある場合を念頭に、保有個人データの利用停止・消去の請求、第三者提供の停止の請求に係る要件が緩和され、個人の権利の範囲を広げられます。ただし、事業者の負担軽減等の観点から、利用停止・消去または第三者提供の停止を行うことが困難な場合であって、本人の権利利益を保護するため必要なこれに代わる措置を取る場合は、請求に応じないことを例外的に許容します。

④　保有個人データの開示項目として、安全管理措置に関する項目が追加されて充実化が求められることとなりました。

解説

1　６か月以内に消去することとなる個人データの保有個人データ化（法16条４項）

（1）　改正前の個人情報保護法における規定

令和２年改正法施行前（令和４年３月31日以前）においては、「保有個人データ」については、１年以内の政令で定める期間以内に消去することとなるものが除外されており（令和２年改正法施行前の法２条７項）、政令で定める期間については「６月」とされていました。

すなわち、6か月以内に消去することとなる個人データは、「保有個人データ」の定義から除かれており、個人情報取扱事業者は、開示や利用の停止、消去の請求に応ずる義務がありませんでした。

立法当時このように定められた背景は、短期間で消去される個人データについては、データベースに蓄積されて取り扱われる時間が限られており、個人の権利利益を侵害する危険性が低く、また、本人の請求を受けて開示等が行われるまでに消去される可能性も高いことから、個人情報取扱事業者に請求に対応するコストを負担させることの不利益が、本人に開示等を請求する権利を認めることの利益を上回るものと考えられたためです。

（2） 改正の背景－情報化社会の進展による状況の変化

しかしながら、情報化社会の進展により、短期間で消去される個人データであっても、その間に漏えい等が発生し、瞬時に拡散する危険が現実のものとなっています。このように、短期間で消去される個人データについても、個人の権利利益を侵害する危険性が低いとは限りません。

また、すでに消去されていれば、請求に応じる必要もないことから、個人情報取扱事業者に請求に対応するコストを負担させることの不利益が、本人に開示等を請求する権利を認めることの利益を上回るとはいえないものと考えられます。

なお、現在でも、プライバシーマークにおいて審査基準の根拠とされている「JIS Q 15001　個人情報保護マネジメントシステム－要求事項」においては、6か月以内に消去する個人情報も含め、開示等の求めに原則応じることとされており、事業者において自主的に個人情報保護法の水準を超えた対応が行われています。

JIS Q 15001における関係規定の概要
（附属書A：A.3.4.4.1、附属書B：B.3.4.4.1）

- 保有個人データには該当しない場合でも、本人からの開示等（※）の求めに応じることができる権限を有する個人情報については、保有個人データと同様に取り扱う。
- 上記本人からの開示等の求めに応じることができる権限を有する個人情報には、政令で定める期間（6か月）以内に消去する個人データが含まれる。

※利用目的の通知、開示、内容の訂正、追加または削除、利用の停止、消去および第三者への提供の停止の請求など

（3）　令和２年改正法によりどのような規定が設けられたか

令和２年改正法では、「保有個人データ」の定義から、「１年以内の政令で定める期間以内に消去することとなるもの」との部分が削除されることにより、６か月以内に削除するものも「保有個人データ」に該当することとされました（法16条４項）。

2　保有個人データの開示請求のデジタル化（法33条）

（1）　改正の背景

ア　開示請求のデジタル化の必要性

開示の提供形式について、令和２年改正法施行前の個人情報保護法では、「書面の交付による方法」を原則としつつ、「開示の請求を行った者が同意した方法があるときは、当該方法」とされていました（令和３年政令292号施行前の令９条）。

開示請求の対象となる保有個人データについては、情報技術の進展により、膨大な情報を含む場合があるところ、当該保有個人データを印字した書面を交付された本人にとっては、検索も困難であり、その内容を十分に認識することができないおそれがあります。

特に、当該保有個人データが音声や動画である場合は、その内容を書面上に再現すること自体が困難です。このように、書面による開示では、当該保有個人データの取扱状況を十分に明らかにすることができず、これを前提に訂正等ならびに利用停止等および第三者提供の停止の請求を行うことが困難なケースがあります。また、開示された個人データを本人が利用する場面で、電磁的形式である方が利便性が高い場合も少なくありません。

イ　GDPRのデータポータビリティの権利

GDPRにおいても、事業者は、本人の求めに応じて、保有する個人データを提供する義務が課せられていますが、特定の条件を満たす場合には、本人が他の用途で利用しやすい電子的形式で、本人または本人が望む他の事業者に、個人情報を提供する義務が課されており**「データポータビリティの権利」**と称されています（GDPR20条）。なお、本人が望む他の事業者に直接個人情報を提供させることができるのは、技術的に実行可能な場合に限定されています。

ウ　デジタル手続法の成立

令和元（2019）年、民間手続における情報通信技術の活用の促進等を謳った「情報通信技術の活用による行政手続等に係る関係者の利便性の向上並びに行政運営の簡素化及び効率化を図るための行政手続等における情報通信の技術の利用に関する法律等の一部を改正する法律」（令和元年法律第16号。いわゆる「デジタル手続法」）が公布されたこと等を踏まえ、個人情報保護法における開示の際の電磁的形式による提供についても、利用者の利便性を考慮しつつ、明確化すべきであると考えられました。

（2） 令和２年改正法によりどのような規定が設けられたか

ア　開示請求の方法（法33条１項、規則30条）

本人は、個人情報取扱事業者に対し、**①電磁的記録の提供による方法、②書面の交付による方法、③その他当該個人情報取扱事業者が定める方法**により開示を請求することができることとされました。

イ　開示方法（法33条２項）

令和２年改正法により、当該本人が請求した方法（当該方法による開示に多額の費用を要する場合その他の当該方法による開示が困難である場合にあっては、書面の交付による方法）により遅滞なく、当該保有個人データを開示することとされました。

【本人が保有個人データの電磁的記録の提供による方法による開示を請求した場合】（民間分野QA9-10）

個人情報取扱事業者は、本人が保有個人データの電磁的記録の提供による方法による開示を請求した場合には、当該方法による開示が困難である場合を除き、電磁的記録の提供による方法（本人が請求した方法）でこれを開示する必要があります。

この場合、**個人情報取扱事業者は、電磁的記録のファイル形式（PDF形式、Word形式等）や、電磁的記録の提供方法（電磁的記録を記録媒体に保存してこれを郵送する、電磁的記録を電子メールに添付して送信する、ウェブサイト上で電磁的記録をダウンロードさせる等）を定めることができ**、本人がファイル形式等を指定した場合であっても、これに応じる必要はありません。

このため、個人情報取扱事業者は、本人が指定したファイル形式等による開示が困難な場合には、**個人情報取扱事業者において対応可能なファイル形式等で開示すれば足ります**。もっとも、本人の利便性向上の観点から、できる限り本人の要望に沿った形で対応することが望ましいと考えられます。

【「遅滞なく」開示の意義】（民間分野QA9-14）

「遅滞なく」とは理由のない滞りを生じさせることなくという趣旨です。請求対象となるデータを検索・集約する等の一定の作業を要する場合には、当該作業を行うために通常必要と考えられる期間も考慮した上で、合理的な期間内に開示を行えば、「遅滞なく」開示したこととなると考えられます。

【開示請求を受けた場合の手数料】（民間分野QA9-29）

本人から保有個人データの開示の請求を受けた個人情報取扱事業者は、開示の実施に関し手数料を徴収することが認められています（法38条1項）。しかし、その手数料の額は、実費を勘案して合理的であると認められる範囲内で定めなければなりません（同条2項）。

ウ　利用停止、消去、第三者提供の停止の請求に係る要件の緩和

①　利用停止等をめぐる改正前の状況

個人情報保護法上、利用停止等（利用の停止または消去）についての個人の権利行使には一定の制約が課されています。

令和2年改正法施行前（令和4年3月31日以前）は、「個人情報の目的外利用」「個人情報の不正取得違反」の場合の利用停止等および「第三者提供の制限」「外国にある第三者への提供の制限等」違反の場合の第三者提供の停止のみが認められていました。

この点については、個人情報保護委員会への相談ダイヤルに寄せられる意見や、タウンミーティングにおける議論でも、消費者からは、自分の個人情報を事業者が利用停止または消去等を行わないことへの強い不満がみられていました。

②　JIS Q 15001個人情報保護マネジメントシステム－要求事項で求められていた対応

日本において比較的多くの事業者が活用している民間の取組であるプライバシーマークにおいて審査基準の根拠とされている「JIS Q 15001個人情報保護マネジメントシステム－要求事項」においては、本人の保有個人データの利用停止、消去または第三者提供の停止の請求を受けた場合は、原則として応じる義務があることとされており、自主的に個人情報保護法の水準を超えた対応が行われています。

③　GDPRにおける消去権（忘れられる権利）・プロファイリングに係る権利

GDPRについては、EUデータ保護指令の下では規定のなかった、消去権（忘れられる権利）、プロファイリングにかかる規定が新たに設けられており、概要は次のとおりです。

消去権（忘れられる権利）については、本人は、一定の場合に、事業者に対して、当該本人に関する個人データを不当に遅滞なく消去させる権利が認められています（GDPR17条）。

【事業者が消去の義務を負う場合の例】

- 個人データの収集や取扱いの目的に関して、当該個人データが必要なくなった場合
- 本人が個人データの取扱いについての同意を撤回し、かつ、当該取扱いに関して他の法的根拠がない場合

- 本人が、GDPR21条1項に基づいて個人データの取扱いに対して異議を申し立て、かつ、取扱いに関して優先する他の法的根拠がない場合、または、ダイレクトマーケティングを目的とした取扱いに対して異議を申し立てる場合
- 個人データが不法に取り扱われた場合
- 個人データがEU法またはEU加盟国の国内法の義務の遵守のために消去されなければならない場合

我が国では、最決平成29年1月31日民集71巻1号63頁は、過去に児童買春で逮捕歴のある男性が、インターネット検索サイトであるグーグルの検索結果から、検索結果に表示される自分の逮捕歴に関する情報の削除を求めた仮処分命令申立事件において、最高裁は、「忘れられる権利」に言及することなく、プライバシーに属する事実を公表されない法的利益と検索結果を提供する理由等の諸般の事情を比較衡量し、検索結果の削除を認めない決定を下しました。

また、GDPRにおいて、プロファイリングについては、大きく分けて、異議を申し立てる権利（GDPR21条）と、自動的な意思決定に服さない権利（GDPR22条）が規定されています。異議を申し立てる権利（GDPR21条1項）は、「公共の利益または公的権限の行使のために行われる業務の遂行」または「正当な利益の追求」を法的根拠とする、プロファイリングそのものを含む個人データの取扱いに対する権利であり、この権利を行使された事業者は、本人の利益を超越する、個人データの取扱いに係る正当化根拠等を示せない限り、プロファイリングそのものを含む個人データの取扱いを止めなければならないとされています。

なお、「正当な利益の追求」によらず、「本人同意」を法的根拠としたとしても、同意が撤回されれば削除権の対象となります（GDPR17条1項（b））。なお、ダイレクトマーケティングを目的とする個人データの取扱いに関しては、事業者の事情（取扱いに係る正当な根拠の有無）にかかわらず、この権利の行使の対象となります（GDPR21条2項）。

また、自動的な意思決定に服さない権利（GDPR22条）については、プロファイリングを含むもっぱら（solely）自動的な個人データの取扱いに基づく意思決定に服さない権利とされ、プロファイリングそのものではなく、意思決定に服さない権利が規定されています。なお、本人との契約の締結または履行に必要な場合等は対象外であり、また、人が介在すればこの権利の対象とはならないとされています。

3　令和２年改正法による規定

（１）　利用停止等・第三者提供の停止の請求の要件（通則編ガイドライン3-8-5-1）

令和２年改正法の施行前（令和４年３月31日以前）では、「個人情報の目的外利用」「個人情報の不正取得違反」の場合の利用停止等および「第三者提供の制限」「外国にある第三者への提供の制限等」違反の場合の第三者提供の停止が認められていました。

改正により、これらに加えて、法35条５項の要件を満たす場合の利用停止等または第三者提供の停止が追加されました。具体的には、利用する必要がなくなった場合、当該本人が識別される保有個人データに係る法26条１項本文に規定する事態が生じた場合、および、当該本人の権利または正当な利益が害されるおそれがある場合です。

○利用停止等・第三者提供の停止の請求の要件

１．法違反の場合の利用停止等（法35条１項）

①　個人情報を目的外利用した場合（法18条違反）

②　不適正な方法により利用した場合（法19条違反）

③　不正の手段により取得した場合（法20条違反）

２．法違反の場合の第三者提供の停止（法35条３項）

法27条１項または法28条の規定に違反して本人の同意なく第三者提供されている場合

３．法35条５項の要件を満たす場合の利用停止等または第三者提供の停止

①　利用する必要がなくなった場合

②　当該本人が識別される保有個人データに係る法26条１項本文に規定する事態が生じた場合

③　当該本人の権利または正当な利益が害されるおそれがある場合

※上記３の場合は、当該保有個人データの利用停止等または第三者提供の停止に多額の費用を要する場合その他の利用停止等または第三者提供の停止を行うことが困難な場合であって、本人の権利利益を保護するため必要なこれに代わるべき措置をとるときは利用停止等または第三者提供の停止に応じなくてよい。

「消去」とは、保有個人データを保有個人データとして使えなくすることであり、当該データを削除することのほか、当該データから特定の個人を識別できないようにすること等を含みます。

ア　法違反の場合の利用停止等

個人情報取扱事業者は、本人から、当該本人が識別される保有個人データが、法18条の規定に違反して本人の同意なく目的外利用がされているもしくは法19条の規定に違反して不適正な利用が行われている、または法20条の規定に違反して偽りその他不正の手段により個人情報が取得されもしくは本人の同意なく要配慮個人情報が取得されたものであるという理由によって、利用停止等の請求を受けた場合であって、その請求に理由があることが判明したときは、原則として、遅滞なく、利用停止等を行わなければなりません。

法違反である旨の指摘が正しくない場合は、利用停止等を行う必要はありません。

イ　法違反の場合の第三者提供の停止

個人情報取扱事業者は、本人から、当該本人が識別される保有個人データが、法27条１項または法28条の規定に違反して本人の同意なく第三者に提供されているという理由によって、当該保有個人データの第三者提供の停止の請求を受けた場合であって、その請求に理由があることが判明したときは、原則として、遅滞なく、第三者提供の停止を行わなければなりません。

法違反である旨の指摘が正しくない場合は、第三者提供を停止する必要はありません。

ウ　法35条５項の要件を満たす場合の利用停止等または第三者提供の停止

個人情報取扱事業者は、以下のいずれかに該当する場合については、原則として、遅滞なく、利用停止等または第三者提供の停止を行わなければなりません。

- 利用する必要がなくなった場合
- 当該本人が識別される保有個人データに係る法26条１項本文に規定する事態が生じた場合
- 当該本人の権利または正当な利益が害されるおそれがある場合

①　利用する必要がなくなった場合

個人情報取扱事業者は、本人から、当該本人が識別される保有個人データを当該個人情報取扱事業者が利用する必要がなくなったという理由によって、当該保有個人データの利用停止等または第三者提供の停止の請求を受けた場合であって、その請求に理由があることが判明したときは、原則として、遅滞なく、利用停止等または第三者提供の停止を行わなければなりません。

「当該個人情報取扱事業者が利用する必要がなくなった」とは、法22条と同様に、当該保有個人データについて利用する必要がなくなったとき、すなわち、利用目的が達成され当該目的との関係では当該保有個人データを保有する合理的な理由が存在しなくなった場合や利用目的が達成されなかったものの当該目的の前提となる事業自体が中止となった場合等をいいます。請求の対象となっている保有個人データにつき、複数の利用目的がある場合、すべての利用目的との関係で「利用する必要がなくなった」かどうかを判断する必要があります。

【採用面接で不採用とした応募者の個人データ】（民間分野QA9-20）

会社の採用面接で不採用にした応募者から、当該会社に提出された履歴書の返却が求められた場合、個人情報保護法では、本人からの請求による保有個人データの削除（法34条）、保有個人データの利用の停止または消去（法35条）に関する規定は定められていますが、履歴書等の受け取った書類を返還する義務は規定されていません。そのため、個人情報保護法上、提出された履歴書を返却する義務はありません。

他方、応募者本人から、履歴書に記載された当該本人の情報について、保有個人データに該当する場合に、再応募への対応等のための合理的な期間が経過した後、利用する必要がなくなった場合に該当するとして利用停止等の請求を受けたときには、当該請求に応じる義務があると考えられます（法35条6項）。

なお、法22条では、個人データの消去についての努力義務が明記されていますので、個人情報取扱事業者は、個人データを利用する必要がなくなったときは、当該個人データを遅滞なく消去するよう努めなければなりません。

【退職した社員の個人データ】（民間分野QA9-22）

退職した社員から、法35条5項に基づき、利用する必要がなくなった場合に該当するとして保有個人データの消去を求められた場合、退職した社員の個人データについて、取得時に特定した利用目的の範囲内で利用することは可能ですが、当該利用目的が達成されたときには、利用する必要がなくなった場合に該当し、当該請求に応じる義務があると考えられます（法35条6項）。

②　当該本人が識別される保有個人データに係る法26条1項本文に規定する事態（個人データの漏えい等）が生じた場合

個人情報取扱事業者は、本人から、当該本人が識別される保有個人データに係る法26条1項本文に規定する事態が生じたという理由によって、当該保有個人データの利用停止等または第三者提供の停止の請求を受けた場合であって、その請求に理由があることが判明したときは、原則として、遅滞なく、利用停止等または第三者提供の停止を行わなければなりません。

「当該本人が識別される保有個人データに係る個人情報保護法26条1項本文に規定する事態が生じた」とは、法26条1項本文に定める漏えい等事案が生じたことをいいます。

③　当該本人の権利または正当な利益が害されるおそれがある場合

個人情報取扱事業者は、本人から、当該本人が識別される保有個人データの取扱いにより当該本人の権利または正当な利益が害されるおそれがあるという理由によって、当該保有個人データの利用停止等または第三者提供の停止の請求を受けた場合であって、その請求に理由があることが判明したときは、原則として、遅滞なく、利用停止等または第三者提供の停止を行わなければなりません。

「当該本人の権利または正当な利益が害されるおそれがある場合」とは、法目的に照らして保護に値する正当な利益が存在し、それが侵害されるおそれがある場合をいいます。

「正当」かどうかは、相手方である個人情報取扱事業者との関係で決まるものであり、個人情報取扱事業者に本人の権利利益の保護の必要性を上回る特別な事情がない限りは、個人情報取扱事業者は請求に応じる必要があります。本人の権利利益の保護の必要性を上回る特別な事情があるかどうかを判断するにあたっては、例えば、以下のような事情を考慮することになります。

- 本人または第三者の生命、身体、財産その他の権利利益を保護するために当該保有個人データを取り扱う事情
- 法令を遵守するために当該保有個人データを取り扱う事情
- 契約に係る義務を履行するために当該保有個人データを取り扱う事情
- 違法または不当な行為を防止するために当該保有個人データを取り扱う事情
- 法的主張、権利行使または防御のために当該保有個人データを取り扱う事情

このうち、**「法令を遵守するために当該保有個人データを取り扱う事情」**としては、例えば、当該保有個人データにつき法令上保管が義務付けられている場合等が考えられますが、保管が義務付けられていない保有個人データについて、将来の行政調査等のために保管することは通常考慮されないと考えられます（**民間分野QA9-24**）。

「おそれ」は、一般人の認識を基準として、客観的に判断します。

なお、以下の事例は通則編ガイドラインに掲載されており、実務上の参考となる点も多いため、紹介します（通則編ガイドライン3-8-5-1）。

【本人の権利または正当な利益が害されるおそれがあるとして利用停止等または第三者提供の停止が認められると考えられる事例】

事例１）ダイレクトメールの送付を受けた本人が、送付の停止を求める意思を表示したにもかかわらず、個人情報取扱事業者がダイレクトメールを繰り返し送付していることから、本人が利用停止等を請求する場合

事例２）電話勧誘を受けた本人が、電話勧誘の停止を求める意思を表示したにもかかわらず、個人情報取扱事業者が本人に対する電話勧誘を繰り返し行っていることから、本人が利用停止等を請求する場合
事例３）個人情報取扱事業者が、安全管理措置を十分に講じておらず、本人を識別する保有個人データが漏えい等するおそれがあることから、本人が利用停止等を請求する場合
事例４）個人情報取扱事業者が、法27条１項に違反して第三者提供を行っており、本人を識別する保有個人データについても本人の同意なく提供されるおそれがあることから、本人が利用停止等を請求する場合
事例５）個人情報取扱事業者が、退職した従業員の情報を現在も自社の従業員であるようにホームページ等に掲載し、これによって本人に不利益が生じていることから、本人が利用停止等を請求する場合

ダイレクトメールについては、事例１の場合のほか、「ダイレクトメールを送付するために個人情報取扱事業者が保有していた情報について、当該個人情報取扱事業者がダイレクトメールの送付を停止した後、本人が消去を請求した場合」が「当該本人の権利または正当な利益が害されるおそれがある場合」に該当するものと考えられます。

なお、個人情報取扱事業者は、個人情報の取扱いに関する苦情の適切かつ迅速な処理に努めなければならないとされているため（法40条１項）、利用停止等の請求に理由がない場合であっても、顧客からのダイレクトメールの停止等の要求を苦情として扱った上で、適切かつ迅速に処理するよう努めなければなりません（**民間分野QA9-21、通則編ガイドライン3-8-5-1**）。

【本人の権利または正当な利益が害されるおそれがないとして利用停止等または第三者提供の停止が認められないと考えられる事例】
事例１）電話の加入者が、電話料金の支払いを免れるため、電話会社に対して課金に必要な情報の利用停止等を請求する場合
事例２）インターネット上で匿名の投稿を行った者が、発信者情報開示請求による発信者の特定やその後の損害賠償請求を免れるため、プロバイダに対してその保有する接続認証ログ等の利用停止等を請求する場合
事例３）過去に利用規約に違反したことを理由としてサービスの強制退会処分を受けた者が、再度当該サービスを利用するため、当該サービスを提供する個人情報取扱事業者に対して強制退会処分を受けたことを含むユーザー情報の利用停止等を請求する場合

事例４）過去の信用情報に基づく融資審査により新たな融資を受けることが困難になった者が、新規の借入れを受けるため、当該信用情報を保有している個人情報取扱事業者に対して現に審査に必要な信用情報の利用停止等または第三者提供の停止を請求する場合

事例４の信用情報については、将来本人から融資等の申込みがあった場合に備えて一定期間保有しておく必要があることから、本人が今後一切融資を申し込むつもりがないと述べていることをもって、「現に審査に必要」ではないといえず、利用停止等または第三者提供の停止の請求に応じる必要はないと考えられます（**民間分野QA9-23**）。

（2） 本人の権利利益の侵害を防止するために必要な限度（法35条６項、通則編ガイドライン3-8-5-2）

上記（1）のアからウのいずれかに該当する場合、個人情報取扱事業者は、本人の権利利益の侵害を防止するために必要な限度で、遅滞なく、当該保有個人データの利用停止等または第三者提供の停止を行わなければなりません（通則編ガイドライン3-8-5-2）。

【本人からの請求に対し、本人の権利利益の侵害を防止するために必要な限度での対応として考えられる事例】
事例１）本人から保有個人データの全てについて、利用停止等が請求された場合に、一部の保有個人データの利用停止等によって、生じている本人の権利利益の侵害のおそれを防止できるものとして、一部の保有個人データに限定して対応を行う場合
事例２）法27条１項に違反して第三者提供が行われているとして保有個人データの消去を請求された場合に、利用停止又は第三者提供の停止による対応によって、生じている本人の権利利益の侵害のおそれを防止できるものとして、利用停止又は第三者提供の停止による対応を行う場合

（3）本人の権利利益を保護するため必要なこれに代わるべき措置（法35条６項、通則編ガイドライン3-8-5-3）

個人情報取扱事業者は、上記（1）のアからウのいずれかに該当する場合であっても、当該保有個人データの利用停止等または第三者提供の停止に多額の費用を要する場合その他の利用停止等または第三者提供の停止を行うことが困難な場合であって、本人の権利利益を保護するため必要なこれに代わるべき措置をとるときは、利用停止等または第三者提供の停止に応じなくてもよいことになります。

「困難な場合」については、利用停止等または第三者提供の停止に多額の費用を要する場合のほか、個人情報取扱事業者が正当な事業活動において保有個人データを必要とする場合についても該当し得ます。

代替措置については、事案に応じて様々ですが、生じている本人の権利利益の侵害のおそれに対応するものであり、本人の権利利益の保護に資するものである必要があります（通則編ガイドライン3-8-5-3）。

【本人の権利利益を保護するため必要なこれに代わるべき措置として考えられる事例】

事例１）既に市販されている名簿の刷り直し及び回収作業に多額の費用を要するとして、名簿の増刷時の訂正を約束する場合や必要に応じて金銭の支払いをする場合

事例２）個人情報保護委員会への報告の対象となる重大な漏えい等が発生した場合において、当該本人との契約が存続しているため、利用停止等が困難であるとして、以後漏えい等の事態が生じることがないよう、必要かつ適切な再発防止策を講じる場合

事例３）他の法令の規定により保存が義務付けられている保有個人データを直ちに消去する代わりに、当該法令の規定による保存期間の終了後に消去することを約束する場合

個人情報取扱事業者は、上記により、利用停止等を行ったときもしくは利用停止等を行わない旨の決定をしたとき、または、第三者提供の停止を行ったときもしくは第三者提供を停止しない旨の決定をしたときは、遅滞なく、その旨を本人に通知しなければなりません。

なお、消費者等、本人の権利利益保護の観点からは、事業活動の特性、規模および実態を考慮して、保有個人データについて本人から求めがあった場合には、自主的に利用停止等または第三者提供の停止に応じる等、本人からの求めにより一層対応していくことが望ましいです。

問 「保有個人データ」の取扱いに関する次の選択肢のうち、誤っているものを選びなさい。

1　令和２年改正法により、本人の開示等の請求対象となる「保有個人データ」について、保存期間により限定しないこととされ、改正前に除外されていた6か月以内に消去する短期保存データも「保有個人データ」に含められることになった。

2　本人は、個人情報取扱事業者に対し、①電磁的記録の提供による方法、②書面の交付による方法、③その他当該個人情報取扱事業者が定める方法により、保有個人データの開示を請求することができる。

3　保有個人データの第三者提供の停止が認められるのは、法27条１項または法28条の規定に違反して本人の同意なく第三者提供されている場合に限られる。

答

法35条５項の要件を満たす場合の第三者提供の停止も認められる。

正解　3

第6章

個人情報の漏えい等関係

Q25 個人情報の漏えい等があった場合、企業にはどのような対応が求められますか？

A　個人情報取扱事業者は、漏えい等またはそのおそれのある事案（以下「漏えい等事案」といいます。）が発覚した場合は、漏えい等事案の内容等に応じて、次の①から⑤に掲げる事項について必要な措置を講じなければなりません。

①　事業者内部における報告および被害の拡大防止
②　事実関係の調査および原因の究明
③　影響範囲の特定
④　再発防止策の検討および実施
⑤　個人情報保護委員会への報告および本人への通知

解説

1 改正の背景

EU加盟国、米国、中国など多くの国で個人情報の漏えいがあった場合、当局への報告が義務とされています。一方、令和２年改正法施行前の日本では、制度上は努力義務でした（ただし、努力義務とはいえ、実態としては漏えい等報告について、多くの企業で対応されています）。

漏えい等報告が個人情報の本人、個人情報取扱事業者、監督機関それぞれにとって多くの意義があること、国際的な潮流になっていること等を勘案し、令和２年改正法により、漏えい等が生じた際の報告・本人への通知について、法令上の義務として新設されました（法26条）。

2 個人データの「漏えい等」とは（通則編ガイドライン3-5-1）

（1）個人データの「漏えい」とは（通則編ガイドライン3-5-1-1）

個人データの「漏えい」とは、個人データが外部に流出することをいいます。

【個人データの漏えいに該当する事例】
事例１

個人データが記載された書類を第三者に誤送付した場合
事例2
個人データを含むメールを第三者に誤送信した場合
事例3
システムの設定ミス等によりインターネット上で個人データの閲覧が可能な状態となっていた場合
事例4
個人データが記載または記録された書類・媒体等が盗難された場合
事例5
不正アクセス等により第三者に個人データを含む情報が窃取された場合

なお、「個人データを第三者に閲覧されないうちにすべてを回収した場合」は、漏えいに該当しません。個人データの漏えいに該当しない「個人データを第三者に閲覧しないうちに全てを回収した場合」としては、以下のような事例が考えられます。(民間分野QA6-1)。

事例1) 個人データを含むメールを第三者に誤送信した場合において、当該第三者が当該メールを削除するまでの間に当該メールに含まれる個人データを閲覧していないことが確認された場合
事例2) システムの設定ミス等によりインターネット上で個人データの閲覧が可能な状態となっていた場合において、閲覧が不可能な状態とするまでの間に第三者が閲覧していないことがアクセスログ等から確認された場合

ただし、これらの事例において、誤送信先の取扱いやアクセスログ等が確認できない場合には、漏えい(または漏えいのおそれ)に該当すると考えられます。

個人データが記録されたUSBメモリを紛失したものの、紛失場所が社内か社外か特定できない場合には、漏えい(または漏えいのおそれ)に該当すると考えられます。なお、社内で紛失したままである場合には、滅失(または滅失のおそれ)に該当すると考えられます(民間分野QA6-2)。

なお、個人情報取扱事業者が自らの意図に基づき個人データを第三者に提供する場合は、漏えいに該当しません。この場合、漏えい等報告等(法26条)の適用はありませんが、個人情報取扱事業者は、個人データの第三者への提供にあたり、原則としてあらかじめ本人の同意を取得する必要がありますので、本人の同意なく提供した場合

は、第三者提供義務違反（法27条１項）となり得ます。

（２）個人データの「滅失」とは（通則編ガイドライン3-5-1-2）

個人データの「滅失」とは、個人データの内容が失われることをいいます。

【個人データの滅失に該当する事例】

事例１

個人情報データベース等から出力された氏名等が記載された帳票等を誤って廃棄した場合（※１）

事例２

個人データが記載または記録された書類・媒体等を社内で紛失した場合（※２）

なお、上記の場合であっても、その内容と同じデータが他に保管されている場合は、滅失に該当しません。また、個人情報取扱事業者が合理的な理由により個人データを削除する場合は、滅失に該当しません。

（※１）当該帳票等が適切に廃棄されていない場合には、個人データの漏えいに該当する場合があります。

（※２）社外に流出した場合には、個人データの漏えいに該当します。

（３）個人データの「毀損」とは（通則編ガイドライン3-5-1-3）

個人データの「毀損」とは、個人データの内容が意図しない形で変更されることや、内容を保ちつつも利用不能な状態となることをいいます。

【個人データの毀損に該当する事例】

事例１

個人データの内容が改ざんされた場合

事例２

暗号化処理された個人データの復元キーを喪失したことにより復元できなくなった場合

事例３

ランサムウェア等により個人データが暗号化され、復元できなくなった場合（※）

なお、上記の事例２および事例３の場合であっても、その内容と同じデータが他に保管されている場合は毀損に該当しません。

（※）同時に個人データが窃取された場合には、個人データの漏えいにも該当します。

3　漏えい等事案が発覚した場合に講ずべき措置（通則編ガイドライン3-5-2）

漏えい等事案が発覚した場合は、その事案の内容等に応じて、次の①から⑤に掲げる事項について必要な措置を講じなければなりません。

①　事業者内部における報告および被害の拡大防止

責任ある立場の者にただちに報告するとともに、漏えい等事案による被害が発覚時よりも拡大しないよう必要な措置を講じなければなりません。

「責任ある立場の者」の役職は限定されていませんが、あらかじめ、取扱規程等により、漏えい等事案が発覚した場合の適切かつ迅速な報告連絡体制を整備しておくことが必要です（民間分野QA6-3）。

「漏えい等事案による被害が発覚時よりも拡大しないよう必要な措置を講ずる」とは、例えば、外部からの不正アクセスや不正プログラムの感染が疑われる場合には、当該端末等のLANケーブルを抜いてネットワークからの切り離しを行うまたは無線LANの無効化を行うなどの措置を直ちに行うこと等が考えられます（民間分野QA6-4）。

②　事実関係の調査および原因の究明

漏えい等事案の事実関係の調査および原因の究明に必要な措置を講じなければなりません。

③　影響範囲の特定

上記②で把握した事実関係による影響範囲の特定のために必要な措置を講じます。

例えば、個人データの漏えいの場合は、漏えいした個人データに係る本人の数、漏えいした個人データの内容、漏えいした原因、漏えい先等を踏まえ、影響の範囲を特定することが考えられます（民間分野QA6-5）。

④　再発防止策の検討および実施

上記②の結果を踏まえ、漏えい等事案の再発防止策の検討および実施に必要な措置を講じなければなりません。

⑤　個人情報保護委員会への報告および本人への通知

委員会への報告についてはQ26、本人への通知については、通則編ガイドライン3-5-4（本人への通知）を参照してください。なお、漏えい等事案の内容等に応じて、二次被害の防止、類似事案の発生防止等の観点から、事実関係および再発防止策等について、速やかに公表することが望ましいです。

問

個人情報の漏えい等があった場合、個人情報保護法および通則編ガイドラインにおいて求められている企業の対応に関する次の選択肢のうち、誤っているものを選びなさい。

1　事業者内部における報告および被害の拡大防止

2　個人情報保護委員会への報告および本人への通知

3　個人への損害賠償

答

個人情報取扱事業者は、漏えい等またはそのおそれのある事案が発覚した場合は、漏えい等事案の内容等に応じて、次の①から⑤に掲げる事項について必要な措置を講じなければならない。

①　事業者内部における報告および被害の拡大防止
②　事実関係の調査および原因の究明
③　影響範囲の特定
④　再発防止策の検討および実施
⑤　個人情報保護委員会への報告および本人への通知

正解　3

Q26 自社で取り扱う個人情報が漏えいした場合、個人情報保護委員会にはどのように報告すればよいでしょうか？

A 個人情報保護法施行規則８条１項各号では、以下の事項が個人情報保護委員会への報告事項とされています。報告書の様式（同規則別記様式第一（８条３項関係））では、それぞれの報告事項について細目を定めています。

- 概要（１号）
- 漏えい等が発生し、又は発生したおそれがある個人データの項目（２号）
- 漏えい等が発生し、又は発生したおそれがある個人データに係る本人の数（３号）
- 原因（４号）
- 二次被害又はそのおそれの有無及びその内容（５号）
- 本人への対応の実施状況（６号）
- 公表の実施状況（７号）
- 再発防止のための措置（８号）
- その他参考となる事項（９号）

個人情報保護法施行規則７条では、以下の事項を報告対象事態と定めており、①から③の場合は、１件以上の個人データの漏えい等またはその発生したおそれがある場合でも漏えい等報告の対象となります。これに対して、④の場合は、1,000件以上の漏えい等またはその発生したおそれがある場合に漏えい等報告の対象となります。

① 要配慮個人情報を含む個人データの漏えい等の発生（発生のおそれも）
② 財産的被害が発生するおそれがある個人データの漏えい等の発生（発生のおそれも）（例：クレジットカード番号やインターネットバンキングのID・パスワード等）
③ 不正目的のおそれによる個人データの漏えい等の発生（発生のおそれも）（例：不正アクセスや従業員による持ち出し等）
④ 個人データの性質・内容、漏えい等の態様を問わず、大規模な個人データの漏えい等の発生（発生のおそれも）

解説

1 報告の対象となる事態（法26条1項、規則7条、通則編ガイドライン3-5-3-1）

個人情報取扱事業者は、次の①から④に掲げる事態（以下「**報告対象事態**」といいます。）を知ったときは、個人情報保護委員会に報告しなければなりません。

①要配慮個人情報が含まれる個人データの漏えい等が発生し、または発生したおそれがある事態（規則7条1号）
②不正に利用されることにより財産的被害が生じるおそれがある個人データの漏えい等が発生し、または発生したおそれがある事態（同条2号）
③不正の目的をもって行われたおそれがある個人データの漏えい等が発生し、または発生したおそれがある事態（同条3号）
④個人データに係る本人の数が千人を超える漏えい等が発生し、または発生したおそれがある事態（同条4号）

ただし、上記①から④のいずれの事態でも、「**高度な暗号化その他の個人の権利利益を保護するために必要な措置を講じた個人データ**」については、漏えい等報告が不要です（規則7条1号）。

なお、報告対象事態に該当しない漏えい等事案であっても、個人情報取扱事業者は個人情報保護委員会に任意に報告することができます。

上記①から④のいずれの場合も「**個人データ**」の「**漏えい、滅失または毀損**」（「**漏えい等**」）が「**発生した事態**」、または「**発生したおそれがある事態**」が対象となっています。

上記①から③の場合は、**1件以上**の個人データの漏えい等またはその発生したおそれがある事態でも漏えい等報告の対象となります。

これに対して、上記④の場合は、**1,000件以上**の漏えい等またはその発生したおそれがある事態に漏えい等報告の対象となります。

報告対象事態における「**おそれ**」については、その時点で判明している事実関係に基づいて個別の事案ごとに蓋然性を考慮して判断することとなります。漏えい等が発生したおそれについては、その時点で判明している事実関係からして、漏えい等が疑われるものの漏えい等が生じた確証がない場合がこれに該当します。

なお、本人通知が必要となる場合も個人情報保護委員会への報告を要する事態が生じた場合と同一です（規則10条）。

■漏えい等報告・本人通知が必要となる場合

事態の類型	漏えい等報告・本人通知が必要となる場合	件数	例外
個人データの性質	要配慮個人情報の漏えい等（発生のおそれも）（規則７条１号）	１件以上	高度な暗号化その他の個人の権利利益を保護するために必要な措置を講じた個人データ
個人データの内容	財産的被害が発生するおそれがある場合の漏えい等（発生のおそれも）（例：クレジットカード番号やインターネットバンキングのID・パスワード等）（同条２号）		
漏えい等の態様	不正目的のおそれによる漏えい等（発生のおそれも）（例：不正アクセスや従業員による持ち出し等）（同条３号）		
大規模な漏えい	個人データの性質・内容、漏えい等の態様を問わず、大規模な個人データの漏えい等（発生のおそれも）（同条４号）	1,000件以上	

なお、報告対象事態に該当しない場合であっても、個人情報保護委員会への報告を行うことは可能です。この場合、報告書の様式における「規則７条各号該当性」については、「非該当（上記に該当しない場合の報告）」として報告を行うこととなります（民間分野QA6-15）。

（１）要配慮個人情報が含まれる個人データの漏えい等が発生し、または発生したおそれがある事態（規則７条１号）

機微性は様々ですが、特に要配慮個人情報は、その取扱いによっては差別や偏見が生じるおそれがあり、漏えい等による個人の権利利益に対する影響が大きいため報告対象事態とされました。

【報告を要する事例】

事例１

病院における患者の診療情報や調剤情報を含む個人データを記録したUSBメモリーを紛失した場合

事例２

従業員の健康診断等の結果を含む個人データが漏えいした場合

医療機関において、健康診断の結果等を誤って本人以外の者に交付した場合には、健康診断の結果等の要配慮個人情報が含まれる個人データを漏えいした場合に該当するため、件数にかかわらず報告対象となります（民間分野QA6-7）。

（2）不正に利用されることにより財産的被害が生じるおそれがある個人データの漏えい等が発生し、または発生したおそれがある事態（規則7条2号）

漏えい等によってクレジットカード番号等が不正利用される事案は、従前から大きな問題となっています。このように、財産的被害が発生するおそれがある場合（例：クレジットカード番号やインターネットバンキングのID・パスワード等の漏えい等）は、個人の権利利益に対する影響が大きいため報告対象事態とされました。

財産的被害が生じるおそれについては、対象となった個人データの性質・内容等を踏まえ、財産的被害が発生する蓋然性を考慮して判断します。

【報告を要する事例】

事例1

ECサイトからクレジットカード番号を含む個人データが漏えいした場合

事例2

送金や決済機能のあるウェブサービスのログインIDとパスワードの組み合わせを含む個人データが漏えいした場合

「不正に利用されることにより財産的被害が生じるおそれがある」とは、漏えい等した個人データを利用し、本人になりすまして財産の処分が行われる場合が想定されています。

したがって、以下の個人データの漏えいは、ただちに「財産的被害が生じるおそれがある漏えい等」に該当しないと考えられます（令和2年改正時のガイドラインパブコメ回答（概要）6番）。

- 個人データである銀行口座情報のみが漏えいした場合
- 購買履歴のみが漏えいした場合

個人データであるクレジットカード番号のみの漏えいでも暗証番号やセキュリティコードが割り出されるおそれがあるため、「不正に利用されることにより財産的被害が生じるおそれがある個人データの漏えい等」に該当すると考えられます。なお、個人データであるクレジット番号のうち、下4桁のみとその有効期限の組合せが漏えいした場合や個人データである購買履歴が漏えいした場合は、直ちに「財産的被害が生じるおそれがある漏えい等」に該当しないと考えられます（民間分野QA6-10）。

クレジットカードまたはデビットカードを誤って第三者に郵送した場合、当該カードを発行した個人情報取扱事業者において、「不正に利用されることにより財産的被害が生じるおそれがある個人データの漏えい等」に該当すると考えられます。なお、クレジットカードまたはデビットカードが同封された郵便物が未開封のまま回収された場合には、通常、漏えいに該当せず、報告対象となりません（民間分野QA6-11）。

個人データである銀行口座情報のみの漏えいは、直ちに「不正に利用されることにより財産的被害が生じるおそれがある個人データの漏えい等」に該当しないと考えられます。なお、銀行口座情報がインターネットバンキングのログインに用いられている場合であって、銀行口座情報とインターネットバンキングのパスワードの組合せが漏えいした場合には、「不正に利用されることにより財産的被害が生じるおそれがある個人データの漏えい等」に該当すると考えられます（民間分野QA6-12）。

「不正に利用されることにより財産的被害が生じるおそれがある個人データの漏えい等」（規則7条2号）について、漏えい等事案を知った時点において、財産的被害が生じるおそれがある場合は、その後の被害防止措置により財産的被害が生じるおそれがなくなったとしても、報告対象となると考えられます（民間分野QA6-13）。

（3）不正の目的をもって行われたおそれがある個人データの漏えい等が発生し、または発生したおそれがある事態（規則7条3号）

過失により生じたものと故意により生じたものでは、個人の権利利益に対する影響が異なり、故意によるもの（例：不正アクセスや従業員による持ち出し等）は、類型的に二次被害が発生するおそれが大きいため報告対象事態とされました。

「不正の目的をもって」漏えい等を発生させた主体には、第三者のみならず、従業者も含まれます。

【報告を要する事例】

事例1

不正アクセスにより個人データが漏えいした場合

事例2

ランサムウェア等により個人データが暗号化され、復元できなくなった場合

事例3

個人データが記載または記録された書類・媒体等が盗難された場合

事例4

従業者が顧客の個人データを不正に持ち出して第三者に提供した場合

「事例１　不正アクセスにより個人データが漏えいした場合」に関連して、サイバー攻撃の事案について、「漏えい」が発生したおそれがある事態に該当し得る事例としては、例えば、次の①から④が考えられます。

① 個人データを格納しているサーバや、当該サーバにアクセス権限を有する端末において外部からの不正アクセスによりデータが窃取された痕跡が認められた場合
② 個人データを格納しているサーバや、当該サーバにアクセス権限を有する端末において、情報を窃取する振る舞いが判明しているマルウェアの感染が確認された場合
③ マルウェアに感染したコンピュータに不正な指令を送り、制御するサーバ（C&Cサーバ）が使用しているものとして知られているIPアドレス・FQDN[8]への通信が確認された場合
④ 不正検知を行う公的機関、セキュリティ・サービス・プロバイダ、専門家等の第三者から、漏えいのおそれについて、一定の根拠に基づく連絡を受けた場合

上記②については、単にマルウェアを検知したことをもって直ちに漏えいのおそれがあると判断するものではなく、防御システムによるマルウェアの実行抑制の状況、外部通信の遮断状況等についても考慮することとなります（民間分野QA6-14）。

「事例４　従業者が顧客の個人データを不正に持ち出して第三者に提供した場合」に関連して、「漏えい」が発生したおそれがある事態に該当し得る事例としては、例えば、個人データを格納しているサーバや、当該サーバにアクセス権限を有する端末において、通常の業務で必要としないアクセスによりデータが窃取された痕跡が認められた場合が考えられます。

（４）個人データに係る本人の数が1,000人を超える漏えい等が発生し、または発生したおそれがある事態（規則７条４号）

上記（1）から（3）に該当しない事案であっても、一定数以上の大規模な漏えい

8 「FQDN」とは、Fully Qualified Domain Nameの略語で、DNS（Domain Name System）などのホスト名、ドメイン名などすべてを省略せずに指定した記述形式のこと。例えば、「www.daiichihoki.co.jp」はホスト名「www」とドメイン名「daiichihoki.co.jp」をすべて揃えたFQDNである。

等については、安全管理措置の観点から特に問題があると考えられています。

「大規模な漏えい等」の「一定数以上」については、これまでに発生した漏えい等事案について、件数の分布や事案の傾向等を踏まえて、基準が検討されました。そして、過去の漏えい等事案の件数の分布と、件数別の事案の傾向（1,000人を超える事案では、安全管理措置に大きな問題がある傾向にある）を踏まえて、1,000人が報告対象事態の基準とされました。

「個人データに係る本人の数」は、当該個人情報取扱事業者が取り扱う個人データのうち、漏えい等が発生し、または発生したおそれがある個人データに係る本人の数をいいます。

「個人データに係る本人の数」について、事態が発覚した当初1,000人以下であっても、その後1,000人を超えた場合には、1,000人を超えた時点で規則７条４号に該当することとなります。本人の数が確定できない漏えい等において、漏えい等が発生したおそれがある個人データに係る本人の数が最大1,000人を超える場合には、規則７条４号に該当します。

【報告を要する事例】

事例

システムの設定ミス等によりインターネット上で個人データの閲覧が可能な状態となり、当該個人データに係る本人の数が1,000人を超える場合

（５）報告を要しない高度な暗号化等の秘匿化がなされている場合

上記（１）から（４）のいずれの報告対象事態に該当する場合であっても、「高度な暗号化その他の個人の権利利益を保護するために必要な措置を講じた個人データ」については、漏えい等報告が不要です（規則７条１号）。

暗号化については、漏えい等が発生した場合においても、権限のない第三者が見読することを困難にする措置として有効であり、改正前の告示に基づく報告制度においても、「高度な暗号化等の秘匿化」がされた個人データは報告の対象外とされています。また、改正法において、「仮名加工情報である個人データ」は、漏えい等報告の対象外となっています。そこで、高度な暗号化等の秘匿化がされた個人データについては、漏えい等報告・本人通知の対象外とされました。

報告を要しない「漏えい等が発生し、または発生したおそれがある個人データについて、高度な暗号化等の秘匿化がされている場合」に該当するためには、当該漏えい等事案が生じた時点の技術水準に照らして、漏えい等が発生し、または発生したおそ

れがある個人データについて、これを第三者が見読可能な状態にすることが困難となるような暗号化等の技術的措置が講じられるとともに、そのような暗号化等の技術的措置が講じられた情報を見読可能な状態にするための手段が適切に管理されていることが必要と解されます（民間分野QA6-16）。

第三者が見読可能な状態にすることが困難となるような暗号化等の技術的措置としては、適切な評価機関等により安全性が確認されている電子政府推奨暗号リストやISO/IEC18033等に掲載されている暗号技術が用いられ、それが適切に実装されていることが考えられます。

また、暗号化等の技術的措置が講じられた情報を見読可能な状態にするための手段が適切に管理されているといえるためには、①暗号化した情報と復号鍵を分離するとともに復号鍵自体の漏えいを防止する適切な措置を講じていること、②遠隔操作により暗号化された情報もしくは復号鍵を削除する機能を備えていること、または③第三者が復号鍵を行使できないように設計されていることのいずれかの要件を満たすことが必要と解されます。

テンプレート保護技術を施した個人識別符号について、高度な暗号化等の秘匿化がされており、かつ、当該個人識別符号が漏えいした場合に、漏えいの事実を直ちに認識し、テンプレート保護技術に用いる秘匿化のためのパラメータを直ちに変更するなど漏えいした個人識別符号を認証に用いることができないようにしている場合には、「高度な暗号化その他の個人の権利利益を保護するために必要な措置」を講じていることとなるため、報告は不要と考えられます（民間分野QA6-17）。

2 個人情報保護委員会への報告は誰が行うか（通則編ガイドライン3-5-3-2）

漏えい等報告の義務を負う主体は、漏えい等が発生し、または発生したおそれがある個人データを取り扱う個人情報取扱事業者です。

個人データの取扱いを委託している場合においては、委託元と委託先の双方が個人データを取り扱っていることとなるため、報告対象事態に該当する場合には、原則として委託元と委託先の双方が報告する義務を負います。この場合、委託元および委託先の連名で報告することができます。

なお、委託先が、報告義務を負っている委託元に当該事態が発生したことを通知したときは、委託先は報告義務を免除されます（法26条１項ただし書、下記④参照）。

また、個人データの取扱いを委託している場合であっても、委託元が委託先に報告対象事態が発生した個人データの取扱いを委託しておらず、委託元のみが取り扱っている個人データについては、報告対象事態が発生した場合であっても、委託先は報告義務を負わず、委託元のみが報告義務を負うこととなります（民間分野QA6-18）。

クラウドサービス提供事業者が、個人データを取り扱わないこととなっている場合において、報告対象となる個人データの漏えい等が発生したときには、クラウドサービスを利用する事業者が報告義務を負います。この場合、クラウドサービス提供事業者は、法26条１項の報告義務を負いませんが、クラウドサービスを利用する事業者が安全管理措置義務および同項の報告義務を負っていることを踏まえて、契約等に基づいてクラウドサービスを利用する事業者に対して通知する等、適切な対応を行うことが求められます（民間分野QA6-19）。

配送事業者は、通常、配送を依頼された中身の詳細については関知しないことから、当該配送事業者との間で特に中身の個人データの取扱いについて合意があった場合等を除き、当該個人データに関しては取扱いの委託をしているものではないと解されます。

そのため、当該配送事業者の誤配送により報告対象となる個人データの漏えいが発生したときには、配送事業者を利用した個人情報取扱事業者が報告義務を負います。この場合、配送事業者は、法26条１項の報告義務を負いませんが、配送事業者を利用する事業者が安全管理措置義務および同項の報告義務を負っていることを踏まえて、契約等に基づいて、配送事業者を利用する事業者に対して通知する等、適切な対応を行うことが求められます（民間分野QA6-20）。

3　個人情報保護委員会への報告（法26条１項、規則８条）

個人情報保護法施行規則では下記のとおり、速報・確報として報告期限と報告内容が定められています。

報告の種類	報告期限	報告内容
速報	速やかに（おおむね３～５日）	その時点で把握している事項
確報	原則：事態を知った日から30日 ※不正の目的をもって行われた行為による漏えい等については、事態を知った日から60日	報告が求められる事項についてすべて報告をする

（１）報告事項（規則８条１項、通則編ガイドライン3-5-3-3）

規則８条１項各号では以下の①から⑨の事項が個人情報保護委員会への報告事項とされています。報告書の様式（規則別記様式第一（第８条第３項関係））では、それぞれの報告事項についてさらに下記の細目を定めています。

①概要（規則８条１項１号）

当該事態の概要について、(i)発生日、(ii)発覚日、(iii)発生事案、(iv)発見者、(v)規則７条各号該当性、(vi)委託元および委託先の有無、(vii)事実経過（概要・発覚の経緯・発覚後の事実経過（時系列））、(viii) 外部機関による調査の実施状況（規則7条3号に該当する場合のみ記載）を記載します。

②漏えい等が発生し、または発生したおそれがある個人データの項目（同項2号）

漏えい等が発生し、または発生したおそれがある個人データの項目について、媒体（紙、電子媒体、その他）、種類（顧客情報、従業員情報、その他）、項目（氏名、生年月日、性別、住所、電話番号、メールアドレス、クレジットカード情報、パスワード、その他）とともに報告します。

③漏えい等が発生し、または発生したおそれがある個人データに係る本人の数（同項3号）

漏えい等が発生し、または発生したおそれがある個人データに係る本人の数（人数／うちクレジットカード情報を含む人数）について報告します。

④原因（同項4号）

当該事態が発生した原因について、(i) 主体（報告者、委託先、不明）、(ii) 原因（不正アクセス（攻撃箇所・攻撃手法）、誤交付、誤送信（メールを含む）、誤廃棄、紛失、盗難、従業員不正、その他）、(iii) 詳細について報告します。

⑤二次被害またはそのおそれの有無およびその内容（同項5号）

当該事態に起因して発生する (i) 二次被害の有無（不明の場合はその旨）、(ii) 詳細について報告します。

「二次被害」には、次のような事項が考えられます（民間分野QA6-22）。

事例1）クレジットカードの不正利用
事例2）ポイントサービスにおけるポイントの不正利用
事例3）漏えいしたメールアドレス宛てに第三者が不審なメール・詐欺メールを送信すること

⑥本人への対応の実施状況（同項6号）

当該事態を知った後、本人に対して行った措置（通知を含みます。）の (i) 実施状況（対応済（対応中）／対応予定／予定なし）、(ii) 詳細（予定なしの場合は理由を記載）について報告します。

⑦公表の実施状況（同項7号）

当該事態に関する公表の実施状況について報告します。具体的には、(i) 事案の公表（実施済（公表日））／実施予定（公表予定日）／検討中／予定なし、(ii) 公表の方法（ホームページに掲載／記者会見／報道機関等への資料配布／その他）、(iii) 公表文について報告します。

⑧再発防止のための措置（同項8号）

漏えい等事案が再発することを防止するために講ずる措置について、実施済みの措置、今後実施予定の措置（長期に講ずる措置・完了予定時期を含みます。）に分けて報告します。

⑨その他参考となる事項（同項9号）

上記①から⑧の事項を補完するため、個人情報保護委員会が当該事態を把握する上で参考となる事項を報告します。

「その他参考となる事項」には、以下のような事項が考えられます（民間分野QA6-23）。

事例1）他の行政機関等への報告状況（捜査機関への申告状況も含む。）
事例2）外国の行政機関等への報告状況
事例3）当該個人情報取扱事業者が上場会社である場合、適時開示の実施状況・実施予定
事例4）既に報告を行っている漏えい等事案がある中で、同時期に別の漏えい等事案が発生した場合には、両者が別の事案である旨

個人情報保護委員会への漏えい等報告については、上記①から⑨に掲げる事項を、原則として、個人情報保護委員会のホームページの報告フォームに入力する方法により行います。なお、報告先が事業所管大臣となるときは、事業所管大臣が報告方法を定めている場合にはその方法により、定めがない場合には報告書を提出する方法により報告することとなります（民間分野QA6-24）。

速報時点での報告内容については、報告をしようとする時点において把握している内容を報告すれば足ります。

（2）速報（規則8条1項、通則編ガイドライン3-5-3-3）

個人情報取扱事業者は、報告対象事態を知ったときは、速やかに、個人情報保護委員会に報告しなければなりません。個人情報保護委員会が法150条1項の規定により報告を受理する権限を事業所管大臣に委任している場合には、当該事業所管大臣に報告しなければなりません。事業所管大臣に報告する場合、報告期限は個人情報保護委員会に報告する場合と同様です。

報告期限の起算点となる「知った」時点については、個別の事案ごとに判断されますが、個人情報取扱事業者が法人である場合には、いずれかの部署が当該事態を知っ

た時点を基準とします。「速やか」の日数の目安については、個別の事案によるものの、個人情報取扱事業者が当該事態を知った時点から**おおむね３～５日以内**です。

部署内のある従業者が報告対象事態を知った時点で「部署が知った」と考えられます。なお、従業者等の不正な持ち出しの事案においては、不正な持ち出しを行った従業者等を除いた上で判断することとなります（民間分野Q6-21）。

個人情報保護委員会が事態を早急に把握する観点から、「おおむね３～５日以内」という記載の「３～５日以内」には、土日・祝日が含まれています（令和２年改正時のガイドラインパブコメ回答（概要）13番）。

（３）確報（規則８条２項、通則編ガイドライン3-5-3-4）

個人情報取扱事業者は、報告対象事態を知った日から**30日以内**（「**不正の目的をもって行われたおそれがある個人データの漏えい等が発生し、または発生したおそれがある事態**」（規則７条３号。1（４）を知った場合には**60日以内**。同号の事態に加え、同条１号・２号・４号の事態にも該当する場合も60日以内）に、当該事態に関する報告事項（上記（１）①～⑨）を個人情報保護委員会（個人情報保護委員会が法150条１項の規定により報告を受理する権限を事業所管大臣に委任している場合には、当該事業所管大臣）に報告しなければなりません。30日以内または60日以内は報告期限であり、可能である場合には、より早期に報告することが望ましいです。

「**30日以内**」とされているのは、個人情報保護委員会へのこれまでの報告実績を踏まえたものです。これに対して、「**不正の目的をもって行われたおそれがある個人データの漏えい等が発生し、または発生したおそれがある事態**」について「**60日以内**」とされているのは、不正アクセス事案等の不正の目的をもって行われた行為による漏えい等については、専門的な調査が必要となることから、他の事案よりも時間的猶予を認めたものです。

報告期限の起算点となる「知った」時点については、速報と同様に、個人情報取扱事業者が法人である場合には、いずれかの部署が当該事態を知った時点を基準とし、確報の報告期限の算定にあたっては、その時点を１日目とします。速報の時点ですべての事項を報告できる場合には、１回の報告で速報と確報を兼ねることができます。

確報の報告期限（30日以内または60日以内）の算定にあたっては、土日・祝日も含めます。ただし、30日目または60日目が土日、祝日または年末年始閉庁日（12月29日～１月３日）の場合は、その翌日を報告期限とします（行政機関の休日に関する法律２条）。

「**確報**」においては、上記（１）①から⑨の報告事項について**すべて報告をする必要**があります。

確報を行う時点（報告対象事態を知った日から30日以内または60日以内）において、合理的努力を尽くした上で、一部の事項が判明しておらず、すべての事項を報告することができない場合には、その時点で把握している内容を報告し、判明次第、報告を追完するものとします。

4 委託元への通知による例外（法26条１項ただし書、規則９条、通則編ガイドライン3-5-3-5）

委託先の個人情報取扱事業者は、報告対象事態（規則７条各号）を知った後、速やかに、個人情報保護委員会（個人情報保護委員会が法150条１項の規定により報告を受理する権限を事業所管大臣に委任している場合には、当該事業所管大臣）への報告義務を負っている委託元の個人情報取扱事業者に対して、報告事項（上記（1）①～⑨）のうち、その時点で把握しているものを通知したときは、報告義務が免除されます。

委託元への通知については、速報としての報告と同様に、報告対象事態を知った後、速やかに行わなければなりません。「速やか」の日数の目安については、個別の事案によりますが、委託先が当該事態の発生を知った時点からおおむね３～５日以内です。

この場合、委託先から通知を受けた委託元が報告をすることとなります。委託元は、通常、遅くとも委託先から通知を受けた時点で、報告対象事態を知ったこととなり、速やかに報告を行わなければなりません。

なお、通知を行った委託先は、委託元から報告するにあたり、事態の把握を行うとともに、必要に応じて委託元の漏えい等報告に協力することが求められます。

問

個人情報保護委員会への報告対象事態に関する次の選択肢のうち、誤っているものを選びなさい。なお、「高度な暗号化その他の個人の権利利益を保護するために必要な措置を講じた個人データ」には該当しないものとします。

1　要配慮個人情報が含まれる個人データの漏えい等が発生し、または発生したおそれがある事態については、1件でも報告対象となる。

2　不正の目的をもって行われたおそれがある個人データの漏えい等が発生し、または発生したおそれがある事態については、1件でも報告対象となる。

3　個人データに係る本人の数が100人を超える漏えい等が発生し、または発生したおそれがある事態については、報告対象となる。

答

個人データに係る本人の数が「1,000人」を超える漏えい等が発生し、または発生したおそれがある事態については、報告対象となる。

正解　3

Q27 自社で取り扱う個人情報が漏えいした場合、本人にはどのように通知すればよいでしょうか？

A　個人情報保護法施行規則10条では下記の事項を通知するよう定められています。

① 概要（規則8条1項1号）
② 漏えい等が発生し、または発生したおそれがある個人データの項目（同項2号）
③ 原因（同項4号）
④ 二次被害またはそのおそれの有無およびその内容（同項5号）
⑤ その他参考となる事項（同項9号）

通知の様式は法令上定められていませんが、郵送、電子メールの送付など本人にとってわかりやすい形で通知を行うことが望ましいです。

解説

1 通知対象となる事態（規則7条・10条、通則編ガイドライン3-5-4-1）

個人情報取扱事業者は、報告対象事態（規則7条各号）が生じた場合には、個人情報保護委員会への報告に加え、本人に対しても通知を行う必要があります。

【本人通知が必要となる場合】

① 要配慮個人情報が含まれる個人データの漏えい、滅失もしくは毀損（以下「漏えい等」といいます。）が発生し、または発生したおそれがある事態（規則7条1号）
② 不正に利用されることにより財産的被害が生じるおそれがある個人データの漏えい等が発生し、または発生したおそれがある事態（例：クレジットカード番号やインターネットバンキングのID・パスワード等の漏えい等）（同条2号）
③ 不正の目的をもって行われたおそれがある個人データの漏えい等が発生し、または発生したおそれがある事態（例：不正アクセスや従業員による持ち出し等）（同条3号）
④ 個人データに係る本人の数が1,000人を超える漏えい等が発生し、または発生したおそれがある事態（同条4号）

ただし、上記①から④のいずれの場合も、「高度な暗号化その他の個人の権利利

益を保護するために必要な措置を講じた個人データ」については、本人通知は不要とされています（規則7条1号)。

2 通知の主体（通則編ガイドライン3-5-4-1）

通知義務を負う主体は、漏えい等が発生し、または発生したおそれがある個人データを取り扱う個人情報取扱事業者です。

個人データの取扱いを委託している場合において、委託先が、報告義務を負っている委託元に報告事項（規則8条）のうち、その時点で把握しているものを通知したときは、委託先は報告義務を免除されるとともに、本人への通知義務も免除されます。

3 通知のタイミング（規則10条、通則編ガイドライン3-5-4-2）

個人情報取扱事業者は、報告対象事態を知ったときは、**当該事態の状況に応じて速やか**に、本人への通知を行わなければなりません。

「**当該事態の状況に応じて速やかに**」とは、速やかに通知を行うことを求めるものですが、具体的に通知を行う時点は、個別の事案において、その時点で把握している事態の内容、通知を行うことで本人の権利利益が保護される蓋然性、本人への通知を行うことで生じる弊害等を勘案して判断します。

以下の事例１、事例２については、その時点で通知を行う必要があるとはいえないと考えられますが、「当該事態の状況に応じて速やかに」本人への通知を行うべきことに変わりはありません。

【報告対象事態を知った時点で通知を行う必要があるとはいえない事例】

事例１

インターネット上の掲示板等に漏えいした複数の個人データがアップロードされており、個人情報取扱事業者において当該掲示板等の管理者に削除を求める等、必要な初期対応が完了しておらず、本人に通知することで、かえって被害が拡大するおそれがある場合

事例２

漏えい等のおそれが生じたものの、事案がほとんど判明しておらず、その時点で本人に通知したとしても、本人がその権利利益を保護するための措置を講じられる見込みがなく、かえって混乱が生じるおそれがある場合

4 通知事項（規則10条、通則編ガイドライン3-5-4-3）

本人への通知事項は、当該本人の権利利益を保護するために必要な範囲において以下の事項（個人情報保護委員会への報告事項（規則８条））を通知（規則10条）することとされています。

①　概要（規則８条１項１号）

②　漏えい等が発生し、または発生したおそれがある個人データの項目（同項２号）

③　原因（同項４号）

④　二次被害またはそのおそれの有無およびその内容（同項５号）

⑤　その他参考となる事項（同項９号）

上記⑤の「その他参考となる事項」（規則８条１項９号）とは、本人への通知を補完するため、本人にとって参考となる事項をいい、例えば、本人が自らの権利利益を保護するために取り得る措置が考えられます。

これらの事項がすべて判明するまで本人への通知をする必要がないというものではなく、本人への通知は、「当該事態の状況に応じて速やかに」行う必要があります（上記3参照）。

本人への通知については、「本人の権利利益を保護するために必要な範囲において」行うものであります。

また、当初報告対象事態に該当すると判断したものの、その後実際には報告対象事態に該当していなかったことが判明した場合には、本人への通知が「本人の権利利益を保護するために必要な範囲において」行うものであることに鑑み、本人への通知は不要です。

【本人の権利利益を保護するために必要な範囲において通知を行う事例】

事例１

不正アクセスにより個人データが漏えいした場合において、その原因を本人に通知するにあたり、個人情報保護委員会に報告した詳細な内容ではなく、必要な内容を選択して本人に通知すること

事例２

漏えい等が発生した個人データの項目が本人ごとに異なる場合において、当該本人に関係する内容のみを本人に通知すること

5 通知の方法（通則編ガイドライン3-5-4-4）

「本人への通知」とは、本人に直接知らしめることをいい、事業の性質および個人データの取扱状況に応じ、通知すべき内容が本人に認識される合理的かつ適切な方法によらなければなりません。また、本人への通知については、その様式が法令上定められていませんが、本人にとってわかりやすい形で通知を行うことが望ましいです。

本人への通知の方法として口頭で知らせる方法も可能ですが、本人が口頭で通知を受けた内容を事後的に確認できるようにする観点から、必要に応じて書面または電子メール等による通知を併用することが望ましいと考えられます（民間分野QA6-26）。

【本人への通知の方法の事例】

事例１

文書を郵便等で送付することにより知らせること

事例２

電子メールを送信することにより知らせること

6 通知の例外（法26条２項ただし書、通則編ガイドライン3-5-4-5）

本人への通知を要する場合であっても、本人への通知が困難である場合は、本人の権利利益を保護するために必要な代替措置を講ずることによる対応が認められます。

「本人への通知が困難な場合に該当する事例」としては以下のものがあります。

【本人への通知が困難な場合に該当する事例】

事例１

保有する個人データの中に本人の連絡先が含まれていない場合

事例２

連絡先が古いために通知を行う時点で本人へ連絡できない場合

本人への通知に関し、複数の連絡手段を有している場合において、１つの手段で連絡ができなかったとしても、直ちに「本人への通知が困難である場合」に該当するものではありません。例えば、本人の連絡先として、住所と電話番号を把握しており、当該住所へ書面を郵送する方法により通知しようとしたものの、本人が居住していないとして当該書面が還付された場合には、別途電話により連絡することが考えられます（民間分野QA6-27）。

「代替措置に該当する事例」としては以下のものがあります。

【代替措置に該当する事例】

事例1

事案の公表（※1・※2）

事例2

問合せ窓口を用意してその連絡先を公表し、本人が自らの個人データが対象となっているか否かを確認できるようにすること

（※1）代替措置として事案の公表を行わない場合であっても、当該事態の内容等に応じて、二次被害の防止、類似事案の発生防止等の観点から、公表を行うことが望ましいです。

（※2）公表すべき内容は、個別の事案ごとに判断されますが、本人へ通知すべき内容を基本とします。

代替措置として、事例1の「事案の公表」にあたっては、公表することでかえって被害の拡大につながることがないように留意する必要があります。公表内容については、本人へ通知すべき内容を基本としつつ、特定の個人が識別されるおそれがある事項については、公表しないようにすることが考えられます（民間分野QA6-29）。

事例2の「問合せ窓口を用意してその連絡先を公表し、本人が自らの個人データが対象となっているか否かを確認できるようにする」場合について、問合せ窓口として、常設している個人情報の取扱いに関する相談を受け付ける窓口を利用することは可能です（民間分野QA6-28）。

本人への通知の代替措置として、事案の公表を行う場合を除き、事案の公表が義務付けられているものではありませんが、漏えい等事案の内容等に応じて、公表することが望ましいと考えられます。なお、二次被害の防止の観点から必要がないと認められる場合や、公表することでかえって被害の拡大につながる可能性があると考えられる場合には、公表を行わないことが考えられます（民間分野QA6-30）。

問

自社で取り扱う個人情報が漏えいした場合、本人に対する通知に関する次の選択肢のうち、誤っているものを選びなさい。

1　個人情報取扱事業者は、報告対象事態が生じた場合には、個人情報保護委員会への報告に加え、本人に対しても通知を行う必要がある。

2　個人情報取扱事業者は、報告対象事態を知ったときは、直ちに、本人への通知を行わなければならない。

3　本人への通知を要する場合であっても、本人への通知が困難である場合は、本人の権利利益を保護するために必要な代替措置を講ずることによる対応が認められるが、代替措置としては、問合せ窓口を用意してその連絡先を公表し、本人が自らの個人データが対象となっているか否かを確認できるようにすることも認められる。

答

個人情報取扱事業者は、報告対象事態を知ったときは、当該事態の状況に応じて速やかに、本人への通知を行わなければならない。

正解　2

Q28 自社で管理しているマイナンバー（特定個人情報）が漏えいした場合、どのような対応をすればよいでしょうか？

A 個人情報保護委員会への報告に加え、令和２年改正法により、本人への通知の規定が追加されました。「行政手続における特定の個人を識別するための番号の利用等に関する法律第二十九条の四第一項及び第二項に基づく特定個人情報の漏えい等に関する報告等に関する規則」において報告対象事案（２条）、報告対象事項・時期（３条）、他の個人番号利用事務等実施者への通知（４条）、本人に対する通知（５条）、報告の様式（別記様式）が定められます。また、「特定個人情報の適正な取扱いに関するガイドライン（事業者編）」に具体的な事例や体制整備について規定されています。

解説

1 マイナンバー（特定個人情報）の漏えい等

「行政手続における特定の個人を識別するための番号の利用等に関する法律」（平成25年法律第27号。以下「番号法」といいます。）上は特定個人情報（個人番号（マイナンバー）を含む個人情報）の漏えい等に関する報告の規定はありましたが、令和２年改正法により、報告対象事案が個人情報保護法に平仄を合わせる形で明確化される（番号法29条の４第１項）とともに、本人への通知の規定が追加されました（同条２項）。

「行政手続における特定の個人を識別するための番号の利用等に関する法律第二十九条の四第一項及び第二項に基づく特定個人情報の漏えい等に関する報告等に関する規則」（平成27年特定個人情報保護委員会規則第５号）において報告対象事案（２条）、報告対象事項・時期（３条）、他の個人番号利用事務等実施者への通知（４条）、本人に対する通知（５条）、報告の様式（別記様式）が定められています。また事業者編ガイドラインに具体的な事例や体制整備について規定されています。

2 報告対象事案

次に掲げる特定個人情報の漏えい、滅失もしくは毀損（以下「漏えい等」といいます。）が発生し、または発生したおそれがある事態は報告対象事案となります。

① 情報提供ネットワークシステムおよびこれに接続された電子計算機に記録された特定個人情報

② 個人番号利用事務実施者が個人番号利用事務を処理するために使用する情報システムにおいて管理される特定個人情報

③ 行政機関、地方公共団体、独立行政法人等および地方独立行政法人が個人番号関係事務を処理するために使用する情報システムならびに行政機関、地方公共団体、独立行政法人等および地方独立行政法人から個人番号関係事務の全部または一部の委託を受けた者が当該個人番号関係事務を処理するために使用する情報システムにおいて管理される特定個人情報

また、個人番号については、①不正の目的をもって行われたおそれのある特定個人情報の漏えい等が発生または発生するおそれのある事態のほか、②不正の利用の目的をもって、特定個人情報が利用され、または利用されたおそれがある事態、③不正の目的をもって、特定個人情報が提出され、または提出されたおそれがある事態といった、特定個人情報の不正利用目的の「漏えい等（おそれ）」のほか「利用・提供（おそれ）」であっても「**1人**」の特定個人情報に関して報告対象事態となります。

不正の目的がない場合でも「**100人**」を超える①特定個人情報の漏えい等の発生または発生のおそれのある事態、②番号法９条に違反して利用または利用のおそれのある事態、③番号法19条に違反して提供または提供のおそれのある事態が報告対象事態となります。個人情報保護法では「1,000人」が基準になっているのに対して、特定個人情報が「100人」が基準とされるのは、個人番号の重要性に鑑みたものと考えられます。

さらに、保有する特定個人情報ファイルに記録された特定個人情報が電磁的方法により「**不特定多数の者**」に閲覧され、または閲覧されるおそれがある事態も報告対象事案となります。

個人データの場合と同様に、上記のいずれの事態においても、「**高度な暗号化その他の個人の権利利益を保護するために必要な措置を講じた場合**」は報告対象事態となりません。

■個人情報保護委員会への報告対象事態

対象人数	個人データ	特定個人情報
１人でも対象となる事態	1　要配慮個人情報が含まれる個人データの漏えい等が発生し、または発生したおそれがある事態 2　不正に利用されることにより財産的被害が生じるおそれがある個人データの漏えい等が発生し、または発生したおそれがある事態	1　情報提供ネットワークシステムおよびこれに接続された電子計算機に記録された特定個人情報 2　個人番号利用事務実施者が個人番号利用事務を処理するために使用する情報システムにおいて管理される特定個人情報

1人でも対象となる事態	3　不正の目的をもって行われたおそれがある個人データの漏えい等が発生し、または発生したおそれがある事態	3　行政機関、地方公共団体、独立行政法人等および地方独立行政法人が個人番号関係事務を処理するために使用する情報システムならびに行政機関、地方公共団体、独立行政法人等および地方独立行政法人から個人番号関係事務の全部または一部の委託を受けた者が当該個人番号関係事務を処理するために使用する情報システムにおいて管理される特定個人情報 4　不正の目的をもって行われたおそれがある特定個人情報の漏えい等が発生し、または発生したおそれがある事態 5　不正の目的をもって、特定個人情報が利用され、または利用されたおそれがある事態 6　不正の目的をもって、特定個人情報が提供され、または提供されたおそれがある事態 7　個人番号利用事務実施者または個人番号関係事務実施者の保有する特定個人情報ファイルに記録された特定個人情報が電磁的方法により不特定多数の者に閲覧され、または閲覧されるおそれがある事態
100人を超える場合に対象となる事態	—	(不正の目的がない場合でも) 1　特定個人情報の漏えい等が発生し、または発生したおそれがある事態 2　特定個人情報が番号法9条の規定に反して利用され、または利用されたおそれがある事態 3　特定個人情報が番号法19条の規定に反して提供され、または提供されたおそれがある事態
1,000人を超える場合に対象となる事態	(1人でも対象となる事態以外の) 個人データの漏えい等が発生し、または発生したおそれがある事態	—

※上記のいずれの事態においても、「高度な暗号化その他の個人の権利利益を保護するために必要な措置を講じた場合」は報告対象事態とならない。

3 個人データと同じ手続・措置

漏えい等事案が発覚した場合に講ずべき措置、個人情報保護委員会への報告義務の主体、個人情報保護委員会への報告（報告時期（速報・確報）・報告事項）、本人への通知、漏えい等事案が発覚した場合に講ずべき措置は、個人データと同じです。

なお、確報のうち、「事態を知った日から60日以内」（※原則は30日以内）に提出することを要する事態は、①不正目的をもって個人データ／特定個人情報が漏えい等された場合またはそのおそれがある場合、②不正目的をもって特定個人情報が漏えい等、利用、第三者提供された場合またはそのおそれがある場合です。

個人番号を含む個人データの漏えいが発生し、番号法29条の４の報告対象に該当するとともに、法26条１項の報告対象にも該当する場合には、委託元である行政機関等（行政機関、地方公共団体の機関、独立行政法人等、地方独立行政法人）と委託先の双方の法に基づく報告を行う必要があります。この場合、個人情報保護委員会のホームページにおいて委託元である行政機関等（行政機関、地方公共団体の機関、独立行政法人等、地方独立行政法人）と委託先の双方の法に基づく報告を一括して行うためのフォームを設置していますので、これを利用することが考えられます（民間分野QA6-25）。

問　**自社で管理しているマイナンバー（特定個人情報）が漏えいした場合の対応に関する次の選択肢のうち、誤っているものを選びなさい。**

1　情報提供ネットワークシステムおよびこれに接続された電子計算機に記録された特定個人情報が漏えいした場合は、１人の漏えいであっても個人情報保護委員会への報告を要する。

2　不正の目的がない場合でも、1,000人を超える特定個人情報の漏えいが発生し、または発生したおそれがある事態の場合は、個人情報保護委員会への報告を要する。

3　保有する特定個人情報ファイルに記録された特定個人情報が電磁的方法により不特定多数の者に閲覧され、または閲覧されるおそれがある事態も報告対象事案となる。

答

不正の目的がない場合でも、「100人」を超える特定個人情報の漏えいが発生し、または発生したおそれがある事態の場合は個人情報保護委員会への報告を要する。

正解　2

Q29 公的分野（行政機関の長等）で個人情報が漏えい等した場合の対応について教えてください。

A 行政機関の長等も、民間事業者と同様に、一定の報告事態が発生した場合には個人情報保護委員会への報告や本人への通知が必要となります。

解説

1 個人情報保護委員会への報告

（1）報告対象事態

行政機関の長等（行政機関の長、地方公共団体の機関、独立行政法人等および地方独立行政法人）は、以下の事態が発生した場合には、個人情報保護委員会に報告する必要があります（法68条１項、規則43条各号）。いずれの事態も、「高度な暗号化その他の個人の権利利益を保護するために必要な措置を講じたもの」は除かれます（規則43条１号）。

① 要配慮個人情報が含まれる保有個人情報の漏えい等が発生し、または発生したおそれがある事態（規則43条１号）
② 不正に利用されることにより財産的被害が生じるおそれがある保有個人情報の漏えい等が発生し、または発生したおそれがある事態（同条２号）
③ 不正の目的をもって行われたおそれがある保有個人情報の漏えい等が発生し、または発生したおそれがある事態（同条３号）
④ 保有個人情報に係る本人の数が100人を超える漏えい等が発生し、または発生したおそれがある事態（同条４号）
⑤ 条例要配慮個人情報が含まれる保有個人情報の漏えい等が発生し、または発生したおそれがある事態（地方公共団体の機関または地方独立行政法人が法68条１項の報告を行う場合であって、当該地方公共団体の機関または地方独立行政法人に適用される条例において条例要配慮個人情報について定められているときに限ります。）（同条５号）

民間事業者（個人情報取扱事業者）は、④に相当するものとして、「個人データに係る本人の数が1,000人を超える漏えい等が発生し、または発生したおそれがある事態」（規則７条４号）が発生した場合とされている点が異なります。

（２）報告事項

行政機関の長等（行政機関の長、地方公共団体の機関、独立行政法人等および地方独立行政法人）は、個人情報保護委員会に、委員会のホームページの報告フォームに入力する方法により（報告フォームを使用することが困難であると認められる場合は、規則別記様式第六)、①概要、②漏えい等が発生し、または発生したおそれがある保有個人情報の項目、③漏えい等が発生し、または発生したおそれがある保有個人情報に係る本人の数、④原因、⑤二次被害またはそのおそれの有無およびその内容、⑥本人への対応の実施状況、⑦公表の実施状況、⑧再発防止のための措置、⑨その他参考となる事項を報告する必要があります（規則44条１項)。

（３）報告時期

個人情報保護委員会への報告としては、速報（規則44条１項）と確報（同条２項）が求められます。速報は、上記（１）の報告対象事態を知った後、速やかに（おおむね３～５日以内)、上記（２）の報告事項のうち、報告をしようとする時点において把握しているものを個人情報保護委員会に報告する必要があります（同条１項)。確報は、上記（１）の報告対象事態を知った日から30日以内（上記（１）③の場合には、60日以内）に、個人情報保護委員会に上記（２）の報告事項を報告する必要があります（同条２項)。

2　本人への通知

上記[1]（２）の報告事項が発生した場合、行政機関の長等（行政機関の長、地方公共団体の機関、独立行政法人等および地方独立行政法人）は、当該事態の状況に応じて速やかに、本人に対し、当該事態が生じた旨を通知しなければなりません（法68条２項、規則45条)。

「当該事態の状況に応じて速やかに」とは、速やかに通知を行うことを求めるものですが、具体的に通知を行う時点は、個別の事案において、その時点で把握している事態の内容、通知を行うことで本人の権利利益が保護される蓋然性、本人への通知を行うことで生じる弊害等を勘案して判断します。

（１）通知の内容

本人へ通知すべき事項については、漏えい等報告における報告事項のうち、「概要」（規則44条１項１号)、「漏えい等が発生し、又は発生したおそれがある保有個人情報の項目」（同項２号)、「原因」（同項４号)、「二次被害又はそのおそれの有無及びその内容」（同項５号）および「その他参考となる事項」（同項９号）に限られています。

（２）通知の方法

「本人への通知」とは、本人に直接知らしめることをいい、事業の性質および保有個人情報の取扱状況に応じ、通知すべき内容が本人に認識される合理的かつ適切な方法によらなければなりません。また、漏えい等報告と異なり、本人への通知については、その様式が法令上定められていませんが、本人にとってわかりやすい形で通知を行うことが望ましいです（事務対応ガイド4-4-2（４））。

【本人への通知の方法の事例】
事例１）文書を郵便で送付することにより知らせること
事例２）電子メールを送信することにより知らせること

（３）通知の例外

次のいずれかに該当するときは、本人に通知する必要はありません（法68条２項）。

① 本人への通知が困難な場合であって、本人の権利利益を保護するため必要なこれに代わるべき措置をとるとき
② 当該保有個人情報に規則78条１項各号に掲げる情報（不開示情報）のいずれかが含まれるとき

「本人への通知が困難な場合に該当する事例」「代替措置に該当する事例」は、以下のとおりです（事務対応ガイド4-4-2（５））。

【本人への通知が困難な場合に該当する事例】
事例１）保有する個人情報の中に本人の連絡先が含まれていない場合
事例２）連絡先が古いために通知を行う時点で本人へ連絡することができない場合

【代替措置に該当する事例】
事例１）事案の公表
事例２）問合せ窓口を用意してその連絡先を公表し、本人が自らの保有個人情報が対象となっているか否かを確認できるようにすること

（４）通知の主体（事務対応ガイド4-4-2（１））

通知義務を負う主体は、漏えい等が発生し、または発生したおそれがある保有個人情報を取り扱う行政機関の長等（行政機関の長、地方公共団体の機関、独立行政法人等および地方独立行政法人）です。保有個人情報の取扱いを委託している場合においては、委託元である行政機関等（行政機関、地方公共団体の機関、独立行政法人等、地方独立行政法人）と委託先の双方が保有個人情報を取り扱っていることとなるため、それぞれ通知の対象事態に該当する場合には、原則として委託元と委託先の双方が通知する義務を負います。この場合、委託元および委託先の連名で通知することができます。

問 公的分野（行政機関の長等）における個人情報が漏えい等をした場合の報告事態のうち、誤っているものを選びなさい。いずれの事態も、「高度な暗号化その他の個人の権利利益を保護するために必要な措置を講じたもの」には該当しないものとします。

1　不正に利用されることにより財産的被害が生じるおそれがある保有個人情報の漏えい等が発生し、または発生したおそれがある事態が発生した場合には個人情報保護委員会に報告する必要がある。

2　保有個人情報に係る本人の数が100人を超える漏えい等が発生し、または発生したおそれがある事態が発生した場合には、個人情報保護委員会に報告する必要がある。

3　条例要配慮個人情報が含まれる保有個人情報の漏えい等が発生し、または発生したおそれがある事態が発生した場合は、個人情報保護委員会に報告する必要はない。

答

「条例要配慮個人情報が含まれる保有個人情報の漏えい等が発生し、または発生したおそれがある事態（地方公共団体の機関または地方独立行政法人が法68条1項の報告を行う場合であって、当該地方公共団体の機関または地方独立行政法人に適用される条例において条例要配慮個人情報について定められているときに限る。）」は、報告事態となる。

正解　3

第7章

個人データの委託関係

Q30 個人情報を委託する場合、契約書にはどのようなことを盛り込む必要がありますか？

A　①秘密保持義務、②事業所内からの持ち出しの禁止、③目的外利用の禁止、④再委託における条件、⑤漏えい等事案が発生した場合の委託先の責任、⑥委託契約終了後の返却または廃棄、⑦従業者に対する監督・教育、契約内容の遵守状況について報告などの規定を設けることが考えられます。

解説

1　個人情報の委託の取扱いの規律

（1）民間事業者（個人情報取扱事業者）の個人データの委託の取扱い

個人情報保護法上、民間事業者は「個人情報取扱事業者」[9]としての規律（法16条～59条）が適用されます。

個人情報取扱事業者（法16条２項）は、個人データ[10]の取扱いの全部または一部を委託する場合は、その取扱いを委託された個人データの安全管理が図られるよう、委託を受けた者に対する**必要かつ適切な監督**を行わなければなりません（法25条）。また、個人情報取扱事業者である委託先は、自ら安全管理措置を講ずる必要があります（法23条）。なお、委託先の監督の具体的な内容については、通則編ガイドラインに規定されています。

個人情報取扱事業者が利用目的の達成に必要な範囲において個人データの取扱いの全部または一部を委託することに伴って当該個人データが提供される場合には、**「第三者」に該当しないものとして、本人の同意は不要となります**（法27条５項１号）。

9　「個人情報取扱事業者」とは、「個人情報データベース等」（特定の個人情報を電子計算機で検索、または、容易に検索できるように体系的に構成したもの）（法16条１項）を事業の用に供している者であって、①国の機関、②地方公共団体、③独立行政法人等、④地方独立行政法人以外のものをいう。

10　「個人データ」とは、「個人情報データベース等」を構成する個人情報（法16条３項）をいう。

（2）行政機関等の保有個人情報の委託の取扱い

ア　委託元の監督

行政機関の長等（行政機関の長、地方公共団体の機関、独立行政法人等および地方独立行政法人）については、個人情報保護法上、委託先の監督に関する明文は設けられていません。

もっとも、個人情報の取扱いを委託する場合は、サイバーセキュリティに関する対策の基準等を参考に、委託先によるアクセスを認める情報および情報システムの範囲を判断する基準や委託先の選定基準を整備するとともに、委託先との契約において安全管理措置のために必要な条項（委託先における情報管理に関する条項、再委託先の選定に関する条項、委託先に対する監査に関する条項等）を盛り込んだ上で、定期的な監査を行う等、委託先に対して必要かつ適切な監督を行うことが考えられるとされています（法66条１項、行政機関等編ガイドライン5-3-1（１））。

また、再委託の前提となる委託関係において委託元となる行政機関等（行政機関、地方公共団体の機関、独立行政法人等、地方独立行政法人）は、委託に係る安全管理措置として、委託契約において、再委託の制限または事前承認等再委託に係る条件に関する事項を定めるなどの対応が必要となります。具体的な措置については、事務対応ガイド4-8（（別添）行政機関等の保有する個人情報の適切な管理のための措置に関する指針）に基づき、実施することが求められます（事務対応ガイド4-3-1-1（１））。

行政機関等の従業者がその業務に関して知り得た個人情報の内容をみだりに他人に知らせ、または不当な目的に利用した場合には、行政機関等（行政機関、地方公共団体の機関、独立行政法人等、地方独立行政法人）との委託契約の内容に基づき、契約の解除事由になり得ます。

イ　委託先の安全管理措置

行政機関の長等（行政機関の長、地方公共団体の機関、独立行政法人等および地方独立行政法人）の委託先事業者は、委託元の行政機関等（行政機関、地方公共団体の機関、独立行政法人等、地方独立行政法人）が負う安全管理措置に準じた安全管理措置を講じなければなりません（法66条２項１号）。

行政機関の長等（行政機関の長、地方公共団体の機関、独立行政法人等および地方独立行政法人）の安全管理措置は、①組織的安全管理措置、②人的安全管理措置、③物理的安全管理措置、④技術的安全管理措置、⑤外的環境の把握です（事務対応ガイド4-3-1-1（３））。個人情報取扱事業者と異なり、基本方針の策定は含まれません。

また、委託元の行政機関等（行政機関、地方公共団体の機関、独立行政法人等、地方独立行政法人）との間の「契約」に基づく義務も負います。上記アで掲げた内容の条項を委託契約に定めることが考えられます。

委託先が個人情報取扱事業者に該当する場合には、委託先において、個人データに関する安全管理措置を講ずべき義務（法23条）も負います。

（3）特定個人情報の委託の取扱い

特定個人情報（個人番号が含まれる個人情報）（番号法２条８項）については、個人番号利用事務等（「個人番号利用事務」[11]および「個人番号関係事務」[12]）の全部または一部の委託をする者は、当該委託に係る個人番号利用事務等において取り扱う特定個人情報の安全管理が図られるよう、当該委託を受けた者に対する**必要かつ適切な監督**を行わなければなりません（番号法11条）。委託先の監督の具体的な内容は事業者編ガイドラインに定められています。

個人番号利用事務等の全部または一部の委託を受けた者は、**当該個人番号利用事務等の委託をした者の許諾を得た場合**に限り、その全部または一部の再委託をすることができます（番号法10条１項）。

特定個人情報の提供は原則として禁止されますが、**特定個人情報の取扱いの全部もしくは一部の委託又は合併その他の事由による事業の承継に伴い特定個人情報を提供するときは**（※本人の同意がなくても）**提供が可能です**（番号法19条６号）。

2　委託契約に盛り込むべき内容

個人データの委託の取扱いに関する委託契約に盛り込むべき条項（努力義務）として、ガイドラインにおいては、①当該個人データの取扱いに関する、必要かつ適切な安全管理措置として、委託元、委託先双方が同意した内容、②委託先における委託された個人データの取扱状況を委託元が合理的に把握すること、③再委託の許諾の条件（事前報告または承認）が掲げられています（通則編ガイドライン3-4-4）。

特定個人情報の委託の取扱いに関する委託契約に盛り込むべき事項としては、(a) 秘密保持義務、(b) 事業所内からの特定個人情報の持ち出しの禁止、(c) 特定個人情報の目的外利用の禁止、(d) 再委託における条件、(e) 漏えい等事案が発生した場合

---

11 「個人番号利用事務」とは、行政機関、地方公共団体、独立行政法人等その他の行政事務を処理する者が番号法により認められた利用目的（番号法９条１項～３項）によりその保有する特定個人情報ファイルにおいて個人情報を効率的に検索し、および管理するために必要な限度で個人番号を利用して処理する事務をいう（同法２条10項）。

12 「個人番号関係事務」とは、番号法で認められた利用目的（番号法９条４項）の範囲内で、民間事業者等が個人番号を取り扱うことができる事務であって、個人番号利用事務に関して行われる他人の個人番号を必要な限度で利用して行う事務をいう（同法２条11項）。

の委託先の責任、(f) 委託契約終了後の特定個人情報の返却または廃棄、(g) 従業者に対する監督・教育、(h) 契約内容の遵守状況についての報告が義務事項として掲げられています。また、努力義務事項としては、(i) 特定個人情報を取り扱う従業者の明確化、(ii) 委託元が委託先に対して実地の調査を行うことができる規定が掲げられています。(事業者編ガイドライン第4-2-(1) 1B)

特定個人情報以外の個人データの委託契約においても上記の (a) ～ (c)・(e)・(f)、(i)・(ii) に相当する個人情報の取扱いに関する規定を盛り込むことを検討すべきでしょう。

①秘密保持義務
②事業所内からの持ち出しの禁止
③目的外利用の禁止
④再委託における条件(事前報告または承認)
⑤漏えい等事案が発生した場合の委託先の責任
⑥委託契約終了後の返却または廃棄
⑦従業者に対する監督・教育
⑧契約内容の遵守状況について報告
⑨個人情報を取り扱う従業者の明確化
⑩委託者が委託先に対して実地の調査を行うことができる規定

なお、行政機関等(行政機関、地方公共団体の機関、独立行政法人等、地方独立行政法人)が保有個人情報の取扱いを委託する場合に委託契約の内容となるべき事項については、Q12を参照してください。

問

個人情報の取扱いの委託に関する次の選択肢のうち、誤っているものを選びなさい。

1　個人情報取扱事業者が利用目的の達成に必要な範囲において個人データの取扱いの全部または一部を委託することに伴って当該個人データが提供される場合には、「第三者」に該当しないものとして、本人の同意は不要となる。

2　行政機関の長等の委託先事業者は、自己のレベルに応じた安全管理措置に準じた安全管理措置を講じればよい。

3　個人番号利用事務等の全部または一部の委託を受けた者は、当該個人番号利用事務等の委託をした者の許諾を得た場合に限り、その全部または一部の再委託をすることができる。

答

行政機関の長等（行政機関の長、地方公共団体の機関、独立行政法人等および地方独立行政法人）の委託先事業者は、委託元の行政機関等（行政機関、地方公共団体の機関、独立行政法人等、地方独立行政法人）が負う安全管理措置に準じた安全管理措置を講じなければならない。

正解　2

Q31 個人情報の取扱いの委託先は統計情報や匿名加工情報を独自に作成することはできますか？また、委託に伴って委託元から提供された個人データを、独自に取得した個人データまたは個人関連情報と本人ごとに突合することはできますか？

A　個人情報の取扱いの委託先は統計情報や匿名加工情報を独自に作成することはできません。また、独自に委託に伴って委託元から提供された個人データを、独自に取得した個人データまたは個人関連情報と本人ごとに突合することはできません。

解説

個人情報保護法上は、「個人情報の全部または一部の取扱いの委託」についての定義はありません。通則編ガイドラインでは、「個人データの取扱いの委託」とは、契約の形態・種類を問わず、個人情報取扱事業者が他の者に個人データの取扱いを行わせることをいうとされています。具体的には、個人データの入力（本人からの取得を含みます。）、編集、分析、出力等の処理を行うことを委託すること等が想定されます（通則編ガイドライン3-4-4（※1））。

従前は、個人データの取扱いの委託先が業務範囲外で委託を受けた個人データから統計情報や匿名加工情報を作成・利用するケースが散見されました。

これに対して、個人情報保護委員会は、**委託された業務の範囲外で委託先が当該加工を行い、作成された統計情報や匿名加工情報を自社のために用いることはできない**ことを明確化しました（民間分野QA7-38、15-19）。

また、委託先は、複数の委託元から委託を受けた個人データを本人ごとに突合することはできず、突合して得られた個人データから統計情報や匿名加工情報を作成することもできない（いわゆる「混ぜ合わせの禁止」）ことも明確化されました（民間分野QA7-43、15-18）。

同様に、委託先は、委託に伴って委託元から提供された個人データを、独自に取得した個人データまたは個人関連情報と本人ごとに突合することはできず、委託先で新たな項目を付加してまたは内容を修正して委託元に戻すこともできないことも明確化されました（民間分野QA7-41、7-42）。

ただし、委託先は、委託元の利用目的の達成に必要な範囲内である限りにおいて、委託元から提供された個人データを、自社の分析技術の改善のために利用することができます（民間分野QA7-39）。

民間分野QA15-19により、委託先が業務の範囲外で匿名加工情報を作成することができないことが明らかになった後も、業務の範囲外で統計情報を作成することはグレーではあるものの、個人情報保護委員会が明確に禁じていなかったことから許容されるのではないかとの議論もありました。しかしながら、民間分野QA7-38によりこれができないことが明確化されました。従来から個人データを取り扱う各業界のベンダーにおいては、自社のサービスをアピールするために統計情報を作成することはよくあることであったので、業界に対するインパクトは大きいものがありました。

対応としては、これまでどおり、統計情報を作成したいベンダーには、統計情報の作成を委託するように業務委託契約書を変更または覚書を締結するという動きがありました。新たな契約においては、個人データの委託の取扱いを受ける企業においても、統計情報の作成については本人の同意を得た上で第三者提供を受けることもできますが、委託先で本人の同意を取得するのは負担でありこのような対応をするベンダーは少ないでしょう。

他方、委託する側の企業は、委託契約には以下のような条項を置くことが増えてきています。

第○条（個人データの取扱い）

1　甲は、乙から提供を受けた個人データを各契約の履行目的のみで利用するものとする。

2　甲は、乙から提供を受けた個人データを、他の者から提供を受け、または甲が独自に取得した個人データ等とは区別して保管しなければならない。

3　甲は、乙から提供を受けた個人データを、他の者から提供を受け、または甲が独自に取得した個人データ等と本人ごとに突合する処理を行ってはならない。

4　甲は、乙から提供を受けた個人データを匿名加工情報または統計情報に加工してはならない。ただし、各契約の履行目的の範囲内で、乙のために匿名加工情報または統計情報に加工する場合を除くものとする。

問　**個人情報の取扱いの委託先ができることに関する次の選択肢のうち、誤っているものを選びなさい。**

1　委託先は、委託された業務の範囲外で統計情報や匿名加工情報の作成を行い、作成された統計情報や匿名加工情報を自社のために用いることはできない。

2　委託先は、複数の委託元から委託を受けた個人データを本人ごとに突合することはできず、突合して得られた個人データから統計情報や匿名加工情報を作成することはできない。

3　委託先は、委託元の利用目的の達成に必要な範囲内である限りにおいても、委託元から提供された個人データを、自社の分析技術の改善のために利用することができない。

答

委託先は、委託元の利用目的の達成に必要な範囲内である限りにおいて、委託元から提供された個人データを、自社の分析技術の改善のために利用することができる。

正解	3

Q32 クラウドサービスは個人情報保護法上どのような扱いを受けますか？

A クラウドサービスは、個人データを取り扱わないこととなっている場合には、個人データの提供にはならず、本人の同意は不要です。また、個人データの委託にも該当せず、委託先としての監督義務はありません。

解説

クラウドサービスには多種多様な形態がありますが、クラウドサービスの利用が、本人の同意が必要な第三者提供（法27条１項）または委託（同条５項１号）に該当するかどうかは、クラウドサービスを提供する事業者において**個人データを取り扱うこととなっているのかどうか**が判断の基準となります。

当該クラウドサービス提供事業者が、当該個人データを取り扱わないこととなっている場合には、当該個人情報取扱事業者は個人データを「提供」したこととはならないため、「本人の同意」を得る必要はありません。

この場合、法25条に基づく委託先の監督義務は課されず、**クラウドサービスを利用する事業者は、自ら果たすべき安全管理措置の一環として、適切な安全管理措置を講じる**必要があります（民間分野QA7-53、7-54）。

これは、外国のクラウドサービスを利用した場合も同様です（民間分野QA12-3）が、個人情報取扱事業者は、自ら果たすべき安全管理措置の一環として、適切な安全管理措置を講じる必要があり、「保有個人データの安全管理のために講じた措置」のひとつである「外的環境の把握」として、クラウドサービス提供事業者が所在する外国の名称および個人データが保存されるサーバが所在する外国の名称を明らかにし、当該外国の制度等を把握した上で講じた措置の内容を本人の知り得る状態に置く必要があります（法32条１項４号、令10条１号、民間分野QA10-25）。

「外的環境の把握」は、令和３（2021）年の「LINE問題」の際には、LINE株式会社が動画や決済情報を韓国のサーバに保管していることについて、個人情報保護法に違反していないことを前提に、「データを適切に管理する「データガバナンス」の基準では、個人情報などの重要データは国内のみで管理運用するのが鉄則とされる。」（日経新聞2021年３月21日社説）との批判もあったこと等を背景として、通則編ガイドライン改正により安全管理措置として追加されたものと考えられます。

なお、プライバシーガバナンスの観点からは、海外のクラウドサービスを利用することは推奨されていません。たとえば、「教育情報セキュリティポリシーに関するガイドライン」（文部科学省・令和４年３月一部改訂）においては、「クラウドサービスによっては、管理する情報資産やシステムについて、日本の法令が適用されないケースや、係争時における管轄裁判所が日本国外となるケースが存在し、情報資産の保全に影響することがある。クラウドサービスの選択の際には、自らの情報資産の管理に日本の法令が適用されること、係争時における管轄裁判所が日本国内となることを留意する必要がある。」と、海外のクラウドサービスの利用に消極的な記載がなされています。

問 クラウドサービスの個人情報保護法上の取扱いに関する次の選択肢のうち、誤っているものを選びなさい。

1　クラウドサービスの利用が、本人の同意が必要な第三者提供または委託に該当するかどうかは、クラウドサービスを提供する事業者において個人データを取り扱うこととなっているのかどうかが判断の基準となる。

2　委託元の個人情報取扱事業者は、委託先のクラウドサービスを提供する事業者が個人データを取り扱わない場合には、個人情報保護法に基づく委託先の監督義務は課されず、クラウドサービスを利用する事業者は、自ら果たすべき安全管理措置の一環として、適切な安全管理措置を講じる必要がある。

3　個人情報取扱事業者は、自ら果たすべき安全管理措置の一環として、適切な安全管理措置を講じる必要があり、「保有個人データの安全管理のために講じた措置」のひとつである「外的環境の把握」として、クラウドサービス提供事業者が所在する外国の名称および個人データが保存されるサーバが所在する外国の名称を明らかにする必要はない。

答

個人情報取扱事業者は、自ら果たすべき安全管理措置の一環として、適切な安全管理措置を講じる必要があり、「保有個人データの安全管理のために講じた措置」のひとつである「外的環境の把握」として、クラウドサービス提供事業者が所在する外国の名称および個人データが保存されるサーバが所在する外国の名称を明らかにし、当該外国の制度等を把握した上で講じた措置の内容を本人の知り得る状態に置く必要がある（法32条1項4号、令10条1号、民間分野QA10-25）。

正解　3

第8章

「同意」関係

Q33 個人情報保護法の「本人の同意」はどのような場合に求められますか？

A 民間事業者（個人情報取扱事業者）については、①目的外利用する場合、②要配慮個人情報を取得する場合、③個人データを第三者に提供する場合に「本人の同意」が必要です。行政機関の長等については、利用目的以外の目的で利用・提供する場合の手段のひとつとして「本人の同意」が認められています。

解説

（1）民間事業者（個人情報取扱事業者）

個人情報保護法上、民間事業者（個人情報取扱事業者）が本人の（事前の）同意を必要とする場合は、以下のとおりです。

個人情報（個人データ）の利用・提供については、「本人の同意」が重要な意味を持っています。

① 個人情報取扱事業者が特定された利用目的の達成に必要な範囲を超えて個人情報を取り扱う場合（目的外利用の場合）（法18条１項）

※法18条３項各号の例外あり。

② 個人情報取扱事業者が要配慮個人情報を取得する場合（法20条２項）

※法20条２項各号の例外あり。

③ 個人情報取扱事業者が、個人データを第三者に提供する場合（法27条１項）

※法23条１項各号の例外、２項のオプトアウト、５項各号の第三者に該当しない場合の例外あり。

④ 個人情報取扱事業者が、個人データを第三者に提供する場合は「外国にある第三者への提供を認める旨の本人の同意」が必要（法28条）

※法27条１項各号の例外等あり。

（2）プライバシーマークの規格において「本人の同意」が必要な場合

JISQ15001：2017（プライバシーマークの規格）を適用している個人情報取扱事業者は、上記（1）の場合に加えて、本人から書面に記載された個人情報を直接取得する場合は、以下の事項を、あらかじめ、書面によって本人に明示し、書面により同意を取得する必要があります。

a）組織の名称または氏名
b）個人情報保護管理者（もしくはその代理人）の氏名または職名、所属および連絡先
c）利用目的
d）個人情報を第三者に提供することが予定される場合の以下の事項
－　第三者に提供する目的
－　提供する個人情報の項目
－　提供の手段または方法
－　当該情報の提供を受ける者または提供を受ける者の組織の種類、および属性
－　個人情報の取扱いに関する契約がある場合はその旨
e）個人情報の取扱いの委託を行うことが予定される場合には、その旨
f）保有個人データの利用目的の通知・保有個人データまたは第三者提供記録の開示・保有個人データの訂正、追加または削除、利用または提供の拒否権に該当する場合には、その請求等に応じる旨および問合せ窓口
g）本人が個人情報を与えることの任意性および当該情報を与えなかった場合に本人に生じる結果
h）本人が容易に知覚できない方法によって個人情報を取得する場合には、その旨

法21条２項では、個人情報取扱事業者は、本人から直接書面（電磁的記録を含みます。）に記載された当該本人の個人情報を取得する場合は、あらかじめ、本人に対し、その利用目的を明示しなければなりませんが、本人の同意までは求められません。

（3）行政機関の長等（行政機関の長、地方公共団体の機関、独立行政法人等および地方独立行政法人）

行政機関の長等（行政機関の長、地方公共団体の機関、独立行政法人等および地方独立行政法人）については、特定された利用目的の範囲内での保有個人情報の利用または提供については、本人の同意は必要ありません（法69条１項の反対解釈）。

これに対して、以下のいずれかに該当する場合には、利用目的以外の目的のために保有個人情報を利用または提供をすることができます（法69条２項各号）。

①　本人の同意があるとき、又は本人に提供するとき（法69条２項１号）
②　行政機関等が法令の定める所掌事務又は業務の遂行に必要な限度で保有個人情報を内部で利用する場合であって、当該保有個人情報を利用することにつ

いて相当の理由があるとき（同項２号）

③　他の行政機関、独立行政法人等、地方公共団体の機関又は地方独立行政法人に保有個人情報を提供する場合において、保有個人情報の提供を受ける者が、法令の定める事務又は業務の遂行に必要な限度で提供に係る個人情報を利用し、かつ、当該個人情報を利用することについて相当の理由があるとき（同項３号）

④　①〜③に掲げる場合のほか、専ら統計の作成又は学術研究の目的のために保有個人情報を提供するとき、本人以外の者に提供することが明らかに本人の利益になるとき、その他保有個人情報を提供することについて特別の理由があるとき（同項４号）

すなわち、「本人の同意」は、利用目的以外の目的のための保有個人情報の利用・提供を認めるためのひとつの手段であるという位置づけです。なお、これらは「暫定的」な利用方法であり、「恒常的」な利用をするためには、「利用目的の変更」（法61条３項）をすることにより、特定した利用目的の範囲内としなければなりません。

また、保有個人情報を利用目的以外の目的のために自ら利用または提供することによって、本人または第三者の権利利益を不当に侵害するおそれがあると認められるときは、本人の同意があったとしても、利用・提供が認められません（法69条２項ただし書）。

このように、行政機関の長等（行政機関の長、地方公共団体の機関、独立行政法人等および地方独立行政法人）については、民間事業者（個人情報取扱事業者）ほど「本人の同意」は重要な意味を持ちません。

問

個人情報保護法の「本人の同意」に関する次の選択肢のうち、誤っているものを選びなさい。

1　個人情報取扱事業者が特定された利用目的の達成に必要な範囲を超えて個人情報を取り扱う場合には、本人の同意が必要となる。

2　個人情報取扱事業者は、本人から直接書面（電磁的記録を含む）に記載された当該本人の個人情報を取得する場合は、あらかじめ、本人から同意を取得する必要がある。

3　行政機関の長等については、特定された利用目的の範囲内での保有個人情報の利用または提供については、本人の同意は必要ない。

答

個人情報取扱事業者は、本人から直接書面（電磁的記録を含む）に記載された当該本人の個人情報を取得する場合は、あらかじめ、利用目的を明示する必要があるが同意は不要である（法21条2項）。

正解　2

Q34 「本人の同意」にはどのような条件が求められますか？GDPRと比べてどうですか？

A GDPRではデータ主体の同意について、①任意性、②特定性、③情報提供を受けた上でかつ④データ主体の明確な意思表示であること、⑤データ主体の明らかな積極的行為によることが求められています。これに対して、個人情報保護法においては、包括的な同意でも認められており、GDPRのデータ主体の同意の条件に比べて緩やかです。

解説

1 GDPRにおける「本人の同意」の条件

GDPRでは、データ主体の「同意」とは、①自由に与えられており（同意の任意性）、②特定されており（同意の特定性）、③情報提供を受けた上で、かつ④データ主体の明確な意思表示であることを意味します。⑤その意思は、当該データ主体が、宣言または明らかな積極的行為によって、自己に係る個人データの処理に合意して表すものとされています（GDPR 4条11項）。

①自由に与えられていること（freely given）
②特定されていること（specific）
③情報提供を受けていること（informed consent）
④明確な意思表示であること（unambiguous）
⑤当該データ主体が、宣言または明らかな積極的行為によって、自己に係る個人データの処理に合意して表す意思表示であること

「**①自由に与えられていること**」（同意の任意性）とは、データ主体の実際の選択と制御を意味します。原則として、データ主体が真の意味での選択肢を持たず、同意することが義務である、あるいは、同意しないと否定的な結果を被ると感じる場合には、同意は有効ではないとされています。GDPRの「同意ガイドライン」では、複数の利用目的がある場合には、同意が細分化されていることを求めています。また、同意の拒否・撤回によりデータ主体が不当な不利益を被ることがないようにすることが求められます。

「**②特定されていること**」(同意の特定性)は、個人情報保護法の「利用目的の特定」(法17条1項)と同じ機能を有するものですが、GDPRの「同意ガイドライン」では個人情報保護法では求められていない「同意要求における細分化」や「他の事項に関する情報からのデータ処理活動に関する同意取得する情報の明確な分離」が求められています。

「**③情報提供を受けていること**」(インフォームドコンセント)としては、同意のための最小限の要件として、(a) 管理者の識別情報、(b) 同意が求められている各処理業務の目的、(c) 収集され使用されるデータの種類、(d) 同意を撤回する権利の存在、(e) 該当する場合は、プロファイリングを含む個人に対する自動化された意思決定のためのデータの使用に関する情報、(f) 十分性認定 (GDPR45条) がないことおよびGDPR46条に記載されている適切な保護措置の不履行によるデータ移転のリスクについての情報を提供する必要があります。

「**④⑤明確・積極的行為による意思表示**」としては、データ主体が特定の処理に同意するために意図的な行動を取らなければならないことが求められます。同意書は、電子的方法を含む書面または(記録された)口頭の声明を通じて収集することができます。あらかじめ選択されたオプトインボックスの使用は無効です。データ主体による沈黙または非活動は、単にサービスを勧めるだけでなく、選択肢の積極的行為とはみなされません。

さらに、重大なデータ保護リスクが発生する特定の状況では、個人データに対する個別の高度な管理が適切とみなされる場合、「**明示的な同意**」(explicit consent) が必要となります。GDPRの下で、明示的な同意は以下の場合に必要となります。

①特別な種類の個人データの処理 (GDPR 9条)
②適切な保護措置がない場合の第三国または国際機関へのデータ移転 (GDPR49条)
③プロファイリングを含む自動化された意思決定 (GDPR22条)

「明示的な同意」というためには、データ主体から明示的な同意書を取得すること、電磁的方法による場合には、データ主体が電子形式で記入するか、電子メールを送信するか、データサブジェクトの署名を持つスキャンされた文書をアップロードすること等が必要となります。

また、データ主体の同意は自由に撤回できるものでなければなりません (GDPR 7条3項)。

2 個人情報保護法における本人の「同意」の条件

通則編ガイドライン2-16には「本人の同意」に関して以下の記載があります。

> 「本人の同意」とは、本人の個人情報が、個人情報取扱事業者によって示された取扱方法で取り扱われることを承諾する旨の当該本人の意思表示をいう（当該本人であることを確認できていることが前提となる。）。
>
> また、「本人の同意を得（る）」とは、本人の承諾する旨の意思表示を当該個人情報取扱事業者が認識することをいい、事業の性質及び個人情報の取扱状況に応じ、本人が同意に係る判断を行うために必要と考えられる合理的かつ適切な方法によらなければならない。
>
> なお、個人情報の取扱いに関して同意したことによって生ずる結果について、未成年者、成年被後見人、被保佐人及び被補助人が判断できる能力を有していないなどの場合は、親権者や法定代理人等から同意を得る必要がある。
>
> 【本人の同意を得ている事例】
>
> 事例１）本人からの同意する旨の口頭による意思表示
>
> 事例２）本人からの同意する旨の書面（電磁的記録を含む。）の受領
>
> 事例３）本人からの同意する旨のメールの受信
>
> 事例４）本人による同意する旨の確認欄へのチェック
>
> 事例５）本人による同意する旨のホームページ上のボタンのクリック
>
> 事例６）本人による同意する旨の音声入力、タッチパネルへのタッチ、ボタンやスイッチ等による入力

上記1において説明したGDPRにおける「①自由に与えられていること」（同意の任意性）、「③情報提供を受けていること」（インフォームドコンセント）、「④⑤明確・積極的行為による意思表示」は求められていません。ただし、「外国にある第三者への提供を認める旨の本人の同意」（法28条１項）については、以下の一定の情報提供をした上での同意が求められます（法28条２項、規則17条２項）。

> ①　当該外国の名称
>
> ②　適切かつ合理的な方法により得られた当該外国における個人情報の保護に関する制度に関する情報
>
> ③　当該第三者が講ずる個人情報の保護のための措置に関する情報

個人情報保護法では、契約約款や利用規約などの中に同意事項がある場合に、同意対象事項を別途明示する必要はなく、利用規約自体について同意を取ることも認められています。

個人情報の取得時に、その時点で予測される個人データの第三者提供について、包括的に同意を得ておくことは可能です（民間分野QA7-8）。

「明示的な同意」以外の「黙示的な同意」が認められるか否かについては、個別の事案ごとに、具体的に判断することとされており（民間分野QA1-61）、否定されていません。

なお、オプトアウト的な同意（一定期間回答がなかったことのみをもって、一律に本人の同意を得たものとすること）は認められていません（民間分野QA1-60）。

以上のとおり、個人情報保護法における「本人の同意」の条件は、GDPRのデータ主体の同意の条件と比べて質が低いといわざるを得ません。今後のプライバシー保護の動向の中で「本人の同意」の条件が強化される可能性はあると考えられます。

	個人情報保護法	GDPR
同意取得が必要な場合	●利用目的の達成の範囲を超えて個人情報を取り扱う場合 ●要配慮個人情報を取得する場合 ●個人データを第三者提供する場合	取扱い（processing）一般 ※個人データの取得、利用、第三者提供を含む
同意取得の例外	同意取得の例外として以下の場合（法18条3項各号、27条1項各号） ① 法令に基づく場合 ② 人の生命、身体又は財産の保護のために必要がある場合であって、本人の同意を得ることが困難であるとき。 ③ 公衆衛生の向上又は児童の健全な育成の推進のために特に必要がある場合であって、本人の同意を得ることが困難であるとき ④ 国の機関若しくは地方公共団体又はその委託を受けた者が法令の定める事務を遂行することに対して協力する必要がある場合であって、本人の同意を得ることにより当該事務の遂行に支障を及ぼすおそれがあるとき。 ※個人データの取扱いの委託は、法27条5項1号で、「第三者」と見られないため本人の同意不要	適法な取扱いの根拠として「同意」のほか以下が認められる（GDPR 6条1項） ① 契約の履行のため必要な場合 ② 法的義務を遵守のため必要な場合 ③ データ主体等の重大な利益を保護する場合 ④ 公共の利益のため取扱いが必要な場合 ⑤ 管理者の「正当な利益のため」取扱いが必要な場合 例）ダイレクトメールの送付

同意の要件	本人の個人情報が、個人情報取扱事業者によって示された取扱方法で取り扱われることを承諾する旨の当該本人の意思表示 ● 個別的な同意取得のほか、包括的な同意取得も認められている ● 明示的な同意取得のほか黙示的な同意取得も認められる場合あり ● インフォームドコンセント（あらかじめ本人に情報提供）は求められていない（ただし、「外国にある第三者への提供を認める旨の本人の同意」（法28条１項）については、一定の情報提供をした上での同意が求められる） ● オプトアウト的な同意取得は認められない	① **自由に与えられていること** ● 力の不均衡がないことが前提 ● 同意が契約履行に必要のない条件でないかどうか考慮 ● 同意事項の細分化必要 ● 同意撤回に不利益なし ② **特定されていること** ● 同意取得の細分性必要 ● 同意を取得する情報を他の情報と明確に分離必要 ③ **情報提供を受けていること（インフォームドコンセント）** ④⑤ **明確・積極的行為による意思表示であること** ● 書面やチェックボックスなどの明確な積極的行為
未成年者等の制限行為能力者の個人情報	未成年者、成年被後見人、被保佐人および被補助人が判断できる能力を有していないなどの場合は、親権者や法定代理人等から同意を得る必要（12～15歳以下の子どもは親権者の同意が一般的に必要）	● 子どもが16歳以下の場合は親権者の同意が必要 ● ターゲットに未成年者が含まれる場合は未成年者にも理解できる情報提供が必要
同意の撤回	権利として認められていない	権利として認められている

3 契約約款の包括的な同意

個人情報保護法における同意は、契約約款や利用規約などの中に同意事項がある場合に、同意対象事項を別途明示する必要はなく、利用規約自体について同意を取ることも認められています。

もっとも、「電気通信事業における個人情報保護に関するガイドラインの解説」においては、電気通信事業における個人情報取扱事業者は、通信の秘密（通信内容にとどまらず、通信当事者の住所・氏名、発受信場所、通信年月日等通信の構成要素および通信回数等通信の存在の事実の有無を含みます。）に該当する個人情報の取扱いについては、通信の秘密の保護の観点から、原則として通信当事者の「**個別具体的**」（個別のサービスごとに、通信の秘密の取扱いについての同意であることを本人が具体的に認識した上で行うこと）かつ「**明確**」（画面上のクリック、チェックボックスへのチェックや文書による同意など外部的に同意の事実が明らかであること）な同意がなければ、有効な同意を取得したとはいえないため、契約約款等による包括的な同意のみでは原則として有効な同意を取得したものとはいえないこととされています（同ガイドライン2-17）。

ただし、①契約約款等による同意になじまないとはいえない場合であって、かつ、②利用者が事後的に随時、容易に同意内容を変更できる等、利用者に将来不測の不利益が生じるおそれがない場合においては、例外的に契約約款等による包括的な同意であっても、有効な同意と認められることがあります。

4 書面（電磁的記録を含む）による同意

個人情報保護法の「本人の同意」は口頭の同意も認められており、書面（電磁的記録を含みます。）による同意は必ずしも必要ありません。

もっとも、「金融分野における個人情報保護に関するガイドライン」３条（同意の形式）においては、「金融分野における個人情報取扱事業者は、法第18条第１項及び第２項、第27条第１項、第28条第１項並びに第31条第１項第１号（金融分野における個人情報取扱事業者が個人関連情報取扱事業者から同項の規定による個人関連情報の提供を受けて個人データとして取得する場合に限る。）に定める本人の同意を得る場合には、原則として、書面（電磁的記録を含む。以下同じ。）によることとする。」とされており、努力義務ではありますが、書面（電磁的記録を含みます。）による同意を求めています。

5 子どもの同意

GDPRにおいては、子どもに対する直接的な情報社会サービスの提供に関し、子どもが16歳以上である場合、子どもの個人データの処理は適法とし、子どもが16歳未満の場合、当該処理は、親権者によって同意・許可がなされる限りにおいて、適法とすることとされています（GDPR ８条１項）。

他方、個人情報保護法には明文で子どもの同意に関する規定は設けられていませんが、民間分野QA1-62においては、「法定代理人等から同意を得る必要がある子どもの具体的な年齢は、対象となる個人情報の項目や事業の性質等によって、個別具体的に判断されるべきですが、一般的には**12歳から15歳までの年齢以下の子どもについて、法定代理人等から同意を得る必要がある**と考えられます。」と記載されています。

「12歳から15歳までの年齢以下の子ども」といったように幅のある記載となっているため、特に学校教育の場ではどの段階で取得すべきか悩ましいところです。

個人情報保護法を改正して、GDPRのように明確に子どもが法定代理人等の同意を要する年齢を決めるほうが教育現場では学校側の判断をし易いように思われます。他方、同意が不要な年齢を例えば、「16歳」と決めた場合には、高校１年生は誕生日を迎えるまでは保護者の同意が必要であるのに対して、誕生日以降は本人の同意が必要といったように複雑な取扱いとなってしまいます。したがって、「年度末年齢」で保護者の同意の要否を判断するのが容易に思われます。

いずれにしても、子どもの同意に関しては、議論の深化が求められるところです。

問

個人情報保護法の「本人の同意」の要件に関する次の選択肢のうち、誤っているものを求めなさい。

1　個人情報の取得時に、その時点で予測される個人データの第三者提供について、包括的に同意を得ておくことは可能である。

2　一定期間回答がなかったことのみをもって、一律に本人の同意を得たものとすることは認められていない。

3　13歳未満の子どもについては親権者から同意を得る必要がある旨明文で定められている。

答

個人情報保護法には明文で子どもの同意に関する規定は設けられていないが、民間分野QA1-62においては、「法定代理人等から同意を得る必要がある子どもの具体的な年齢は、対象となる個人情報の項目や事業の性質等によって、個別具体的に判断されるべきですが、一般的には12歳から15歳までの年齢以下の子どもについて、法定代理人等から同意を得る必要があると考えられます。」と記載されている。

正解　3

第9章

外国の第三者への提供関係

Q35 越境データ移転（外国にある第三者への個人データの提供）に関するルールはどうなっていますか？

A 移転元となる個人情報取扱事業者に対して本人の同意を根拠に移転する場合は、移転先事業者における個人情報の取扱いについて本人への情報提供が求められます。また、移転先事業者において継続的な適正取扱いを担保するための体制が整備されていることを条件に、本人の同意を得ることなく個人データを移転する場合は、本人の求めに応じて、移転先事業者における個人情報の取扱いに関する情報提供を行うことが求められます。

解説

1 改正の背景

平成27年改正法施行前の法23条（現行27条）は、第三者に対する個人データの提供に関するルールを定めてはいましたが、第三者が国内にあるのか、外国にあるのかの区別をしていませんでした。

しかし、経済・社会活動のグローバル化および情報通信技術の進展に伴い、個人情報を含むデータの国境を越えた流通が増加しており、外国への個人データの移転について一定の規律を設ける必要性が増大してきました。また、個人情報の保護に関する国際的な枠組み等との整合を図ること（GDPRによる十分性の認定を取得する等）を理由に、平成27年改正法施行後の法24条（現行28条）に、新たに外国にある第三者に対する個人データの提供に関する規定が設けられました。

さらに、海外への業務委託の一般化やビジネスモデルの複雑化が進み、個人情報の越境移転の機会が広がる中、個人データの越境移転に伴うリスクも変化しつつあります。

データ保護関連法制については、多くの国々で、経済協力開発機構（OECD）におけるプライバシーガイドライン（OECDプライバシーガイドライン）に準拠する形で整備されてきましたが、近年、データ保護関連法制が途上国を含め世界に広がる中で、一部の国において国家管理的規制がみられるようになっています。データの国内での保存等を義務付けるデータ・ローカライゼーション（中国のサイバーセキュリティ法やロシアの連邦法152-FZ（個人情報保護法）等）や、民間のデータに対する制限のないガバメント・アクセスに係る海外の立法例（中国の国家情報法等）はその一例と考えられます。

個人情報の越境移転の機会が広がる中、こうした国や地域における制度の相違は、個人やデータを取り扱う事業者の予見可能性を不安定なものとし、個人の権利利益の保護の観点からの懸念も生じます。

例えば、データ・ローカライゼーション政策との関係から、本人による個人データの消去の請求に越境移転先の事業者が対応することができないおそれや、外国政府による無制限なガバメント・アクセスによって、日本で取得され越境移転された個人データが不適切に利用されるおそれがあります。こうした国家管理的規制は、個人の権利利益の保護の観点から看過しがたいリスクをもたらす可能性があります。

このようなリスクの変化に対応する観点から、令和２年改正法により、個人データの越境移転に関する本人への情報提供の充実等が求められることとなりました。

2　越境データ移転（外国にある第三者への提供）を行う個人情報取扱事業者に求められる対応

移転元となる個人情報取扱事業者に対して、下記の対応が求められます。

本人の同意を根拠に移転する場合
移転先事業者における個人情報の取扱い（例：移転先国の名称や個人情報の保護に関する制度の有無など）に関して、本人への情報提供の充実を求める（法28条２項）。
本人の同意を得ることなく個人データを移転する場合
移転先事業者において継続的な適正取扱いを担保するための体制が整備されていることが条件。本人の求めに応じて、移転先事業者における個人情報の取扱いに関する情報提供を行う（法28条３項）。

3　外国にある第三者への個人データの提供を認める旨の本人の同意を得る必要がない場合

個人情報取扱事業者は、個人データを外国にある第三者に提供するにあたっては、法28条１項に従い、あらかじめ「外国にある第三者への個人データの提供を認める旨の本人の同意」を得る必要があります。

ただし、次の（1）から（3）のいずれかに該当する場合は例外となり、あらかじめ「外国にある第三者への個人データの提供を認める旨の本人の同意」を得る必要はありません。

（1）当該第三者が、我が国と同等の水準にあると認められる個人情報保護制度を有している国として個人情報保護法施行規則で定める国にある場合（当該外国における個人情報の保護に関する制度、当該第三者が講ずる個人情報の保護のための措置その他当該本人に参考となるべき情報を当該本人に提供しなければなりません。)

（2）当該第三者が、個人データの取扱いについて個人情報保護法４章２節の規定により個人情報取扱事業者が講ずべきこととされている措置に相当する措置(相当措置) を継続的に講ずるために必要なものとして個人情報保護委員会規則で定める基準に適合する体制（基準適合体制）を整備している場合（本人の求めに応じて当該必要な措置に関する情報を当該本人に提供しなければなりません。)

（3）「法令に基づく場合」など公益的理由による例外（法27条１項各号関係）

上記（1）および（2）に該当する場合には、これだけで外国にある第三者への提供が認められることとはならず、当該第三者への個人データの提供にあたっては、法27条が定める、次の①から④のいずれかの方法による必要があります。

①　本人の同意に基づき提供する方法（法27条１項柱書）
②　法27条１項各号に掲げる場合により提供する方法
③　オプトアウトにより提供する方法（同条２項）
④　委託、事業承継または共同利用に伴って提供する方法（同条５項各号）

■外国にある第三者に個人データを提供する３つの場合

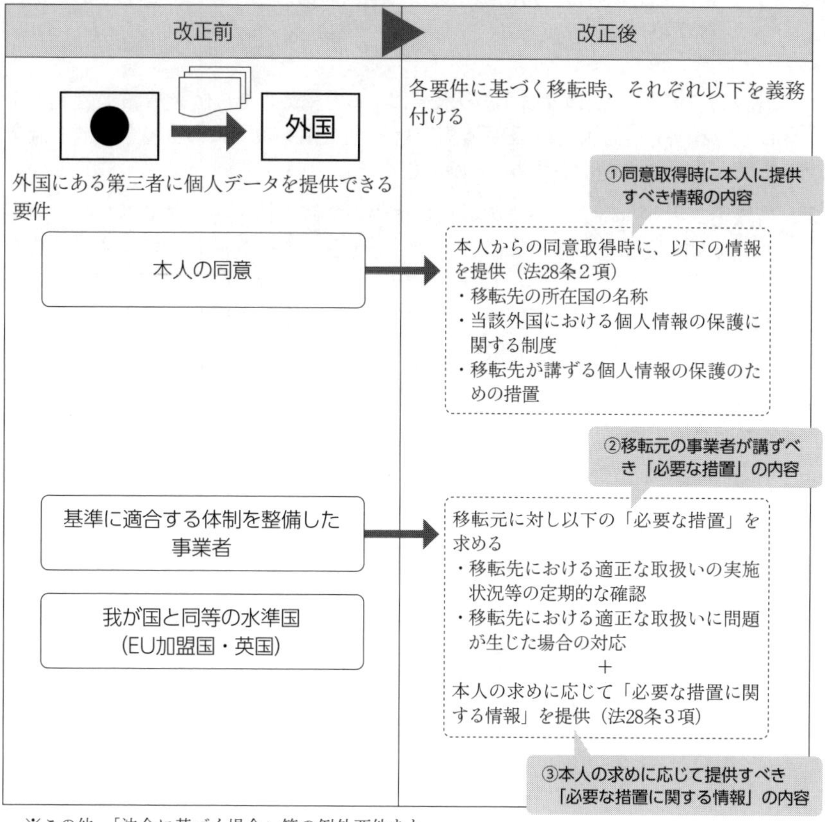

※この他、「法令に基づく場合」等の例外要件あり。

出所：個人情報保護委員会作成資料を修正

問

個人情報保護法の越境データ移転（外国にある第三者への個人データの提供）に関するルールに関する次の選択肢のうち、誤っているものを選びなさい。

1　当該第三者が、我が国と同等の水準にあると認められる個人情報保護制度を有している国として個人情報保護法施行規則で定める国にある場合には、無条件で個人データの提供をすることができる。

2　当該第三者が、個人データの取扱いについて個人情報保護法４章２節の規定により個人情報取扱事業者が講ずべきこととされている措置に相当する措置を継続的に講ずるために必要なものとして個人情報保護委員会規則で定める基準に適合する体制を整備している場合には、本人の求めに応じて当該必要な措置に関する情報を当該本人に提供しなければならない。

3　法令に基づく提供の場合も外国の個人情報保護制度について情報提供することを要する。

答

当該第三者が、我が国と同等の水準にあると認められる個人情報保護制度を有している国として個人情報保護法施行規則で定める国にある場合も、法27条に基づき個人データを提供する必要がある。

正解　1

Q36

令和4年4月1日より、外国にある第三者へ個人情報を提供する場合に本人の同意が求められるようになりました。この同意はどのように取得すればよいでしょうか？

A 個人情報取扱事業者は、外国にある第三者への提供を認める旨の本人の同意を得ようとする場合、下記３点について、あらかじめ本人に提供しなければなりません（法28条２項、規則17条２項）。

① 移転先となる外国の名称

② 適切かつ合理的な方法により得られた当該外国における個人情報の保護に関する制度に関する情報

③ 第三者が講ずる個人情報の保護のための措置に関する情報

解説

1 外国にある第三者に対して個人データを提供するには、あらかじめ本人の同意が必要

「あらかじめ外国にある第三者への提供を認める旨の本人の同意」がある場合、個人情報取扱事業者は外国にある第三者に対して個人データを提供することができます（法28条１項）。

個人情報取扱事業者は、外国にある第三者への提供を認める旨の本人の同意を得ようとする場合、下記３点について本人に提供しなければなりません（法28条２項、規則17条２項）。これは、令和２年改正法で追加された要件です。

① 移転先となる外国の名称

② 適切かつ合理的な方法により得られた当該外国における個人情報の保護に関する制度に関する情報

③ 第三者が講ずる個人情報の保護のための措置に関する情報

なお、ここでいう**外国**とは本邦の域外にある国または地域をいい、我が国と同等の水準にあると認められる個人情報の保護に関する制度を有している外国として規則で定めるもの（EU加盟国および英国）を除きます。

2 外国にある第三者への個人データの提供を認める旨の本人の同意とは（法28条1項）

（1）本人の同意とは

「**本人の同意**」とは、本人の個人データが、個人情報取扱事業者によって外国にある第三者に提供されることを承諾する旨の本人の意思表示をいいます。

法27条1項の「本人の同意」がある場合でも、「外国にある第三者への提供を認める旨の本人の同意」がなければ外国にある第三者には個人データを移転することはできません。

（2）外国にある第三者への提供を認める旨の本人の同意を取得する際に、本人に提供しなければならない情報

令和2年改正法により、外国にある第三者への提供を認める旨の本人の同意を取得する際には、下記の事項を本人に提供しなければならなくなりました（法28条2項）。

① 移転先となる外国の名称
② 適切かつ合理的な方法により得られた当該外国における個人情報の保護に関する制度に関する情報
③ 第三者が講ずる個人情報の保護のための措置に関する情報

詳細は下記4で解説しますが、この情報を提供する方法は以下のとおりです（規則17条1項）。

- 電磁的記録の提供による方法
- 書面の交付による方法
- その他の適切な方法

規則17条2項から4項の規定により求められる情報（下記3～5参照）が掲載されたウェブページに掲載された情報を本人に閲覧させる方法も、「適切な方法」に該当すると考えられます（民間分野QA12-10）。

この場合、当該ウェブページのURLを本人にとってわかりやすい場所に掲載した上で、同意の可否の判断の前提として、本人に対して当該情報の確認を明示的に求めるなど、本人がURLに掲載された情報を閲覧する形で、情報提供を行う必要があると考えられます（民間分野QA12-10）。

このURLとしては、個人情報保護委員会がホームページにおいて公表している外国における個人情報の保護に関する制度に関する情報提供文書[13]のURLも該当すると考えられます。この場合、限られた国・地域（40の国・地域）の情報提供であること、2022年２月時点の情報であることなどに留意する必要があります。

3　外国にある第三者とは（外国第三者提供編ガイドライン2-2）

「外国にある第三者」の「**第三者**」とは、個人データを提供する個人情報取扱事業者と当該個人データによって識別される本人以外の者であり、外国政府などもこれに含まれます。

法人の場合、個人データを提供する個人情報取扱事業者と別の法人格を有するかどうかで「第三者」に該当するかを判断します。

例えば、日本企業が、外国の法人格を取得している当該企業の現地子会社に個人データを提供する場合には、「外国にある第三者」への個人データの提供に該当します。

一方、現地の事業所、支店など同一法人格内での個人データの移動の場合には「外国にある第三者」への個人データの提供には該当しません。

事例
外資系企業の日本法人が外国にある親会社に個人データを提供する場合、当該親会社は「外国にある第三者」に該当する。

（1）提供先の外国事業者が日本に出張所を有する場合（民間分野QA12-5）

個人データの提供先が外国事業者である場合であっても、当該外国事業者が「日本国内で個人情報データベース等を事業の用に供していると認められる場合」には、外国にある第三者への提供（法28条１項）に該当しません。

もっとも、日本国内で個人情報データベース等を事業の用に供していると認められるか否かは、日本国内における事業の実態を勘案して、個別の事例ごとに判断することとなるため、国内に出張所を有することのみをもって直ちに当該外国事業者への個人データの提供が「外国にある第三者への提供」に該当しないこととなるわけではあ

13　外国における個人情報の保護に関する制度等の調査
（https://www.ppc.go.jp/personalinfo/legal/kaiseihogohou/#gaikoku）

りません。

（2）他の日本法人の外国支店に個人データを提供する場合（民間分野QA12-9）

国内にある個人情報取扱事業者が、他の日本法人の外国支店に直接個人データを提供する場合には、当該外国支店への個人データの提供は、外国にある第三者への提供（法28条１項）に該当し得ます。

（3）外国にあるサーバに個人データを保存する場合（民間分野QA12-3）

個人情報取扱事業者自らが外国に設置し、自ら管理・運営するサーバに個人データを保存することは、外国にある第三者への提供（法28条１項）に該当しません。

また、個人情報取扱事業者が、外国にある事業者が外国に設置し、管理・運営するサーバに個人データを保存する場合であっても、当該サーバを運営する当該外国にある事業者が、当該サーバに保存された個人データを取り扱わないこととなっている場合には、外国にある第三者への提供（法28条１項）に該当しません。ここでいう「当該サーバに保存された個人データを取り扱わないこととなっている場合」とは、契約条項によって当該事業者がサーバに保存された個人データを取り扱わない旨が定められており、適切にアクセス制御を行っている場合等が考えられます。

なお、個人情報取扱事業者が、外国に設置されたサーバに個人データを保存する場合、外国において個人データを取り扱うこととなるため、当該外国の個人情報の保護に関する制度等を把握した上で、個人データの安全管理のために必要かつ適切な措置を講ずる必要があり（法23条）、また、保有個人データの安全管理について講じた措置を本人の知り得る状態（本人の求めに応じて遅滞なく回答する場合を含みます。）に置く（法32条１項４号、令10条１号）必要があることに留意が必要です。通則編ガイドラインにおいては、「外的環境の把握」と位置付けられています。

（4）外国事業者が運営するクラウド（民間分野QA12-4）

外国事業者が運営するクラウドを利用している場合、当該外国事業者が、当該サーバに保存された個人データを取り扱っている場合には、サーバが国内にある場合であっても、外国にある第三者への提供（法28条１項）に該当します。

ただし、当該サーバを運営する外国にある事業者が、当該サーバに保存された個人データを日本国内で取り扱っており、日本国内で個人情報データベース等を事業の用に供していると認められる場合には、外国にある第三者への提供（法28条１項）に該当しません。

なお、当該サーバを運営する外国にある事業者が、当該サーバに保存された個人データを取り扱わないこととなっている場合には、外国にある第三者への提供（法28条1項）に該当しません。

（5）外国にある委託先に個人情報保護法が域外適用される場合（民間分野QA11-4）

外国にある個人情報取扱事業者が、日本の居住者等の日本国内にある者に対する物品またはサービスの提供に関連して、日本国内にある者を本人とする個人情報を外国において取り扱う場合には、個人情報保護法の域外適用の対象となります（法166条）。

外国にある個人情報取扱事業者が、日本国内のユーザー向けのアプリの開発・運営のために、日本国内の事業者から日本国内のユーザーを本人とする個人データの取扱いの委託を受けて外国で取り扱う場合、当該外国にある個人情報取扱事業者による当該個人データの取扱いは、日本国内にある者に対する物品またはサービスの提供に関連するものであると考えられることから、個人情報保護法の域外適用の対象となります。

なお、外国にある個人情報取扱事業者に対して個人データを提供する日本国内の個人情報取扱事業者は、法28条1項により、原則として、あらかじめ「外国にある第三者への個人データの提供を認める」旨の本人の同意を得る必要がある点に注意が必要です。

すなわち、外国事業者が域外適用（法166条）によって「個人情報取扱事業者」に該当しても、日本国内に事務所を設置している場合、または、日本国内で事業活動を行っている場合など、日本国内で「個人情報データベース等」を事業の用に供していると認められる場合でなければ、「外国にある第三者」として法28条が適用されるものと考えられます。

4　同意取得時に本人に提供すべき情報の詳細（法28条2項、規則17条2項、外国第三者提供編ガイドライン5-2）

法28条1項の規定により外国にある第三者への個人データの提供を認める旨の本人の同意を取得しようとする場合には、本人に対し、次の①から③の情報を提供しなければなりません（法28条2項）。

① 移転先となる外国の名称
② 適切かつ合理的な方法により得られた当該外国における個人情報の保護に関する制度に関する情報
③ 第三者が講ずる個人情報の保護のための措置に関する情報

法28条２項の趣旨は、移転先の外国における個人情報の保護に関する制度や第三者による個人情報の取扱いなど、移転先の多様な状況に起因する個人データの越境移転に伴うリスクについて、本人の予測可能性を高めることにあります。

（１）提供が必要な情報① 移転先となる外国の名称（法28条２項、規則17条２項１号）

移転先の第三者が所在する外国の名称は、必ずしも正式名称を求めるものではありませんが、本人が自己の個人データの移転先を合理的に認識できると考えられる名称でなければなりません。

また、提供先の第三者が所在する外国の名称が示されていれば足り、それに加えて、当該第三者が所在する州等の名称を示すことまでは求められません。

もっとも、個人データの越境移転に伴うリスクについて、本人の予測可能性を高めるという制度趣旨を踏まえると、例えば、州法が主要な規律となっている等、州法に関する情報提供が本人の予測可能性の向上に資する場合には、本人に対して、提供先の外国にある第三者が所在する州を示した上で、州単位での制度についても情報提供を行うことが望ましいです（外国第三者提供編ガイドライン5-2（1）（※２））。

「当該外国の名称」における外国とは、「個人データを保存するサーバが所在する外国」ではなく、「提供先の第三者が所在する外国」をいいます。したがって、提供先の外国にある第三者はＡ国に所在していますが、Ｂ国にサーバを設置しており当該第三者に個人データを提供した場合には、「当該外国の名称」として提供すべき名称は、Ａ国の名称を情報提供する必要があります。なお、提供先の第三者が所在する外国の名称に加え、当該第三者が個人データを取り扱うサーバの所在国についても情報提供することは、望ましい取組みであると考えられます（民間分野QA12-11）。

（２）提供が必要な情報② 適切かつ合理的な方法により得られた当該外国における個人情報の保護に関する制度についての情報（規則17条２項２号）

ア　適切かつ合理的な方法とは

「当該外国における個人情報の保護に関する制度についての情報」は、一般的な注意力をもって適切かつ合理的な方法により確認したものでなければなりません。

適切かつ合理的な方法に該当する事例は下記のとおりです。

事例１
提供先の外国にある第三者に対して照会する

事例2
我が国または外国の行政機関等が公表している情報を確認する

イ 当該外国における個人情報の保護に関する制度に関する情報とは

個人データの越境移転に伴うリスクについて、本人の予測可能性を高めるという制度趣旨に鑑み、「当該外国における個人情報の保護に関する制度に関する情報」は、提供先の第三者が所在する外国における個人情報の保護に関する制度と我が国の個人情報保護法との間の本質的な差異を本人が合理的に認識できる情報でなければなりません。具体的には、次の①から④の観点を踏まえる必要があります。

なお、ここでいう「当該外国における個人情報の保護に関する制度」は、当該外国における制度のうち、提供先の外国にある第三者に適用される制度に限られ、当該第三者に適用されない制度は含まれません。

① 当該外国における個人情報の保護に関する制度の有無

提供先の第三者が所在する外国における制度に、当該第三者に適用される個人情報の保護に関する制度が存在しない場合、そのこと自体が個人データの越境移転に伴うリスクの存在を示します。個人情報の保護に関する制度が存在しない旨を本人に対して情報提供しなければなりません。

提供先の第三者が所在する外国において、個人情報の保護に関する制度が存在する場合には、当該制度に係る法令の個別の名称を本人に情報提供することは求められませんが、本人の求めがあった場合に情報提供できるようにしておくことが望ましいです。

② 当該外国の個人情報の保護に関する制度についての指標となり得る情報の存在

提供先の第三者が所在する外国の個人情報の保護に関する制度について、個人情報の保護の水準等に関する客観的な指標となり得る情報が存在する場合、当該指標となり得る情報が提供されることにより、個人データの越境移転に伴うリスクについての本人の予測可能性は一定程度担保されると考えられます。したがって、この場合には、当該指標となり得る情報を提供すれば足り、次の③に係る情報の提供は求められません。

なお、当該指標となり得る情報が個人データの越境移転に伴うリスクとの関係でどのような意味を持つかについても、本人に対して情報提供を行うことが望ましいです(外国第三者提供編ガイドライン5-2（2）)。

事例1

当該第三者が所在する外国がGDPR45条に基づく十分性認定の取得国であること

事例２

当該第三者が所在する外国が、アジア太平洋経済協力（APEC）の越境プライバシールール（CBPR）システム[14]の加盟国であること

③　OECDプライバシーガイドライン８原則に対応する事業者の義務または本人の権利の不存在

OECDプライバシーガイドラインは、下記８原則を基本原則として定めています。

原則１　収集制限の原則（Collection Limitation Principle）

原則２　データ内容の原則（Data Quality Principle）

原則３　目的明確化の原則（Purpose Specification Principle）

原則４　利用制限の原則（Use Limitation Principle）

原則５　安全保護措置の原則（Security Safeguards Principle）

原則６　公開の原則（Openness Principle）

原則７　個人参加の原則（Individual Participation Principle）

原則８　責任の原則（Accountability Principle）

提供先の第三者が所在する外国の個人情報の保護に関する制度に、OECDプライバシーガイドライン８原則に対応する事業者の義務または本人の権利が存在しない場合に、その内容について本人に情報提供しなければなりません。当該事業者の義務または本人の権利の不存在は、我が国の個人情報保護法との本質的な差異を示すものであるためです。

なお、提供先の第三者が所在する外国の個人情報の保護に関する制度に、OECDプライバシーガイドライン８原則に対応する事業者の義務および本人の権利がすべて含まれる場合には、その旨を本人に情報提供すれば足ります。

OECDプライバシーガイドライン８原則に対応する事業者の義務または本人の権利の不存在に該当する事例は、下記のとおりです（外国第三者提供編ガイドライン5-2（2））。

事例１

---

14 「APEC CBPRシステム」とは、事業者のAPECプライバシーフレームワークへの適合性を国際的に認証する制度です。APECの参加国・地域が本制度への参加を希望し、参加を認められた国がアカウンタビリティエージェント（AA）を登録します。このAAが事業者について、その申請に基づきAPECプライバシーフレームワークへの適合性を認証します。

個人情報について原則としてあらかじめ特定した利用目的の範囲内で利用しなければならない旨の制限の不存在

事例2

事業者が保有する個人情報の開示の請求に関する本人の権利の不存在

④　その他本人の権利利益に重大な影響を及ぼす可能性のある制度の存在

提供先の第三者が所在する外国において、我が国の制度と比較して当該個人データに係る本人の権利利益に重大な影響を及ぼす可能性のある制度が存在する場合には、当該制度の存在について本人に情報提供しなければなりません（外国第三者提供編ガイドライン5-2（2））。

事例1

事業者に対し政府の情報収集活動への広範な協力義務を課すことにより、事業者が保有する個人情報について政府による広範な情報収集が可能となる制度

事例2

事業者が本人からの消去等の請求に対応できないおそれがある個人情報の国内保存義務に係る制度

事例1の「事業者に対し政府の情報収集活動への広範な協力義務を課すことにより、事業者が保有する個人情報について政府による広範な情報収集が可能となる制度」は、「ガバメント・アクセス」ともいわれます。

個人情報保護委員会が公表している、中華人民共和国に関する情報提供文書では、以下のとおり、ガバメント・アクセスに関する情報提供がなされています[15]。

■事業者に対し政府の情報収集活動への協力義務を課す制度であって、本人の権利利益に重大な影響を及ぼす可能性のあるもの

①　**サイバーセキュリティ法**

- □　ネットワーク運営者に対し、公安機関や国家安全機関による国の安全の維持・保護及び犯罪捜査に係る活動に対する技術的支援及び協力を義務付け。
- □　同法に基づく民間事業者が保有する個人情報へのアクセスに関しては、例えば、以下の点に関する規定が存在しない。

15　https://www.ppc.go.jp/files/pdf/china_report.pdf

●アクセスの実施に関する制限及び手続
●法令において特定された目的（又は当該目的と矛盾しない正当な目的）の達成に必要な範囲でのアクセス実施
●アクセスの実施に関する独立した機関からの承認
●取得された情報の取扱いの制限・安全管理
●アクセスの実施に関する透明性の確保

② データセキュリティ法

□ 関係する組織又は個人に対し、公安機関や国家安全機関が、国の安全の維持・保護又は犯罪を捜査する必要により行うデータの取り調べに対する協力を義務付け。

□ 同法に基づく事業者が保有する個人情報へのアクセスに関しては、例えば、以下の点に関する規定が存在しない。

●アクセスの実施に関する制限
●法令において特定された目的（又は当該目的と矛盾しない正当な目的）の達成に必要な範囲でのアクセス実施
●アクセスの実施に関する透明性の確保

③ 中華人民共和国国家情報法（中华人民共和国国家情报法）

□ 関係する機関・組織・国民に対し、国家安全機関、公安機関の情報部門及び軍の情報部門が行う国家情報活動に対して必要な支持・援助・協力（を）行うことを義務付け。

□ 同法に基づく事業者が保有する個人情報へのアクセスに関しては、例えば、以下の点に関する規定が存在しない。

●アクセスの実施に関する制限及び手続
●法令において特定された目的（又は当該目的と矛盾しない正当な目的）の達成に必要な範囲でのアクセス実施
●アクセスの実施に関する独立した機関からの承認
●取得された情報の取扱いの制限・安全管理
●アクセスの実施に関する透明性の確保

事例2の「事業者が本人からの消去等の請求に対応できないおそれがある個人情報の国内保存義務に係る制度」は、「データ・ローカライゼーション」ともいわれます。

個人情報保護委員会が公表している、中華人民共和国に関する情報提供文書では、以下のとおり、データ・ローカライゼーションに関する情報提供がなされています。

個人情報の域内保存義務に係る制度であって、本人の権利利益に重大な影響を及ぼす可能性のあるもの

- 個人情報保護法、中華人民共和国サイバーセキュリティ法（中華人民共和国网络安全法）（以下「サイバーセキュリティ法」という）及び中華人民共和国データセキュリティ法（中华人民共和国数据安全法）（以下「データセキュリティ法」という）に、個人情報の域内保存義務に係る制度（個人情報の域外移転を制約することにより実質的に域内保存義務を課す制度を含む）が存在する。
- これらの法令においては、域外への情報の移転に際して、当局による安全評価に合格することが要件とされている場合があり、事業者が本人からの開示請求に十分に対応できないおそれがある。なお、これらの法令に基づく域内保存義務は、外国の事業者からの移転により取得した個人情報には適用されない場合がある。

⑤　個人情報保護委員会の情報提供文書

個人情報保護委員会ホームページにおいて公表している40の国・地域（2023年２月現在）における個人情報の保護に関する制度に関する情報提供文書[16]においては、それぞれの国・地域について上記の①から④の項目立てに準拠しています。

１．個人情報の保護に関する制度の有無

２．個人情報の保護に関する制度についての指標となり得る情報

（1）EUの十分性の認定

EUの十分性認定を取得した国又は地域は、当委員会が我が国と同等の保護水準にあると認められる個人情報の保護に関する制度を有する外国等として指定しているEU（EU加盟国及び欧州経済領域の一部であるアイスランド、ノルウェー、リヒテンシュタイン）の個人情報の保護に関する制度であるGDPR又はその前身のデータ保護指令に基づき、欧州委員会が十分なデータ保護の水準を有していると認められる旨の決定を行っている国又は地域であることから、概ね我が国と同等の個人情報の保護が期待できる。このような意味において、EUの十分性認定を取得した国又は地域であることは、「個人情報の保護に関する制度についての指標となり得る情報」に該当する。

16　個人情報保護委員会ウェブサイト「個人情報保護法等」の「令和２年改正個人情報保護法について」に、「外国における個人情報の保護に関する制度等の調査」として掲載されている。

（2）APECのCBPRシステム

APECのCBPRシステム参加の前提として、APECのプライバシーフレームワークに準拠した法令を有していること、及びCBPR認証を受けた事業者やアカウンタビリティエージェントにおいて解決できない苦情・問題が生じた場合に執行機関が調査・是正する権限を有していること等が規定されていることから、我が国と同じくAPECのCBPRシステムに参加しているエコノミーにおいては、APECのプライバシーフレームワークに準拠した法令と当該法令を執行する執行機関を有していると考えられるため、個人情報の保護について概ね我が国と同等の保護が期待できる。このような意味において、我が国と同じくAPECのCBPRシステム参加エコノミーであることは、「個人情報の保護に関する制度についての指標となり得る情報」に該当する。なお、APECのCBPRシステムの対象は、民間部門である。

３．OECDプライバシーガイドライン８原則に対応する事業者等の義務又は本人の権利

OECDプライバシーガイドライン８原則は、OECD加盟国はもとより国際的な個人情報保護への取組において参照される基本原則としての役割を果たし、各国が個人情報保護制度を整備するにあたっては、事実上の世界標準として用いられている。

４．その他本人の権利利益に重大な影響を及ぼす可能性のある制度

①個人情報の域内保存義務に係る制度であって、本人の権利利益に重大な影響を及ぼす可能性のあるもの（※データ・ローカライゼーション）

②事業者に対し政府の情報収集活動への協力義務を課す制度であって、本人の権利利益に重大な影響を及ぼす可能性のあるもの（※ガバメント・アクセス）

⑥　外国における個人情報の保護に関する制度の改正があった場合

「外国における個人情報の保護に関する制度に関する情報」（規則17条２項２号）は、一般的な注意力をもって「適切かつ合理的な方法」により確認したものである必要がありますが、「適切かつ合理的な方法」により確認を行った「外国における個人情報の保護に関する制度に関する情報」を提供した上で外国にある第三者への個人データの提供を認める旨の本人の同意を取得した後に、当該外国における個人情報の保護に関する制度についての変更があった場合であっても、既に取得された同意の有効性には影響を及ぼさないものと考えられます（民間分野QA12-13）。

もっとも、例えば、当該外国における個人情報の保護に関する制度について、我が国の個人情報保護法との間の本質的な差異の認識に影響を及ぼすような重要な変更が

なされたことを提供元の事業者が認識した場合には、本人に情報提供することが望ましいと考えられます（民間分野QA12-13）。

（３）提供が必要な情報③ 当該第三者が講ずる個人情報の保護のための措置に関する情報（規則17条２項３号）

個人データの越境移転に伴うリスクについて、本人の予測可能性を高めるという制度趣旨に鑑み、「当該第三者が講ずる個人情報の保護のための措置に関する情報」は、個人データの取扱いについて、当該外国にある第三者が講ずる個人情報の保護のための措置と我が国の個人情報保護法により個人情報取扱事業者に求められる措置との間の本質的な差異を本人が合理的に認識できる情報でなければなりません。

具体的には、当該外国にある第三者において、OECDプライバシーガイドライン８原則に対応する措置（本人の権利に基づく請求への対応に関する措置を含みます。）を講じていない場合には、講じていない当該措置の内容について、本人が合理的に認識できる情報が提供されなければなりません。

なお、提供先の外国にある第三者が、OECDプライバシーガイドライン８原則に対応する措置をすべて講じている場合には、その旨を本人に情報提供すれば足ります。

「当該第三者が講ずる個人情報の保護のための措置に関する情報」を確認する方法としては、例えば、提供先の外国にある第三者に確認する方法や、提供先の外国にある第三者との間で締結している契約において、当該第三者による個人データの取扱いについて定めている場合に、当該契約を確認する方法等が考えられます（民間分野QA12-12、外国第三者提供編ガイドライン5-2（３））。

事例

「提供先が、概ね個人データの取扱いについて我が国の個人情報取扱事業者に求められる措置と同水準の措置を講じているものの、取得した個人情報についての利用目的の通知・公表を行っていない」旨の情報提供を行うこと

5 提供先の当該外国の名称を特定できない場合の対応（規則17条３項、外国第三者提供編ガイドライン5-3-1）

個人情報取扱事業者は、法28条１項の規定による本人の同意を得ようとする時点において、「当該外国の名称」が特定できない場合には、「当該外国の名称」および「適切かつ合理的な方法により得られた当該外国における個人情報の保護に関する制度に関する情報」に代えて、次に掲げる事項について情報提供しなければなりません（規則17条３項）。

① 当該外国の名称が特定できない旨およびその理由
② 当該外国の名称に代わる本人に参考となるべき情報がある場合には、当該情報

なお、事後的に提供先の第三者が所在する外国が特定できた場合には、本人の求めに応じて情報提供を行うことが望ましいです（外国第三者提供編ガイドライン5-3-1）。

事例１
日本にある製薬会社が医薬品等の研究開発を行う場合において、治験責任医師等が被験者への説明及び同意取得を行う時点では、最終的にどの国の審査当局等に承認申請するかが未確定であり、当該被験者の個人データを移転する外国を特定できない場合
事例２
日本にある保険会社が保険引受リスクの分散等の観点から外国の再保険会社に再保険を行う場合において、日本にある保険会社による顧客からの保険引受及び同意取得の時点では、最終的にどの再保険会社に再保険を行うかが未確定であり、当該顧客の個人データを移転する外国を特定できない場合

上記の「提供先の第三者が所在する外国を特定できない場合の事例」のほか、一定の具体的な目的の下に個人データの取扱いを外国にある第三者に委託する予定であるものの、本人の同意を得ようとする時点において、委託先が具体的に定まっていない等により、提供先の第三者が所在する外国が特定できない場合は、「提供する当該外国の名称を特定できない場合」に該当し得るものと考えられます（民間分野QA12-14）。この場合であっても、特定できない旨およびその具体的な理由（委託先が定まる前に本人同意を得る必要性を含みます。）を情報提供するとともに、提供先の第三者が所在する外国の範囲を特定できる場合の当該範囲に関する情報など、外国の名称に代わる本人に参考となるべき情報の提供が可能である場合には、当該情報を提供する必要があります（規則17条３項各号。下記（1）・（2）参照）。

法28条１項の規定により本人の同意を得ようとする時点において、提供先の第三者が具体的に定まっていない場合には、その時点で規則17条３項および４項に基づく情報提供（下記（1）・（2）、⑥）を行った上で本人の同意を得て個人データを提供するのではなく、提供先の第三者が具体的に定まった後に、当該第三者との間で契約を締結すること等により、当該第三者における規則16条に定める基準適合体制を整備した上で、個人データの提供を行うことも考えられます（民間分野QA12-14）。

（１）特定できない旨およびその理由の情報提供（規則17条３項１号）

個人情報取扱事業者は、提供先の第三者が所在する外国を特定できない場合であっても、個人データの越境移転に伴うリスクに関する本人の予測可能性の向上という趣旨を踏まえ、提供先の第三者が所在する外国を特定できない旨およびその理由を情報提供しなければなりません。

なお、情報提供に際しては、どのような場面で外国にある第三者に個人データの提供を行うかについて、具体的に説明することが望ましいです。

（２）提供先の第三者が所在する外国の名称に代わる本人に参考となるべき情報の提供（規則17条３項２号）

提供先の第三者が所在する外国が特定できないとしても、外国の名称に代わる本人に参考となるべき情報の提供が可能である場合には、当該情報についても本人に提供しなければなりません。

「提供先の第三者が所在する外国の名称に代わる本人に参考となるべき情報」の該当性は、本人への情報提供が求められる制度趣旨を踏まえつつ、個別に判断する必要がありますが、例えば、移転先の外国の範囲が具体的に定まっている場合における当該範囲に関する情報は、ここでいう「提供先の第三者が所在する外国の名称に代わる本人に参考となるべき情報」に該当します（外国第三者提供編ガイドライン5-3-1（２））。

事例

本人の同意を得ようとする時点において、移転先となる外国の候補が具体的に定まっている場合における当該候補となる外国の名称

６　提供先の第三者が講ずる個人情報の保護のための措置に関する情報の提供ができない場合（規則17条４項、外国第三者提供編ガイドライン5-3-2）

個人情報取扱事業者は、法28条１項の規定により外国にある第三者への個人データの提供を認める旨の本人の同意を取得しようとする時点において、提供先の第三者が講ずる個人情報の保護のための措置に関する情報（規則17条２項３号）の提供ができない場合には、当該情報に代えて、当該情報を提供できない旨およびその理由について情報提供しなければなりません。

なお、情報提供に際しては、どのような場面で外国にある第三者に個人データの提供を行うかについて、具体的に説明することが望ましいです。

また、事後的に当該第三者が講ずる個人情報の保護のための措置についての情報提供が可能となった場合には、本人の求めに応じて情報提供を行うことが望ましいです(外国第三者提供編ガイドライン5-3-2)。

事例1
日本にある製薬会社が医薬品等の研究開発を行う場合において、治験責任医師等が被験者への説明及び同意取得を行う時点では、最終的にどの国の審査当局等に承認申請するかが未確定であり、当該被験者の個人データの提供先を特定できない場合

事例2
日本にある保険会社が保険引受リスクの分散等の観点から外国の再保険会社に再保険を行う場合において、日本にある保険会社による顧客からの保険引受及び同意取得の時点では、最終的にどの再保険会社に再保険を行うかが未確定であり、当該顧客の個人データの提供先を特定できない場合

上記の「提供先の第三者が講ずる個人情報の保護のための措置に関する情報の提供ができない場合に該当する事例」のほか、本人の同意を得ようとする時点において、委託先が具体的に定まっていない等により、提供先の第三者が特定できず、当該第三者が講ずる個人情報の保護のための措置に関する情報が提供できない場合は、「提供する第三者が講ずる個人情報の保護のための措置に関する情報が提供できない場合」に該当し得ると考えられます(民間分野QA12-14)。

問　**外国にある第三者へ個人情報を提供する場合に本人の同意を得ようとする場合の本人に対する情報提供に関する次の選択肢のうち、誤っているものを選びなさい。**

1　本人の同意を得ようとする場合、①移転先となる外国の名称、②適切かつ合理的な方法により得られた当該外国における個人情報の保護に関する制度に関する情報、③第三者が講ずる個人情報の保護のための措置に関する情報を提供しなければならない。

2　「外国」とは本邦の域外にある国または地域をすべて含む。

3　「当該外国における個人情報の保護に関する制度に関する情報」には、「OECDプライバシーガイドライン８原則に対応する事業者の義務または本人の権利の不存在」が含まれる。

答

「外国」とは本邦の域外にある国または地域をいい、我が国と同等の水準にあると認められる個人情報の保護に関する制度を有している外国として個人情報保護委員会規則で定めるものを除く。

正解	2

Q37 EU加盟国および英国にあるグループ企業に、日本国内で取得したお客様の情報を移転する業務を行っています。個人データの提供に際してどのような手続が必要となりますか？

A 個人情報保護法27条の規定による、次の①から④のいずれかの方法による必要があります。

① 本人の同意に基づき提供する方法（法27条１項柱書）
② 法27条１項各号に掲げる場合により提供する方法
③ オプトアウトにより提供する方法（同条２項）
④ 委託、事業承継または共同利用に伴って提供する方法（同条５項各号）

「EU加盟国」および「英国」は日本と同等の水準国であるため、「外国にある第三者への個人データの提供を認める旨の本人の同意」は不要です。ただし、個人情報保護委員会の「補完的ルール」に基づく上乗せルールに従わなければなりません。

解説

1 日本から外国にある第三者に個人データを提供する際に必要な「本人の同意」を得る必要がない場合（法28条１項）

「法第28条第１項の規定による個人情報の保護に関する制度を有している外国として個人情報保護委員会規則で定めるもの」（規則15条１項）に該当する場合には、法27条の規律が適用されます。

当該第三者が所在する国または地域は、法28条１項における「外国」に該当しないこととなります。個人情報取扱事業者は、当該第三者への個人データの提供に際して、「外国にある第三者への個人データの提供を認める旨の本人の同意」を得る必要はありません。

ただし、当該第三者への個人データの提供にあたっては、法27条の規定による次の①から④のいずれかの方法による必要があります。

① 本人の同意に基づき提供する方法（法27条１項柱書）
② 法27条１項各号に掲げる場合により提供する方法
③ オプトアウトにより提供する方法（同条２項）
④ 委託、事業承継または共同利用に伴って提供する方法（同条５項各号）

2 「EU加盟国」および「英国」は法28条の規定による個人情報の保護に関する制度を有している外国として個人情報保護委員会規則で定められている

「法第28条第１項の規定による個人情報の保護に関する制度を有している外国として個人情報保護委員会規則で定めるもの」は、次の各号のいずれにも該当する外国として個人情報保護委員会が定めるものとされています（規則15条１項）。

① 法における個人情報取扱事業者に関する規定に相当する法令その他の定めがあり、その履行が当該外国内において確保されていると認めるに足りる状況にあること
② 個人情報保護委員会に相当する独立した外国執行当局が存在しており、かつ、当該外国執行当局において必要かつ適切な監督を行うための体制が確保されていること
③ 我が国との間において、個人情報の適正かつ効果的な活用と個人の権利利益の保護に関する相互理解に基づく連携および協力が可能であると認められるものであること
④ 個人情報の保護のために必要な範囲を超えて国際的な個人データの移転を制限することなく、かつ、我が国との間において、個人情報の保護を図りつつ、相互に円滑な個人データの移転を図ることが可能であると認められるものであること
⑤ ①から④に定めるもののほか、当該外国を法28条１項の規定による外国として定めることが、我が国における新たな産業の創出並びに活力ある経済社会および豊かな国民生活の実現に資すると認められるものであること

「個人の権利利益を保護する上で我が国と同等の水準にあると認められる個人情報の保護に関する制度を有している外国等」（平成31年個人情報保護委員会告示第１号）においては、「**EU加盟国**」および「**英国**」が、個人情報保護委員会が定める外国とされています。

「EU加盟国」および「英国」の指定は、日・EU間で相互の円滑な個人データ移転を図るために、欧州委員会による日本への十分性認定に合わせて行ったものです。

問

EU加盟国および英国にあるグループ企業に個人データを提供する場合に関する次の選択肢のうち、誤っているものを選びなさい。

1　個人情報保護法27条の規定する方法により個人データを提供しなければならない。

2　EU加盟国および英国の個人情報保護法制に関する情報提供をしなければならない。

3　「EU加盟国」および「英国」の指定は、日・EU間で相互の円滑な個人データ移転を図るために、欧州委員会による日本への十分性認定に合わせて行ったものである。

答

法28条1項における「外国」に該当しないため、EU加盟国および英国の個人情報保護法制に関する情報提供は、不要である。

正解　2

Q38 外国にある第三者が、個人情報取扱事業者が講ずべき措置に相当する措置を継続的に講ずるために必要な個人情報保護委員会規則で定める基準に適合する体制を整備している場合には、どのような取扱いとなりますか？

A　外国にある第三者が、個人情報取扱事業者が講ずべき措置に相当する措置を継続的に講ずるために必要な個人情報保護委員会規則で定める基準に適合する体制を整備している場合で、かつ、個人情報取扱事業者が当該第三者による相当措置の継続的な実施を確保するために必要な措置を講ずるとともに、本人の求めに応じて必要な措置に関する情報を提供する場合には、国内における第三者提供の規律が適用されることになります。

解説

1　総論

外国にある第三者が、個人情報取扱事業者が講ずべき措置に相当する措置（相当措置）を継続的に講ずるために必要な**規則16条で定める基準に適合する体制（以下「基準適合体制」といいます。）**を整備している場合には、法27条の規律が適用されることとなります。

外国にある第三者が基準適合体制を整備している場合、個人情報取扱事業者は、当該第三者による相当措置の継続的な実施を確保するために必要な措置を講ずるとともに、本人の求めに応じて必要な措置に関する情報を提供しなければなりません（法28条３項）。

この場合の当該第三者は、法28条１項における「第三者」に該当しません。したがって、個人情報取扱事業者は、当該第三者への個人データの提供に際して、「外国にある第三者への個人データの提供を認める旨の本人の同意」を得る必要はありません。

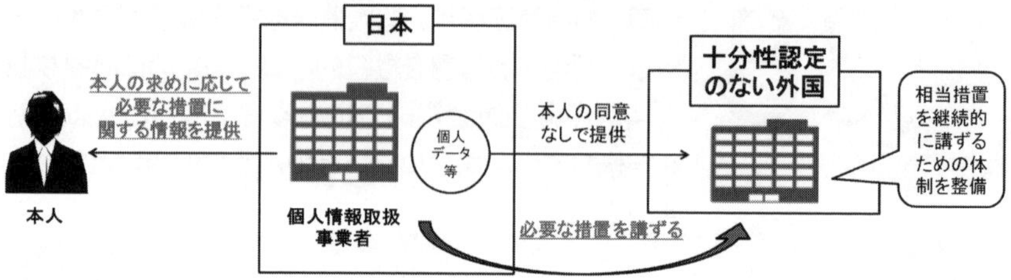

※1　下線が令和２年改正法による措置。
※2　必要な措置とは、移転先第三者による相当措置の継続的な実施を確保するために必要な措置を指します。

当該第三者への個人データの提供にあたっては、法27条の規定による次の①から④のいずれかの方法による必要があります。

①　本人の同意に基づき提供する方法（法27条１項柱書）
②　法27条１項各号に掲げる場合により提供する方法
③　オプトアウトにより提供する方法（同条２項）
④　委託、事業承継または共同利用に伴って提供する方法（同条５項各号）

2　相当措置を継続的に講ずるために必要な体制の基準とは（法28条１項、規則16条）

「相当措置を継続的に講ずるために必要な体制の基準」として下記のいずれかに該当することが必要です（規則16条各号）。

①個人情報取扱事業者と個人データの提供を受ける者との間で、当該提供を受ける者における当該個人データの取扱いについて、適切かつ合理的な方法により、個人情報保護法第４章第２節の規定の趣旨に沿った措置の実施が確保されていること（規則16条１号）
②個人データの提供を受ける者が、個人情報の取扱いに係る国際的な枠組みに基づく認定を受けていること（同条２号）

上記の基準については、令和２年改正法施行後も変更はありませんが、①の「法第４章第２節の規定の趣旨に沿った措置」に関しては外国第三者提供編ガイドライン4-2で求められる体制整備が追加されます。

なお、②の「個人情報の取扱いに係る国際的な枠組みに基づく認定」とは、国際機関等において合意された規律に基づき権限のある認証機関等が認定するものをいい、当該枠組みは、個人情報取扱事業者が講ずべきこととされている措置に相当する措置を継続的に講ずることのできるものである必要があります。これには、提供先の外国にある第三者が、APECのCBPRシステムの認証を取得していることが該当します（外国第三者提供編ガイドライン4-3）。

3　規則16条１号の趣旨

（１）適切かつ合理的な方法（規則16条１号、外国第三者提供編ガイドライン4-1）

「適切かつ合理的な方法」は、個々の事例ごとに判断されるべきですが、個人データの提供先である外国にある第三者が、我が国の個人情報取扱事業者が講ずべきこととされている措置に相当する措置を継続的に講ずることを担保できる方法である必要があります。

例えば、次の事例が該当します（外国第三者提供編ガイドライン4-1）。

事例１
外国にある事業者に個人データの取扱いを委託する場合
→提供元及び提供先間の契約、確認書、覚書等
事例２
同一の企業グループ内で個人データを移転する場合
→提供元及び提供先に共通して適用される内規、プライバシーポリシー等

また、APECのCBPRシステムの認証を取得している事業者は、その取得要件として、当該事業者に代わって第三者に個人情報を取り扱わせる場合においても、当該事業者が本人に対して負う義務が同様に履行されることを確保する措置を当該第三者との間で整備している必要があることとされています。

したがって、提供元の個人情報取扱事業者がCBPRの認証を取得しており、提供先の「外国にある第三者」が当該個人情報取扱事業者に代わって個人情報を取り扱う者である場合には、当該個人情報取扱事業者がCBPRの認証の取得要件を充たすことも、「適切かつ合理的な方法」のひとつであると解されます。

（２）法４章２節の規定の趣旨に沿った措置（規則16条第１号、外国第三者提供編ガイドライン4-2）

法28条の「この節の規定により個人情報取扱事業者が講ずべきこととされている措置に相当する措置」に該当するものは「法第４章第２節の規定の趣旨に沿った措置」

（規則16条１号）と規定されています。

「法第４章第２節の規定の趣旨に沿った措置」については、外国にある第三者により個人データが取り扱われる場合においても、我が国の個人情報取扱事業者により個人データが取り扱われる場合に相当する程度の本人の権利利益の保護を図るという観点に加え、OECDプライバシーガイドラインやAPECにおけるプライバシーフレームワークといった国際的な枠組みの基準も踏まえた国際的な整合性も勘案します。

具体的には、外国第三者提供編ガイドライン4-2-1から4-2-20に記述する事項について、「適切かつ合理的な方法」（上記（1）参照）に記述する方法によって担保されていなければなりません。

個人情報取扱事業者は、契約等に外国第三者提供編ガイドライン4-2-1から4-2-20に記述するすべての事項を規定しなければならないものではなく、「法第４章第２節の規定の趣旨」に鑑みて、実質的に適切かつ合理的な方法により、外国にある第三者に提供された個人データに係る本人の権利利益の保護に必要な範囲で、「措置」の実施が確保されていれば足ります。

外国第三者提供編ガイドライン4-2-1から4-2-20においては、外国にある第三者への個人データの提供に関する典型的な事例として、事例１に、日本にある個人情報取扱事業者が、外国にある事業者に顧客データの入力業務を委託する場合、および事例２に、日本にある個人情報取扱事業者が、外国にある親会社に従業員情報を提供する場合を挙げ、外国にある第三者または提供元である日本にある個人情報取扱事業者が講ずべき措置の具体例が示されています。

「法第４章第２節の規定の趣旨に沿った措置」は、以下の規定に関して講ずる必要があります。

規定の内容	個人情報保護法
利用目的の特定	法17条
利用目的による制限	法18条
不適正な利用の禁止	法19条
適正な取得（要配慮個人情報の取得の規律（法20条２項）は除く）	法20条
取得に際しての利用目的の通知等	法21条
データ内容の正確性の確保等	法22条
安全管理措置	法23条
従業者の監督	法24条
委託先の監督	法25条
漏えい等の報告等	法26条
第三者提供の制限（オプトアウト手続（法27条２項・３項は除く）	法27条

外国にある第三者への提供の制限	法28条
保有個人データに関する公表等（第三者提供記録の開示関連手続は除く）	法32条
開示（第三者提供記録の開示関連手続は除く）	法33条
訂正等	法34条
利用停止等	法35条
理由の説明（第三者提供記録の開示関連手続は除く）	法36条
開示等の請求等に応じる手続	法37条
手数料（第三者提供記録の開示関連手続は除く）	法38条
個人情報取扱事業者による苦情の処理	法40条

下記については、ここでいう「法第４章第２節の規定の趣旨に沿った措置」として外国にある第三者等が講ずべき措置には含まれません。

規定の内容	個人情報保護法
要配慮個人情報の取得に関する規律	法20条２項
オプトアウトによる個人データの第三者提供	法27条２項・３項
第三者提供時の確認・記録義務	法29条・30条
個人関連情報の第三者提供に関する規律	法31条
第三者提供記録の開示	法33条５項
上記に関連するその他の手続等	法32条、36条～38条のうち、第三者提供記録の開示に関連する手続等

日本にある個人情報取扱事業者から個人データの提供を受けた外国にある第三者が法171条の要件を満たし、域外適用の対象となる場合であっても、これによりただちに規則16条の基準を満たすこととなるわけではありません。

規則16条の基準を満たすためには、別途、当該個人データの取扱いについて我が国の個人情報取扱事業者が講ずべき措置に相当する措置を継続的に講ずるために必要な体制を整備することが必要です。

この場合、当該外国にある第三者は、法171条に基づき、上記の「法第４章第２節の規定の趣旨に沿った措置」として講ずべき措置に含まれない規律も含め、法の規定に従って当該個人データを取り扱う義務を負うこととなります。

（３）国内グループ会社からの海外への委託

国内にある事業者Ａが外国にある事業者との間で、Ａのグループ会社の個人データの取扱いに係る委託契約を締結しているケースにおいては、Aの子会社であり、Aと同じ内規等が適用される国内にある事業者Bが、当該外国にある事業者に対して委託に伴って個人データを提供する場合、当該委託契約および当該内規等によって、個人データの提供先である外国にある第三者が、我が国の個人情報取扱事業者の講ずべきこととされている措置に相当する措置を継続的に講ずることを実質的に担保することができる場合には、適切かつ合理的な方法に該当するものと考えられます（民間分野QA12-6）。

この場合、提供先の外国にある第三者が規則16条に定める基準に適合する体制を整備していることを根拠として、事前の本人の同意を得ずに当該外国にある第三者に対して個人データの提供を行った場合には、個人情報取扱事業者は、法28条３項に基づき、当該外国にある第三者による相当措置（個人データの取扱いについて法４章２節の規定により個人情報取扱事業者が講ずべきこととされている措置に相当する措置）の継続的な実施を確保するために必要な措置を講ずるとともに、本人の求めに応じて当該必要な措置に関する情報を当該本人に提供する必要があります。

（4）提供先が再委託する場合

提供先の外国にある第三者が規則16条に定める基準に適合する体制を整備していることを根拠として、個人データを提供した後、当該提供先がさらに別の「第三者」（再提供先）に当該個人データを再提供する場合において、当該「第三者」（再提供先）が本邦の域外にある国または地域にある者であるときは、当該提供先と同一国もしくは地域にあるか、または異なる国もしくは地域にあるかにかかわらず、当該提供先による当該「第三者」（再提供先）への個人データの移転について、法28条の規定の趣旨に沿った措置（外国第三者提供編ガイドライン4-2-12参照）の実施が確保される必要があります（民間分野QA12-7）。

他方で、当該「第三者」（再提供先）が日本（またはEU加盟国・英国）にある者であるときは、当該「第三者」（再提供先）は、「外国にある第三者」（法28条１項）に該当しません。そのため、この場合には、当該提供先による当該「第三者」（再提供先）への個人データの移転について、法27条の規定の趣旨に沿った措置の実施が確保される必要があります（民間分野QA12-7）。

（5）提供元において氏名を削除するなどして個人を特定できないようにしている場合

外国にある第三者に対して、提供元において氏名を削除するなどして個人を特定できないようにした当該提供先にとっては個人情報に該当しないデータの取扱いを委託し、当該提供先が個人情報に復元することがないような場合で、委託契約において当該提供先が元となった個人情報を復元しないことが定められている等、当該提供先が元となった個人情報に係る本人を識別しないこととなっているときは、規則16条に定める基準適合体制を整備しているものと解されます（民間分野QA12-8）。

したがって、この場合、当該提供先は、法28条１項における「第三者」に該当しないため、当該提供先に対する個人データの提供に際して、外国にある第三者への個人データの提供を認める旨の本人の同意を得る必要はありません。

ただし、この場合であっても、提供元である個人情報取扱事業者は、当該提供先において元となった個人情報の復元がなされていないか等の定期的な確認を含め、当該提供先による相当措置の継続的な実施を確保するために必要な措置を講ずるとともに、本人の求めに応じて当該必要な措置に関する情報を提供する必要があります（法28条３項）。さらに、提供元である個人情報取扱事業者は、法25条に基づき当該提供先に対する監督義務を負うことに留意が必要です（民間分野QA12-8）。

問

外国にある第三者が、個人情報取扱事業者が講ずべき措置に相当する措置（相当措置）を継続的に講ずるために必要な個人情報保護委員会規則で定める基準に適合する体制（基準適合体制）を整備している場合に関する次の選択肢のうち、誤っているものを選びなさい。

1 「相当措置を継続的に講ずるために必要な体制の基準」としては、個人情報取扱事業者と個人データの提供を受ける者との間で、当該提供を受ける者における当該個人データの取扱いについて、適切かつ合理的な方法により、個人情報保護法４章２節の規定の趣旨に沿った措置の実施が確保されていることが求められる。

2 「適切かつ合理的な方法」は同一の企業グループ内で個人データを移転する場合であっても、提供元および提供先間の契約、確認書、覚書等が必要となる。

3 外国にある第三者に対して、提供元において氏名を削除するなどして個人を特定できないようにして当該提供先にとっては個人情報に該当しないデータの取扱いを委託し、当該提供先が個人情報に復元することがないような場合で、委託契約において当該提供先が元となった個人情報を復元しないことが定められている等、当該提供先が元となった個人情報に係る本人を識別しないこととなっているときは、規則16条に定める基準に適合する体制を整備しているものと解される。

答

提供元および提供先に共通して適用される、内規、プライバシーポリシー等で足りる。

正解　2

Q39 個人情報保護法施行規則16条に定める基準に適合する体制を整備している外国にある第三者へ個人データを移転する際、対応すべきことについて教えてください。

A　個人情報取扱事業者は、個人情報保護法施行規則16条に定める基準に適合する体制を整備している外国にある第三者に対して個人データを提供した場合には、当該第三者による相当措置の継続的な実施を確保するために必要な措置を講ずるとともに、本人の求めに応じて当該必要な措置に関する情報を当該本人に提供しなければなりません。

解説

1 総論（外国第三者提供編ガイドライン6）

個人情報取扱事業者は、**規則16条で定める基準に適合する体制**（以下「**基準適合体制**」といいます。）を整備している外国にある第三者に対して個人データを提供した場合には、当該第三者による**個人情報取扱事業者が講ずべき措置に相当する措置**（**相当措置**）の継続的な実施を確保するために必要な措置を講ずるとともに、本人の求めに応じて当該必要な措置に関する情報を本人に提供しなければなりません（法28条3項）。

■外国にある第三者に個人データを提供する３つの場合

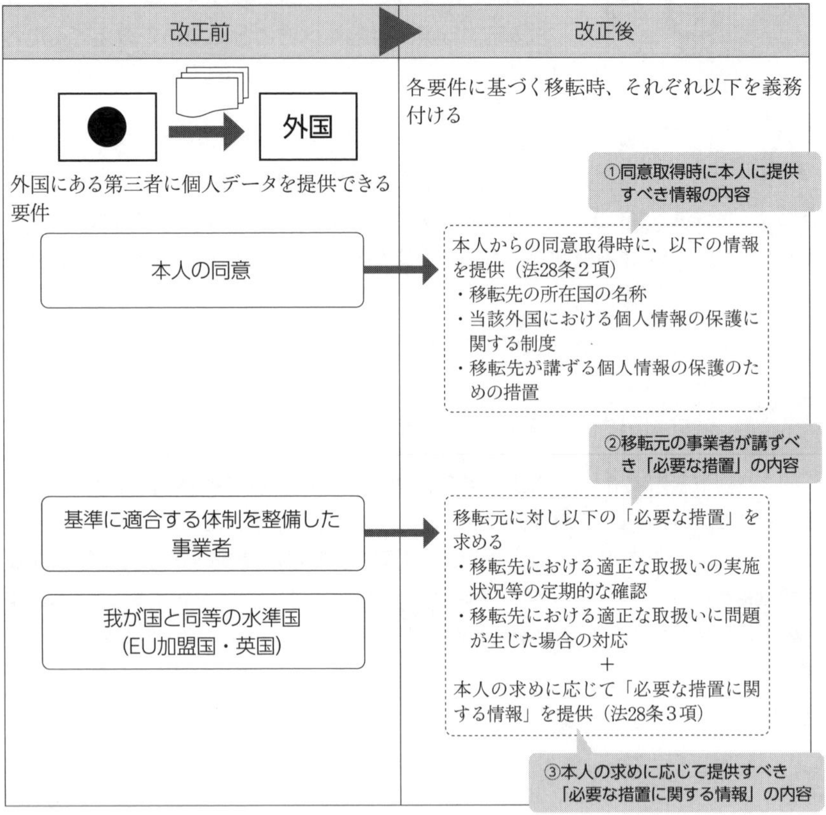

※この他、「法令に基づく場合」等の例外要件あり。

出所：個人情報保護委員会作成資料を修正

法28条３項は、提供先が基準適合体制を整備していることを根拠として外国にある第三者に個人データを提供した場合、個人情報取扱事業者には、提供後も当該第三者による当該個人データの適正な取扱いを継続的に確保する責務があることを明確化するものです。

そのため、個人情報取扱事業者は、当該第三者において当該個人データの取扱いが継続する限り、法28条３項に基づく措置等を講ずる必要があります。

なお、下記の場合、法28条３項の義務は、原則として委託先に課されると考えられます。

ケース
委託元が、国内にある委託先に対して法27条５項１号に基づき個人データの取扱いを委託し、委託先が取得した個人データを、外国にある事業者に対して再委託に伴って再提供する。
条件
委託先（国内にある事業者）と再委託先（外国にある事業者）との間の契約等により、規則16条１号の基準を満たすための「法第４章第２節の規定の趣旨に沿った措置」の実施が確保されていること。

この場合でも、委託元は委託先に対する監督義務を負うため（法25条）、委託先が再委託先に対して必要かつ適切な監督を行っているか等について、適切に把握し監督する必要があります（令和２年改正時のガイドラインパブコメ回答（概要）51番）。

ただし、上記の制度趣旨に鑑み、個人情報取扱事業者が本人の同意を根拠として外国にある第三者に個人データを提供した場合には、当該第三者が基準適合体制を整備していると認められる場合であっても、法28条３項に基づく措置等は求められません。

2　相当措置の継続的な実施を確保するために必要な措置（規則18条１項、外国第三者提供編ガイドライン6-1）

個人情報取扱事業者は、提供先が基準適合体制を整備していることを根拠として外国にある第三者に個人データを提供した場合、当該第三者による相当措置の継続的な実施を確保するために「必要な措置」として、次の①および②の措置を講じなければなりません。

①　当該第三者による相当措置の実施状況並びに当該相当措置の実施に影響を及ぼすおそれのある当該外国の制度の有無及びその内容を、適切かつ合理的な方法により、定期的に確認すること（規則18条１項１号）
②　当該第三者による相当措置の実施に支障が生じたときは、必要かつ適切な措置を講ずるとともに、当該相当措置の継続的な実施の確保が困難となったときは、個人データの当該第三者への提供を停止すること（同項２号）

（1）当該第三者による相当措置の実施状況ならびに当該相当措置の実施に影響を及ぼすおそれのある当該外国の制度の有無およびその内容を、適切かつ合理的な方法により、定期的に確認すること（規則18条1項1号）

個人情報取扱事業者は、個人データの提供先である外国にある第三者による相当措置の実施状況ならびに当該相当措置の実施に影響を及ぼすおそれのある当該外国の制度の有無および内容を、適切かつ合理的な方法により、定期的に確認しなければなりません。

ここでいう「**定期的に確認**」とは、年に1回程度またはそれ以上の頻度で確認することをいいます。

相当措置の実施状況は、外国にある第三者に提供する個人データの内容や規模に応じて、適切かつ合理的な方法により確認する必要がありますが、例えば、個人データを取り扱う場所に赴く方法、書面により報告を受ける方法またはこれらに代わる合理的な方法（口頭による確認を含みます。）により確認することが考えられます。

なお、提供先である外国にある第三者において相当措置を実施すべき対象は、個人情報取扱事業者が実際に提供を行った「個人データ」であることから、相当措置の実施状況の確認においても、提供先で取り扱っている他の個人情報の取扱いについてまで確認することが求められているものではありません（外国第三者提供編ガイドライン6-1（1））。

事例1
外国にある事業者に個人データの取扱いを委託する場合において、提供元及び提供先間の契約を締結することにより、当該提供先の基準適合体制を整備している場合は、当該契約の履行状況を確認すること

事例2
同一の企業グループ内で個人データを移転する場合において、提供元及び提供先に共通して適用されるプライバシーポリシーにより、当該提供先の基準適合体制を整備している場合は、当該プライバシーポリシーの履行状況を確認すること

外国にある第三者による相当措置の実施に影響を及ぼすおそれのある当該外国の制度の有無および内容は、一般的な注意力をもって適切かつ合理的な方法により確認する必要があります。例えば、当該第三者に対して照会する方法や、我が国または外国の行政機関等が公表している情報を確認する方法が考えられます（外国第三者提供編ガ

イドライン6-1（1））。

事例１
事業者に対し政府の情報収集活動への広範な協力義務を課すことにより、事業者が保有する個人情報について政府による広範な情報収集が可能となる制度
事例２
事業者が本人からの消去等の請求に対応できないおそれがある個人情報の国内保存義務に係る制度

事例１に関しては、中国の国家情報法７条に基づく「組織」および「公民」の国家情報活動への協力義務がこれに該当しないかが問題となり得ます。

事例２に関しては、中国のサイバーセキュリティ法37条において「個人データ」および「重要データ」を中国国内に保管する義務を課していることや、ロシアの連邦法152-FZ（個人情報保護法）が個人データをロシア連邦内に所在するデータベースに保管等することを求めていることがこれに該当しないかが問題となります。

（2）当該第三者による相当措置の実施に支障が生じたときは、必要かつ適切な措置を講ずるとともに、当該相当措置の継続的な実施の確保が困難となったときは、個人データの当該第三者への提供を停止すること（規則18条１項２号）

個人情報取扱事業者は、個人データの提供先である外国にある第三者による相当措置の実施に支障が生じたときは、当該支障の解消または改善のために必要かつ適切な措置を講じなければなりません（外国第三者提供編ガイドライン6-1（1））。

事例
日本にある個人情報取扱事業者が提供先である外国にある事業者との間で委託契約を締結することにより、当該提供先の基準適合体制を整備している場合で、当該提供先が当該委託契約上の義務の一部に違反して個人データを取り扱っている場合に、これを是正するよう要請すること

「必要かつ適切な措置」の一環として、当該提供先による相当措置の継続的な実施の確保が困難となり、すでに提供された個人データについて、我が国の個人情報取扱事業者により個人データが取り扱われる場合に相当する程度の本人の権利利益の保護の確保が困難となった場合には、提供元の事業者は、当該提供先に対し、当該個人

データの返還または削除を求める必要があると考えられます。

提供元の事業者が、当該提供先に対して法27条５項１号に基づいて個人データの提供を行っている場合、当該提供先に対する監督義務を負うので（法25条）、当該提供先による当該個人データの安全管理の確保が困難となっているにもかかわらず、提供元の事業者が当該提供先に対して当該個人データの返還または削除を求めない場合には、提供元の事業者の監督義務違反となる可能性があります（令和２年改正時のガイドラインパブコメ回答（概要）52番）。

また、外国にある第三者による相当措置の継続的な実施の確保が困難となった場合、当該第三者は、実質的に、基準適合体制を整備しているとはいえないと考えられることから、それ以降、当該第三者への個人データの提供を停止しなければなりません（外国第三者提供編ガイドライン6-1（1））。

事例１
日本にある個人情報取扱事業者が提供先である外国にある事業者との間で委託契約を締結することにより、当該提供先の基準適合体制を整備しており、当該提供先が当該委託契約上の義務の一部に違反して個人データを取り扱っている場合に、これを是正するよう要請したにもかかわらず、当該提供先が合理的な期間内に是正しない場合

事例２
外国にある事業者において日本にある個人情報取扱事業者から提供を受けた個人データに係る重大な漏えい等が発生した後、同様の漏えい等の発生を防止するための必要かつ適切な再発防止策が講じられていない場合

3 相当措置の継続的な実施を確保するために必要な措置に関する情報提供とは（規則18条２項・３項、外国第三者提供編ガイドライン6-2）

個人情報取扱事業者は、基準適合体制を整備している外国にある第三者に対して個人データを提供した場合には、個人情報保護委員会規則で定めるところにより、当該第三者による相当措置の継続的な実施を確保するために必要な措置を講ずるとともに、本人の求めに応じて当該必要な措置に関する情報を当該本人に提供しなければなりません。

（1）情報提供の方法（規則18条2項、外国第三者提供編ガイドライン6-2-1）

本人に対する情報提供は、規則18条3項の規定により本人への提供が求められる情報を本人が確実に認識できると考えられる適切な方法で行う必要があります。なお、提供する情報は本人にとってわかりやすいものであることが重要です（外国第三者提供編ガイドライン6-2-1）。

事例1
必要な情報を電子メールにより本人に送付する方法
事例2
必要な情報を記載した書面を本人に直接交付する方法
事例3
必要な情報を本人に口頭で説明する方法
事例4
必要な情報をホームページに掲載し、本人に閲覧させる方法

（2）提供すべき情報（規則18条3項、外国第三者提供編ガイドライン6-2-2）

個人情報取扱事業者は、法28条3項の規定による本人の求めを受けた場合には、遅滞なく、次の①から⑦の情報を本人に提供しなければなりません（規則18条3項）。

① 当該第三者による法28条1項に規定する体制の整備の方法
② 当該第三者が実施する相当措置の概要
③ 規則18条1項1号の規定による確認（当該第三者による相当措置の実施状況並びに当該相当措置の実施に影響を及ぼすおそれのある当該外国の制度の有無およびその内容を、適切かつ合理的な方法により、定期的に確認すること）の頻度および方法
④ 当該外国の名称
⑤ 当該第三者による相当措置の実施に影響を及ぼすおそれのある当該外国の制度の有無およびその概要
⑥ 当該第三者による相当措置の実施に関する支障の有無およびその概要
⑦ ⑥の支障に関して規則18条1項2号の規定により当該個人情報取扱事業者が

講ずる措置の概要（必要かつ適切な措置を講ずるとともに、当該相当措置の継続的な実施の確保が困難となったときは、個人データ（法31条２項において読み替えて準用する場合にあっては、個人関連情報）の当該第三者への提供を停止すること）

ただし、情報提供することにより当該個人情報取扱事業者の業務の適正な実施に著しい支障を及ぼすおそれがある場合は、その全部または一部を提供しないことができます（外国第三者提供編ガイドライン6-2-2）。

事例
同一の本人から複雑な対応を要する同一内容について繰り返し情報提供の求めがあり、事実上問合せ窓口が占有されることによって他の問合せ対応業務が立ち行かなくなる等、業務上著しい支障を及ぼすおそれがある場合

①　当該第三者による法28条１項に規定する体制の整備の方法（規則18条３項１号）

個人情報取扱事業者は、個人情報保護法28条３項の規定による本人の求めを受けた場合には、個人データの提供先である外国にある第三者が基準適合体制を整備する方法について情報提供しなければなりません（外国第三者提供編ガイドライン6-2-2（1））。

ケース
日本にある個人情報取扱事業者が外国にある事業者に個人データの取扱いを委託する場合において、提供元及び提供先間の契約を締結することにより、当該提供先の基準適合体制を整備している場合
事例
「提供先との契約」である旨の情報提供を行うこと

②　当該第三者が実施する相当措置の概要（規則18条３項２号）

個人情報取扱事業者は、法28条３項の規定による本人の求めを受けた場合には、個人データの提供先である外国にある第三者が実施する相当措置の概要について情報提供しなければなりません。

提供すべき情報は、個々の事例ごとに判断されるべきですが、当該外国にある第三者において、「法第４章第２節の規定の趣旨に沿った措置」がどのように確保されているかがわかるような情報を提供する必要があります。

なお、個人情報取扱事業者が当該外国にある第三者との間で締結している契約等の

すべての規定の概要についての情報提供を求めるものではありません（外国第三者提供編ガイドライン6-2-2（2））。

ケース

日本にある個人情報取扱事業者が外国にある事業者に個人データの取扱いを委託する場合において、提供元及び提供先間の契約を締結することにより、当該提供先の基準適合体制を整備している場合

事例

「契約において、特定した利用目的の範囲内で個人データを取り扱う旨、不適正利用の禁止、必要かつ適切な安全管理措置を講ずる旨、従業者に対する必要かつ適切な監督を行う旨、再委託の禁止、漏えい等が発生した場合には提供元が個人情報保護委員会への報告及び本人通知を行う旨、個人データの第三者提供の禁止等を定めている」旨の情報提供を行うこと

③　規則18条１項１号の規定による確認の頻度および方法（規則18条３項３号）

個人情報取扱事業者は、法28条３項の規定による本人の求めを受けた場合には、個人データの提供先である外国にある第三者による相当措置の実施状況ならびに当該相当措置の実施に影響を及ぼすおそれのある制度の有無およびその内容の確認に関して、その方法および頻度について情報提供しなければなりません。

なお、外国にある第三者による相当措置の実施状況の確認の方法および頻度と、当該相当措置の実施に影響を及ぼすおそれのある制度の有無およびその内容の確認の方法および頻度が異なる場合には、それぞれについて情報提供する必要があります（外国第三者提供編ガイドライン6-2-2（3））。

事例

①外国にある第三者による相当措置の実施状況についての確認の方法及び頻度

「毎年、書面による報告を受ける形で確認している」旨の情報提供を行うこと

②当該相当措置の実施に影響を及ぼすおそれのある制度の有無及びその内容の確認の方法及び頻度

「毎年、我が国の行政機関等が公表している情報を確認している」旨の情報提供を行うこと

④　当該外国の名称（規則18条４号）

個人情報取扱事業者は、法28条３項の規定による本人の求めを受けた場合には、個人データの提供先の第三者が所在する外国（本邦の域外にある国または地域をいい、我が国と同等の水準にあると認められる個人情報の保護に関する制度を有している外国として規則で定めるもの（現時点ではEU加盟国および英国）を除きます。）の名称について情報提供しなければなりません。

必ずしも正式名称を求めるものではありませんが、本人が自己の個人データの移転先を合理的に認識できると考えられる形で情報提供を行う必要があります。

ここでいう「外国の名称」の情報提供においては、提供先の第三者が所在する外国の名称が示されていれば足り、それに加えて、当該第三者が所在する州等の名称を示すことまでは求められません（外国第三者提供編ガイドライン6-2（1）（※２））。

もっとも、本人が外国にある第三者における自己の個人データの取扱状況等について把握できるようにするという制度趣旨を踏まえると、例えば、州法において外国にある第三者による相当措置の実施に影響を及ぼすおそれのある制度が存在する等、州法に関する情報提供が本人による当該第三者における個人データの取扱状況等の把握に資する場合（カリフォルニア州消費者プライバシー法（CCPA/CPRA）等）には、当該第三者が所在する州を示した上で、当該制度についても情報提供を行うことが望ましいです。

⑤　当該第三者による相当措置の実施に影響を及ぼすおそれのある当該外国の制度の有無およびその概要（規則18条３項５号）

個人情報取扱事業者は、法28条３項の規定による本人の求めを受けた場合には、個人データの提供先である外国にある第三者による相当措置の実施に影響を及ぼすおそれのある当該外国の制度の有無およびその概要について情報提供しなければなりません（外国第三者提供編ガイドライン6-2-2（5））。

事例１
「事業者に対し政府の情報収集活動への広範な協力義務を課すことにより、事業者が保有する個人情報について政府による広範な情報収集が可能となる制度が存在する」旨の情報提供を行うこと
事例２
「事業者が本人からの消去等の請求に対応できないおそれがある個人情報の国内保存義務に係る制度が存在する」旨の情報提供を行うこと

事例１に関しては、中国の国家情報法７条に基づく「組織」および「公民」の国家

情報活動への協力義務がこれに該当しないかが問題となり得ます。

事例2に関しては、中国のサイバーセキュリティ法37条において「個人データ」および「重要データ」を中国国内に保管する義務を課していることや、ロシアの連邦法152-FZ（個人情報保護法）が個人データをロシア連邦内に所在するデータベースに保管等することを求めていることがこれに該当しないかが問題となります。

⑥ 当該第三者による相当措置の実施に関する支障の有無およびその概要（規則18条3項6号）

個人情報取扱事業者は、法28条3項の規定による本人の求めを受けた場合には、当該第三者による相当措置の実施に関する支障の有無およびその概要に関する情報を本人に提供しなければなりません（外国第三者提供編ガイドライン6-2-2（6））。

ケース

日本にある個人情報取扱事業者が外国にある事業者に個人データの取扱いを委託する場合において、提供元及び提供先間の契約を締結することにより、当該提供先の基準適合体制を整備しているものの、当該提供先が当該契約において特定された利用目的の範囲を超えて、当該個人データを取り扱っていた場合

事例

「提供先が契約において特定された利用目的の範囲を超えて個人データの取扱いを行っていた」旨の情報提供を行う

⑦ 上記⑥の支障に関して規則18条1項2号の規定により当該個人情報取扱事業者が講ずる措置の概要（規則18条3項7号）

個人データの提供先である外国にある第三者による相当措置の実施に支障が生じた場合において、当該支障の解消・改善のために提供元の個人情報取扱事業者が講ずる措置の概要について情報提供しなければなりません（外国第三者提供編ガイドライン6-2-2（7））。

ケース

日本にある個人情報取扱事業者が外国にある事業者に個人データの取扱いを委託する場合において、提供元及び提供先間の契約を締結することにより、当該提供先の基準適合体制を整備しているものの、当該提供先が当該契約において特定された利用目的の範囲を超えて、当該個人データを取り扱っていた場合

事例1

「提供先が契約において特定された利用目的の範囲を超えて個人データの取扱いを

行っていたため、速やかに当該取扱いを是正するように要請した」旨の情報提供を行うこと

事例2

「提供先が契約において特定された利用目的の範囲を超えて個人データの取扱いを行っていたため、速やかに当該取扱いを是正するように要請したものの、これが合理的期間内に是正されず、相当措置の継続的な実施の確保が困難であるため、○年○月○日以降、個人データの提供を停止した上で、既に提供した個人データについて削除を求めている」旨の情報提供を行うこと

4 情報提供しない旨の決定を行った際の通知等（規則18条4項・5項、外国第三者提供編ガイドライン6-2-3）

個人情報取扱事業者は、法28条3項の規定による本人の求めに係る情報の全部または一部について情報提供しない旨の決定をしたときは、遅滞なく、その旨を本人に通知しなければなりません（規則18条4項）。

この場合、個人情報取扱事業者は、本人に対し、情報提供をしない理由を説明するよう努めなければなりません（同条5項）。

問

個人情報保護法施行規則16条に定める基準に適合する体制（基準適合体制）を整備している外国にある第三者へ個人データを移転する際、対応すべきこととして、次の選択肢のうち、誤っているものを選びなさい。

1　個人情報取扱事業者は、基準適合体制を整備している外国にある第三者に対して個人データを提供した場合には、当該第三者による相当措置の継続的な実施を確保するために必要な措置を講ずるとともに、本人の求めに応じて当該必要な措置に関する情報を本人に提供しなければならない。

2　個人情報取扱事業者は、提供先が基準適合体制を整備していることを根拠として外国にある第三者に個人データを提供した場合、当該第三者による相当措置の継続的な実施を確保するために「必要な措置」として、①当該第三者による相当措置の実施状況ならびに当該相当措置の実施に影響を及ぼすおそれのある当該外国の制度の有無およびその内容を、適切かつ合理的な方法により、定期的に確認すること、または、②当該第三者による相当措置の実施に支障が生じたときは、必要かつ適切な措置を講ずるとともに、当該相当措置の継続的な実施の確保が困難となったときは、個人データの当該第三者への提供を停止することが必要である。

3　「相当措置の実施に影響を及ぼすおそれのある当該外国の制度の概要についての情報提供に該当する事例」としては、例えば、「事業者に対し政府の情報収集活動への広範な協力義務を課すことにより、事業者が保有する個人情報について政府による広範な情報収集が可能となる制度が存在する」旨の情報提供を行うことが該当する。

答

①、②のいずれも、「必要な措置」として講ずる必要がある。

正解　2

Q40 個人情報保護委員会が作成・公表した「外国における個人情報の保護に関する制度等の調査」は、どのような場面で利用できますか？

A ①プライバシーポリシーの安全管理措置のひとつである「外的環境の把握」に関する情報、②「外国にある第三者に個人データを提供する旨の同意」を取得する場合の情報を提供する際の情報（法28条２項）および③外国にある第三者に個人データの提供をするに際して「基準適合体制」を整備しており、本人の求めに応じて必要な措置に関する情報を提供する場合の情報（法28条３項）として利用することができます。

解説

1 外国における個人情報の保護に関する制度等の調査結果

令和２年改正法では、外国にある第三者への個人データの提供の制限に係る規律が強化され、事業者から本人への情報提供の充実が求められることとなりました。

これに関し、個人情報保護委員会は、令和４年４月１日に令和２年改正法が全面施行されることに先立ち、事業者に参考となる情報を提供する観点から、本邦域外にある国または地域（個人情報保護委員会が法28条に基づき「個人の権利利益を保護する上で我が国と同等の水準にあると認められる個人情報の保護に関する制度を有している外国等」として告示で指定しているEU加盟国および英国を除きます。）のうち、個人情報保護委員会が実施した、「事業活動における個人データの越境移転の実態に関する調査」[17]の結果を踏まえて選定した国または地域における個人情報の保護に関する制度等について調査をしました（西村あさひ法律事務所に調査委託「外国における個人情報の保護に関する制度等の調査結果報告書」[18]（2021年11月）および「アンダーソン・毛利・友常法律事務所外国法共同事業に調査委託「外国における個人情報の保護に関する制度等の調査結果報告書」（2022年３月）」参照）。

その上で、我が国の個人情報保護法との間の本質的な差異の把握に資する一定の情

---

17 「事業活動における個人データの越境移転の実態に関する調査について（概要）」（https://www.ppc.go.jp/files/pdf/210609_shiryou-2.pdf）（令和３年６月９日・第175回個人情報保護委員会・資料２）

18 https://www.ppc.go.jp/files/pdf/offshore_DPA_report_R3_12.pdf

報を公表することとし、令和4年1月24日に31の国または地域に関する「情報提供文書」(令和4年1月25日更新)を公表しました。令和4年2月10日には、個人情報保護委員会は9の国・地域について追加で同様の調査を行い[19]、現時点で公表されている国・地域の情報提供文書は以下のとおりです。

- アメリカ合衆国
  連邦・イリノイ州・カリフォルニア州・ニューヨーク州
- アラブ首長国連邦
  連邦・ADGM・DHC・DIFC
- インド
- インドネシア共和国
- ウクライナ
- オーストラリア連邦
- カナダ
- カンボジア王国
- シンガポール共和国
- スイス連邦
- タイ王国
- 大韓民国
- 台湾
- 中華人民共和国
- トルコ共和国
- ニュージーランド
- フィリピン共和国
- ブラジル連邦共和国
- ベトナム社会主義共和国
- 香港
- マレーシア
- ミャンマー連邦共和国
- メキシコ合衆国
- ラオス人民民主共和国

19 「外国における個人情報の保護に関する制度等の調査について」(令和4年2月10日)(https://www.ppc.go.jp/files/pdf/220210_pp_offshore_kouhyou_sywkqc.pdf)

- ロシア連邦
- イスラエル
- カタール
- コスタリカ
- チュニジア
- パナマ
- ペルー
- 南アフリカ
- モロッコ
- モンゴル

2 情報提供文書の記載項目

個人情報保護委員会の公表した40の国・地域の情報提供文書の記載項目は共通しており、いずれも下記のとおりです。

1．個人情報の保護に関する制度の有無

2．個人情報の保護に関する制度についての指標となり得る情報

（1）EUの十分性の認定

EUの十分性認定を取得した国又は地域は、当委員会が我が国と同等の保護水準にあると認められる個人情報の保護に関する制度を有する外国等として指定しているEU（EU加盟国及び欧州経済領域の一部であるアイスランド、ノルウェー、リヒテンシュタイン）の個人情報の保護に関する制度であるGDPR又はその前身のデータ保護指令に基づき、欧州委員会が十分なデータ保護の水準を有していると認められる旨の決定を行っている国又は地域であることから、概ね我が国と同等の個人情報の保護が期待できる。このような意味において、EUの十分性認定を取得した国又は地域であることは、「個人情報の保護に関する制度についての指標となり得る情報」に該当する。

（2）APECのCBPRシステム

APECのCBPRシステム参加の前提として、APECのプライバシーフレームワークに準拠した法令を有していること、及びCBPR認証を受けた事業者やアカウンタビリティエージェントにおいて解決できない苦情・問題が生じた場合に執行機関が調査・是正する権限を有していること等が規定されていることから、我が国と同じくAPECのCBPRシステムに参加しているエコノミーにおいては、APECのプライバシーフレームワークに準拠した法令と当該法令を執行する執行機関を有していると考えられるため、個人情報の保護について概ね我が国と同等の保護が期待できる。このような意味において、APECのCBPRシステム参加エコノミーであることは、「個人情報の保護に関する制度についての指標となり得る情報」に該当する。なお、APECのCBPRシステムの対象は、民間部門である。

３．OECDプライバシーガイドライン８原則に対応する事業者等の義務又は本人の権利

OECDプライバシーガイドライン８原則は、OECD加盟国はもとより国際的な個人情報保護への取組において参照される基本原則としての役割を果たし、各国が個人情報保護制度を整備するにあたっては、事実上の世界標準として用いられている。

４．その他本人の権利利益に重大な影響を及ぼす可能性のある制度

①個人情報の域内保存義務に係る制度であって、本人の権利利益に重大な影響を及ぼす可能性のあるもの（※データ・ローカライゼーション）

②事業者に対し政府の情報収集活動への協力義務を課す制度であって、本人の権利利益に重大な影響を及ぼす可能性のあるもの（※ガバメント・アクセス）

3　情報提供文書の利用場面

個人情報保護委員会の情報提供文書の利用場面としては、以下の場合が考えられます。

①　プライバシーポリシーに保有個人データに関する事項の公表のうち、「安全管理措置」の一つとして「外的環境の把握」（通則編ガイドライン10-7）を記載する場合であって、保有個人データをクラウドサーバによって外国に保存する場合等には、保存している国における個人情報の保護に関する制度を説明するために個人情報保護委員会の情報提供文書のURLを記載する。

②　「外国にある第三者に個人データを提供する旨の同意」を取得する際の情報提供（法28条２項）として、同意取得書面等に、個人情報保護委員会の情報提供文書のURLを記載する。

※法28条２項の規定による情報提供の方法として、規則17条の２項から４項までの規定により求められる情報が掲載されたウェブページが存在する場合に、当該ウェブページのURLを自社のホームページに掲載し、当該URLに掲載された情報を本人に閲覧させる方法も、規則17条１項における「適切な方法」に該当すると考えられるとされています。この場合であっても、例えば、当該URLを本人にとってわかりやすい場所に掲載した上で、同意の可否の判断の前提として、本人に対して当該情報の確認を明示的に求めるなど、本人が当該URLに掲載された情報を閲覧すると合理的

に考えられる形で、情報提供を行う必要があると考えられます（民間分野QA12-10）。

また、従業員を海外（EU加盟国・英国以外）のグループ現地法人に派遣する際に、当該現地法人に当該従業員の情報を提供する際に、個人情報保護委員会の情報提供文書を示して、当該従業員の同意を取得することも考えられます。

③ 外国にある第三者に個人データの提供をするに際して「基準適合体制」を整備しており、「本人の求めに応じて必要な措置に関する情報を本人に提供する方法」（法28条３項）として、ウェブサイトに個人情報保護委員会の情報提供文書のURLを記載する。

※法28条３項の規定による必要な措置に関する情報の本人への提供の方法として規則18条３項の規定により求められる情報が掲載されたウェブページが存在する場合に、当該ウェブページのURLを本人に対して提供する方法も、規則18条２項における「適切な方法」に該当すると考えられるとされています（民間分野QA12-19）。

4 情報提供文書を利用する場合の留意点

個人情報保護委員会が公表している40の国・地域の情報提供文書には、文末に以下のとおり共通で留意文言が記載されています。

要するに、具体的な場面における適用事業者の利用にあたっては、補助的なものとして参照し、最終的な責任は事業者が負うべきであるということです。

■ 個人情報の保護に関する法律（平成15年法律第57号）（以下「個人情報保護法」という）第28条第２項の趣旨には、外国にある第三者に対する個人データの提供に伴うリスクについて、本人の予測可能性を高めるという点のほか、外国にある第三者に対して個人データを提供する事業者においても、従前以上に、提供先の外国にある第三者における事業環境等を認識することを促すという点が含まれる。

また、**事業者が同項に基づいて本人に対して提供すべき情報の具体的内容は、個別の事案に応じて異なり得る**。したがって、外国における個人情報の保護に関する制度の確認は、外国にある第三者に対して個人データを提供する事業者の責任において行うべきものであり、当委員会が提供する上記参考情報は、**あくまで補助的なものとして参照する必要がある**。

■ 当委員会が提供する上記参考情報は、当委員会が行った「外国における個人情報の保護に関する制度等の調査」の結果に基づくものであり、あくまで当該調査を実施した**2022年2月15日**（編注：追加調査の対象となっていない国・地域については2021年10月）**時点における情報に基づくもの**である。当該時点以降、外国において個人情報の保護に関する制度が改正されること等により、外国にある第三者に対して個人データを提供する事業者が本人に対して提供すべき情報の内容にも変更が生じている可能性がある。

■　当委員会が提供する上記参考情報は、当委員会が行った「外国における個人情報の保護に関する制度等の調査」の結果に基づくものであるところ、当該調査は、以下の観点から調査対象の法令を限定して行ったものであり、**必ずしも網羅的なものではない**。外国にある第三者に対して個人データを提供する事業者は、上記参考情報以外にも関連する情報を保有している場合には、個人情報保護法第28条第２項及び個人情報の保護に関する法律施行規則（平成28年個人情報保護委員会規則第３号）第17条第２項に基づき、当該情報も本人に対して提供する必要がある。

－　以下の法令については、上記調査に係る委託先事業者又は再委託先事業者が代表的なものとして挙げた法令を調査対象としていること

●個人情報の保護に関する包括的な法令を有しない外国における個別の分野に適用される個人情報の保護に関する法令

●個人情報の域内保存義務に係る制度に関する法令

●事業者に対し政府の情報収集活動への協力義務を課す制度に関する法令

－　事業者に対し政府の情報収集活動への協力義務を課す制度に関する法令については、刑事法執行目的又は国家安全保障目的の双方又は一方の目的で、事業者の保有する個人情報に対して外国政府がアクセスを行う制度であって、当該法令上、事業者が外国政府に個人情報を提供することが義務付けられているものを調査対象としていること

問

個人情報保護委員会が作成・公表した「外国における個人情報の保護に関する制度等の調査」に基づく「情報提供文書」に関する次の選択肢のうち、誤っているものを選びなさい。

1　プライバシーポリシーに保有個人データに関する事項の公表のうち、「安全管理措置」の一つとして「外的環境の把握」を記載する場合であって、保有個人データをクラウドサーバによって外国に保存する場合等には、保存している国における個人情報の保護に関する制度を説明するために個人情報保護委員会の情報提供文書のURLを記載することが考えられる。

2　「外国にある第三者に個人データを提供する旨の同意」を取得する際の情報提供として、同意取得書面等に、個人情報保護委員会の情報提供文書のURLを記載することが考えられる。

3　情報提供文書によることにすれば、外国における個人情報の保護に関する制度の確認は不要となる。

答

外国にある第三者に対して個人データを提供する事業者の責任において行うべきものであり、個人情報保護委員会が提供する情報提供文書による参考情報は、あくまで補助的なものとして参照する必要がある。

正解　3

Q41 EU加盟国・英国から日本への個人データの移転に関する「補完的ルール」について教えてください。

A 日本はGDPR、英国GDPRに基づき、十分性認定を得ているため、EU加盟国・英国から個人情報保護法に基づき個人データの移転を受けることができますが、その際の上乗せルールとして補完的ルールが適用されます。

解説

1 制定経緯

個人情報保護委員会は、2018年9月14日、日本が欧州委員会からGDPRに基づく十分性認定を取得したことに伴い、「個人情報の保護に関する法律に係るEU域内から十分性認定により移転を受けた個人データの取扱いに関する補完的ルール」(以下「補完的ルール」といいます。)を公表しました(2019年1月23日施行)。

個人情報保護委員会は、日・EU間で相互の円滑な個人データ移転を図るため、法28条(令和3年改正法施行前の法24条)に基づき、個人の権利利益を保護する上で我が国と同等の水準にあると認められる個人情報の保護に関する制度を有している外国としてEU加盟国を指定し、これに合わせて、欧州委員会は、GDPR45条に基づき、日本が個人データについて十分な保護水準を確保していると決定しました。

これにより、日・EU間で、個人の権利利益を高い水準で保護した上で相互の円滑な個人データ移転が図られることとなりました。日・EU双方の制度は極めて類似しているものの、いくつかの関連する相違点が存在するという事実に照らして個人情報の保護に関する基本方針を踏まえ、EU域内から十分性認定により移転を受けた個人情報について高い水準の保護を確保するために、個人情報取扱事業者によるEU域内から十分性認定により移転を受けた個人情報の適切な処理および適切かつ有効な義務の履行を確保する観点から、各国政府との協力の実施等に関する法の規定(法4条・6条・9条・28条・128条・167条、ならびに規則15条(令和3年改正法施行前の法4条・6条・8条・24条・60条・78条、ならびに規則11条))に基づき個人情報保護委員会は補完的ルールを策定しました。

法6条は、個人情報に関する一層の保護を図り国際的に整合のとれた個人情報に係る制度を構築する観点から、法令で定める内容を補完し上回る、より厳格な規律を設けられるよう必要な法制上の措置その他の措置を講ずる権限を規定しています。したがって、個人情報保護委員会は、個人情報保護法を所管する機関として、法6条に従い、法2条3項に定める要配慮個人情報に関する定義を含め、EU域内から十分性認定により移転を受けた個人データの取扱いについて、個人の権利利益のより高い水準の保護を規定した補完的ルールを策定することにより、より厳しい規律を策定する権限を有しています。

補完的ルールは、EU域内から十分性認定により移転される個人データを受領する個人情報取扱事業者を拘束し、個人情報取扱事業者はこれを遵守する必要があります。補完的ルールは法的拘束力を有する規律であり、補完的ルールに基づく権利および義務は、補完的ルールがより厳格でより詳細な規律により補完する法の規定と同様に個人情報保護委員会の執行対象となります。補完的ルールに定める権利および義務に対する侵害があった場合は、補完的ルールがより厳格でより詳細な規律により補完する法の規定と同様に、本人は裁判所からも救済を得ることができます。

なお、2020年2月1日に英国がEUから離脱したことに伴い、英国への個人データの移転もカバーするものとして、同日に「個人情報の保護に関する法律に係るEU域内及び英国から十分性認定により移転を受けた個人データの取扱いに関する補完的ルール」に改められています（平成31年個人情報保護委員会告示第5号）。

2 要配慮個人情報

補完的ルールでは、EUまたは英国域内から十分性認定に基づき提供を受けた個人データに、GDPRおよび英国GDPRそれぞれにおいて特別な種類の個人データと定義されている性生活、性的指向または労働組合に関する情報が含まれる場合には、個人情報取扱事業者は、当該情報について法2条3項における要配慮個人情報と同様に取り扱うこととされています。

○規程例

「要配慮個人情報」とは、本人の人種、信条、社会的身分、病歴、犯罪の経歴、犯罪により害を被った事実その他本人に対する不当な差別、偏見その他の不利益が生じないようにその処理に特に配慮を要するものとして【別紙で定める／法第2条第3項に定める】記述等が含まれる個人情報をいう。なお、当社が、EU又は英国域内から十分性認定に基づき提供を受けた個人データに、GDPRにおいて「特別の種類の個人データ」（Special Categories of Personal Data）と定義されている、性生活、性的指向又は労働組合に関する情報が含まれている場合には、当該情報について要配慮個人情報として取り扱うものとする。

3 利用目的

個人情報取扱事業者は、法17条１項により特定した利用目的の達成に必要な範囲を超えて、個人情報を取り扱う場合は、あらかじめ本人の同意を得なければならず（法18条１項)、第三者から個人データの提供を受ける際は、規則で定めるところにより、当該第三者による当該個人データの取得の経緯等を確認し、記録しなければなりません（法30条１項・３項)。

補完的ルールにおいては、個人情報取扱事業者が、EUまたは英国域内から十分性認定に基づき個人データの提供を受ける場合、法30条１項および３項の規定に基づき、EUまたは英国域内から当該個人データの提供を受ける際に特定された利用目的を含め、その取得の経緯を確認し、記録することとされています。

同様に、個人情報取扱事業者が、EUまたは英国域内から十分性認定に基づき個人データの提供を受けた他の個人情報取扱事業者から、当該個人データの提供を受ける場合、法30条１項および３項の規定に基づき、当該個人データの提供を受ける際に特定された利用目的を含め、その取得の経緯を確認し、記録することとされています。

上記のいずれの場合においても、個人情報取扱事業者は、法30条１項および３項の規定に基づき確認し、記録した当該個人データを当初またはその後提供を受ける際に特定された利用目的の範囲内で利用目的を特定し、その範囲内で当該個人データを利用することとされています（法17条１項、18条１項)。

○規程例

(EU又は英国域内から十分性認定に基づき移転を受けた個人データについての利用目的の特定・制限)

第Ａ条　当社は、第Ｂ条第２項又は第３項に基づき提供を受けた個人データについては、法第30条第１項及び第３項の規定に基づき確認し、記録した当該個人データを当初又はその後提供を受ける際に特定された利用目的の範囲内で利用目的を特定し、その範囲内で当該個人データを利用するものとする。

(第三者提供を受ける際の確認及び記録)

第Ｂ条　当社は、第三者から個人データの提供を受けるに際しては、法第30条に基づき、確認並びに記録の作成及び保存をするものとする。

２　当社が、EU又は英国域内から十分性認定に基づき個人データの提供を受ける場合、法第30条第１項及び第３項の規定に基づき、EU又は英国域内から当該個人データの提供を受ける際に特定された利用目的を含め、その取得の経緯を確認し、記録することとする。

3　当社が、EU又は英国域内から十分性認定に基づき個人データの提供を受けた他の個人情報取扱事業者から、当該個人データの提供を受ける場合は、法第30条第１項及び第３項の規定に基づき、当該個人データの提供を受ける際に特定された利用目的を含め、その取得の経緯を確認し、記録することとする。

4　外国にある第三者への提供の制限

補完的ルールにおいては、個人情報取扱事業者は、EUまたは英国域内から十分性認定に基づき提供を受けた個人データを外国にある第三者へ提供するにあたっては、法28条に従い、次の①から③のいずれかに該当する場合を除き、あらかじめ外国にある第三者への個人データの提供を認める旨の本人の同意を得ることとされています。

① 当該第三者が、個人の権利利益の保護に関して、我が国と同等の水準にあると認められる個人情報保護制度を有している国として規則で定める国にある場合

② 個人情報取扱事業者と個人データの提供を受ける第三者との間で、当該第三者による個人データの処理について、適切かつ合理的な方法（契約、その他の形式の拘束力のある取決めまたは企業グループにおける拘束力のある取扱い）により、補完的ルールを含め法と同等水準の個人情報の保護に関する措置を連携して実施している場合

③ 法27条１項各号に該当する場合

○規程例

（外国にある第三者への提供の制限）

第○条　前条にかかわらず、当社が外国（本邦の域外にある国又は地域をいう。以下同じ。）にある第三者（個人情報取扱事業者に該当する者を除く。）に個人データを提供する場合は、次の①から③のいずれかに該当する場合を除き、あらかじめ当該外国の第三者への提供を認める旨の本人同意を得なければならない。次の①から③のいずれかに該当する場合には、前条を適用するものとする。

① 当該第三者が、個人の権利利益の保護に関して、我が国と同等の水準にあると認められる個人情報保護制度を有している国として規則で定める国にある場合

② 外国にある事業者が「適切かつ合理的な方法」により、「法第４章第１節の規定の趣旨に沿った措置」を講じている場合

③ 前条第１項各号（※法27条１項各号）に該当する場合

2　前項にかかわらず、当社は、EU又は英国域内から十分性認定に基づき提供を

受けた個人データを外国にある第三者へ提供するにあたっては、前項各号のいずれかに該当する場合を除き、本人が同意に係る判断を行うために必要な移転先の状況についての情報を提供した上で、あらかじめ外国にある第三者への個人データの提供を認める旨の本人の同意を得なければならない。

5　仮名加工情報

2022年12月23日に個人情報保護委員会が公表したパブリックコメント（2023年１月27日意見募集締切）により、補完的ルールに「仮名加工情報」に関する追加の規定案が公表されています（令和５（2023）年３月３日時点、パブコメ結果は公示されていません。）。

同規定案により、EUまたは英国域内から十分性認定に基づき提供を受けた個人情報を加工して得られた仮名加工情報は、法41条に基づき取り扱われることとされます。加えて、当該仮名加工情報は統計目的のためのみに取り扱われることとされます。この場合、統計目的とは、統計調査またはその他の統計結果を作成するためのあらゆる処理を意味し、それにより作成された統計結果は集計データであり、特定の個人に関する措置または決定を裏付けるために利用してはならないこととされます。

○規程例

（EU又は英国域内から十分性認定に基づき提供を受けた個人情報を加工して得られた仮名加工情報の特則）

第○条　EU又は英国域内から十分性認定に基づき提供を受けた個人情報を加工して得られた仮名加工情報については、前条（加名加工情報の作成等）に基づき取り扱うとともに、当該仮名加工情報は統計目的のためのみに取り扱うものとする。「統計目的」とは、統計調査又はその他の統計結果を作成するためのあらゆる処理を意味し、それにより作成された統計結果は集計データであり、特定の個人に関する措置又は決定を裏付けるために利用してはならない。

6　匿名加工情報

補完的ルールでは、EUまたは英国域内から十分性認定に基づき提供を受けた個人情報については、個人情報取扱事業者が、加工方法等情報（匿名加工情報の作成に用いた個人情報から削除した記述等および個人識別符号ならびに法43条１項の規定により行った加工の方法に関する情報（その情報を用いて当該個人情報を復元することができるものに限ります。）をいいます。）を削除することにより、匿名化された個人を再識別することを何人にとっても不可能とした場合に限り、法２条６項に定める匿名加工情報とみなすこととされています。

○規程例

【匿名加工情報の定義】

「匿名加工情報」とは、次の各号に掲げる個人情報の区分に応じて当該各号に定める措置を講じて特定の個人を識別することができないように個人情報を加工して得られる個人に関する情報であって、当該個人情報を復元することができないようにしたものをいう。

① 第○項第１号に該当する個人情報

当該個人情報に含まれる記述等の一部を削除すること（当該一部の記述等を復元することのできる規則性を有しない方法により他の記述等に置き換えることを含む。）

② 第○項第２号に該当する個人情報

当該個人情報に含まれる個人識別符号の全部を削除すること（当該個人識別符号を復元することのできる規則性を有しない方法により他の記述等に置き換えることを含む。）

ただし、EU又は英国域内から十分性認定に基づき提供を受けた個人データについては、加工方法等情報を削除することにより、匿名化された個人を再識別することを何人にとっても不可能とした場合に限り、匿名加工情報とみなす。

【加工方法等情報の安全管理措置の不適用】

第○条　本節（加工方法等情報の安全管理措置）の規定は、EU又は英国域内から十分性認定に基づき提供を受けた個人データについては、加工方法等情報を削除することにより、匿名化された個人を再識別することを何人にとっても不可能とした場合に限り、匿名加工情報とみなすこととされるため、適用しないものとする。

問

EU加盟国・英国から日本への個人データの移転に関する「補完的ルール」に関する次の記述のうち、誤っているものを選びなさい。

1 補完的ルールは法令ではないので、必ずしも遵守する必要はない。

2 補完的ルールにおいては、個人情報取扱事業者が、EUまたは英国域内から十分性認定に基づき個人データの提供を受ける場合、EUまたは英国域内から当該個人データの提供を受ける際に特定された利用目的を含め、その取得の経緯を確認し、記録することとされている。

3 補完的ルールでは、EUまたは英国域内から十分性認定に基づき提供を受けた個人情報については、個人情報取扱事業者が、加工方法等情報を削除することにより、匿名化された個人を再識別することを何人にとっても不可能とした場合に限り、法2条6項に定める匿名加工情報とみなすこととされている。

答

法6条は、個人情報に関する一層の保護を図り国際的に整合のとれた個人情報に係る制度を構築する観点から、法令で定める内容を補完し上回る、より厳格な規律を設けられるよう必要な法制上の措置その他の措置を講ずる権限を規定している。したがって、補完的ルールは法令と同等の義務を課すものである。

正解 1

第10章

ビッグデータの利活用

Q 42 「仮名加工情報」とは、どのような情報ですか？また、「個人情報である仮名加工情報」と「個人情報でない仮名加工情報」の違いについて教えてください。

A 仮名加工情報は、データ内の氏名等の記述を削除等することで、加工後のデータ単体からは特定の個人を識別できないようにするものです。仮名加工情報は、一定の安全性を確保しつつも、匿名加工情報よりも詳細な分析を比較的簡便な加工方法で実施し得るもので、それを利活用しようとするニーズが高まっています。

また、仮名加工情報は、その加工の程度に応じて、「個人情報である仮名加工情報」と「個人情報でない仮名加工情報」に分けられます。他の情報と容易に照合でき特定の個人が識別できるものは個人情報に該当し、そうでないものは個人情報に該当しないこととなります。

解説

1 仮名加工情報の規律

（1）仮名加工情報（法２条５項、仮名加工情報・匿名加工情報編ガイドライン2-1-1）

ア　定義

「仮名加工情報」とは、個人情報を、その区分に応じて、以下の措置を講じて他の情報と照合しない限り特定の個人を識別することができないように加工して得られる個人に関する情報をいいます（法２条５項本文）。

①法２条１項１号に該当する個人情報：氏名、生年月日その他の記述等により特定の個人を識別することができるもの（他の情報と容易に照合することができ、それにより特定の個人を識別することができることとなるものを含みます。）

→当該個人情報に含まれる記述等の一部を削除すること

②法２条１項２号に該当する個人情報：個人識別符号が含まれるもの

→当該個人情報に含まれる個人識別符号の全部を削除すること

上記①・②の「削除すること」には、「当該一部の記述等」または「当該個人識別符号」を「復元することのできる規則性を有しない方法により他の記述等に置き換えることを含む」とされています。「復元することのできる規則性を有しない方法」とは、置き換えた記述等から、置き換える前の特定の個人を識別することとなる記述等または個人識別符号の内容を復元することができない方法です。

なお、個人情報保護法において「特定の個人を識別することができる」とは、情報単体または複数の情報を組み合わせて保存されているものから社会通念上そのように判断できるものをいい、一般人の判断力または理解力をもって生存する具体的な人物と情報の間に同一性を認めるに至ることができるかどうかによるものです。

仮名加工情報に求められる「他の情報と照合しない限り特定の個人を識別することができない」という要件は、加工後の情報それ自体により特定の個人を識別することができないような状態にすることを求めるものであり、当該加工後の情報とそれ以外の他の情報を組み合わせることによって特定の個人を識別することができる状態にあることを否定するものではありません。

イ 「匿名加工情報」と「仮名加工情報」の違い（民間分野QA14-1）

匿名加工情報は、特定の個人を識別することができないように個人情報を加工して得られる個人に関する情報であって、当該個人情報を復元することができないようにしたもの（法２条６項）です。「個人情報」（法２条１項）に該当せず、本人の同意を得ずに第三者に提供することが可能です。

これに対し、仮名加工情報は、他の情報と照合しない限り特定の個人を識別できないように加工した個人に関する情報（法２条５項）であり、仮名加工情報を作成した個人情報取扱事業者においては、通常、当該仮名加工情報の作成の元となった個人情報や当該仮名加工情報に係る削除情報等を保有していると考えられることから、原則として「個人情報」（法２条１項）に該当するものです。変更前の利用目的と関連性を有すると合理的に認められる範囲を超える利用目的の変更が可能ですが（法41条９項）、原則として第三者への提供が禁止されています（法41条６項）。

ウ 「個人情報である仮名加工情報」と「個人情報でない仮名加工情報」（民間分野QA14-2）

仮名加工情報は、その加工の程度に応じて、「個人情報である仮名加工情報」と「個人情報でない仮名加工情報」に分かれます。

仮名加工情報取扱事業者が、仮名加工情報の作成の元となった個人情報や当該仮名加工情報に係る削除情報等を保有している等により、当該仮名加工情報が「他の情報と容易に照合することができ、それにより特定の個人を識別することができる」状態にある場合には、当該仮名加工情報は、「個人情報」（法２条１項）に該当します。

これに対し、例えば、法41条６項または法42条１項もしくは２項の規定により仮名加工情報の提供を受けた仮名加工情報取扱事業者において、当該仮名加工情報の作成の元となった個人情報や当該仮名加工情報に係る削除情報等を保有していない等により、当該仮名加工情報が「他の情報と容易に照合することができ、それにより特定の個人を識別することができる」状態にない場合には、当該仮名加工情報は、「個人情報」（法２条１項）に該当しません。

なお、仮名加工情報取扱事業者が遵守すべき個人情報である仮名加工情報の取扱いに関する義務等と個人情報でない仮名加工情報の取扱いに関する義務等は異なりますので、注意が必要です。

（２）仮名加工情報データベース等（法16条５項、令６条）

「仮名加工情報データベース等」とは、①仮名加工情報を含む情報の集合物であって、特定の仮名加工情報を電子計算機を用いて検索することができるように体系的に構成したもの、または、②これに含まれる仮名加工情報を一定の規則に従って整理することにより特定の仮名加工情報を容易に検索することができるように体系的に構成した情報の集合物であって、目次、索引その他検索を容易にするためのものを有するものをいいます。

（３）仮名加工情報取扱事業者（法16条５項、仮名加工情報・匿名加工情報編ガイドライン2-1-2）

「仮名加工情報取扱事業者」とは、仮名加工情報データベース等を事業の用に供している者のうち、国の機関、地方公共団体、独立行政法人等、地方独立行政法人を除いた者をいいます。

2　改正の背景（GDPR）

「仮名化」（Pseudonymisation）は、GDPRにおいて認められている個人データの取扱いです。

「仮名化」とは、追加的な情報が分離して保管されており、かつ、その個人データが識別された自然人または識別可能な自然人に属することを示さないことを確保するための技術上および組織上の措置の下にあることを条件として、その追加的な情報の利用なしには、その個人データが特定のデータ主体に属することを示すことができないようにする態様で行われる個人データの処理をいいます（GDPR ４条５項）。

【仮名化の要件】

① 追加的な情報が分離して保管されていること
② その個人データが識別された自然人または識別可能な自然人に属することを示さないことを確保するための技術上および組織上の措置の下にあること
③ ①の追加的な情報の利用なしには、その個人データが特定のデータ主体に属

することを示すことができないようにする態様で行われること

GDPR上、個人データについて特定の個人が識別可能な追加の情報が削除された「匿名化」(Anonymisation) 情報については適用を受けませんが、「仮名化された個人データ」は追加の情報を使用することにより自然人が識別可能であるため、依然として「個人データ」としてGDPRの規制を受けることとなります (GDPR前文26項)。

もっとも、管理者 (Controller) である事業者が、「仮名化」によって、データ主体(個人) を識別する立場にないことを証明できる場合で、データ主体にそれを通知した場合には、個人データについて適用される以下の規制が免除されます (GDPR11条2項)。

- GDPR15条　データ主体によるアクセスの権利
- GDPR16条　訂正の権利
- GDPR17条　消去の権利 (「忘れられる権利」)
- GDPR18条　処理の制限の権利
- GDPR19条　個人データの訂正もしくは消去または処理の制限に関する通知義務
- GDPR20条　データポータビリティの権利

また、GDPR上、「仮名化」は、適切な技術的・組織的な安全管理措置を実装するものとして位置づけられています (GDPR25条1項、32条1項 (a))。

3 実務上の影響

仮名加工情報が新たに設けられたことによる実務上の影響については、主に以下のとおりです。

- 令和2年改正法施行前の個人情報保護法の下では、個人情報取扱事業者が自社内部で個人データを匿名化して活用しようとする場合、「匿名加工情報」の加工基準・加工方法を満たさない限りは、安全管理措置を講じた上で、個人の各種請求 (開示・訂正等、利用停止等) に応じなければなりませんでした。これに対して、「仮名加工情報」の加工基準・加工方法を満たす場合においては個人の各種請求に応ずる義務がなくなります。
- 「仮名加工情報」の加工基準・加工方法が厳しく、「匿名加工情報」と加工の容易性に差があまりないことから、このまま厳格であれば、「仮名加工情報」の利活用は進まない可能性があります。
- 個人情報に該当する「仮名加工情報」については、目的外利用が禁止され、取得にあたって利用目的について公表等が必要となるため、事業者内部で制限なく利用するためには、個人情報に該当しない「仮名加工情報」にする必要があります。

- 仮名加工情報は事業者内部で利用することが想定されており、本人の同意を得て個人データとして提供する場合しか第三者提供はできないため、ビッグデータとして広く利用されることとはならないのではないかと考えられます。

問

「仮名加工情報」に関する次の選択肢のうち、誤っているものを選びなさい。

1 「仮名加工情報」に求められる「他の情報と照合しない限り特定の個人を識別することができない」という要件は、加工後の情報それ自体により特定の個人を識別することができないような状態にすることを求めるものである。

2 仮名加工情報は、その加工の程度に応じて、「個人情報である仮名加工情報」と「個人情報でない仮名加工情報」に分かれる。

3 GDPR上、「仮名化」をした場合にも、別途、適切な技術的・組織的な安全管理措置を講じなければならない。

答

GDPR上、「仮名化」は適切な技術的・組織的な安全管理措置を実装するものとして位置づけられている。

正解	3

Q43 仮名加工情報を作成する個人情報取扱事業者が遵守すべき義務にはどのようなものがありますか？

A 仮名加工情報を作成する個人情報取扱事業者が遵守する義務等としては、仮名加工情報の適正な加工や、削除情報等の安全管理措置が挙げられます。

解説

1 仮名加工情報の取扱いに係る義務の考え方（仮名加工情報・匿名加工情報編ガイドライン2-2-1）

法４章３節においては、仮名加工情報を作成する個人情報取扱事業者および仮名加工情報データベース等を事業の用に供している仮名加工情報取扱事業者が、仮名加工情報を取り扱う場合等に遵守すべき義務を規定しています。

仮名加工情報取扱事業者において、仮名加工情報の作成の元となった個人情報や当該仮名加工情報に係る削除情報等を保有している等により、当該仮名加工情報が「他の情報と容易に照合することができ、それにより特定の個人を識別することができる」状態にある場合には、当該仮名加工情報は、「個人情報」（法２条１項）に該当します。

この場合、当該仮名加工情報取扱事業者は、「個人情報である仮名加工情報の取扱いに関する義務等」を遵守する必要があります（Q44参照）。

これに対し、例えば、法41条６項または法42条１項もしくは２項の規定により仮名加工情報の提供を受けた仮名加工情報取扱事業者において、当該仮名加工情報の作成の元となった個人情報や当該仮名加工情報に係る削除情報等を保有していない等により、当該仮名加工情報が「他の情報と容易に照合することができ、それにより特定の個人を識別することができる」状態にない場合には、当該仮名加工情報は、「個人情報」（法２条１項）に該当しません。

この場合、当該仮名加工情報取扱事業者は、「個人情報でない仮名加工情報の取扱いに関する義務等」を遵守する必要があります（Q45参照）。

【仮名加工情報を作成する個人情報取扱事業者が遵守する義務等】

（１）仮名加工情報の適正な加工（法41条１項）

（２）削除情報等の安全管理措置（同条２項）

【個人情報取扱事業者である仮名加工情報取扱事業者が遵守する個人情報で

ある仮名加工情報の取扱いに関する義務等】

（1）個人情報である仮名加工情報の利用目的による制限（法41条３項）

（2）個人情報である仮名加工情報の利用目的による公表（同条４項）

（3）仮名加工情報である個人データおよび削除情報等の消去の努力義務（同条5項）

（4）仮名加工情報である個人データの第三者提供の禁止（同条６項）

（5）個人情報である仮名加工情報の他の情報との照合の禁止（同条７項）

（6）個人情報である仮名加工情報に含まれる連絡先その他の情報の利用の禁止（同条８項）

（7）個人情報である仮名加工情報、仮名加工情報である個人データおよび仮名加工情報である保有個人データの適用除外規定（次の規定を適用しない）（同条9項）

- 利用目的の変更の制限（法17条２項）
- 漏えい等の報告および本人通知（法26条）
- 保有個人データに関する事項の公表等、および保有個人データの開示・訂正等・利用停止等への対応等（法32条～39条）

（8）上記（1）から（7）の規律のほか、個人情報である仮名加工情報および仮名加工情報である個人データへの、個人情報および個人データに関する規定の適用（次の規定が適用されます。）

- 不適正利用の禁止（法19条）
- 適正取得（法20条１項）
- 安全管理措置（法23条）
- 従業者の監督（法24条）
- 委託先の監督（法25条）
- 苦情処理（法40条）

【仮名加工情報取扱事業者が遵守する個人情報でない仮名加工情報の取扱いに関する義務】

（1）仮名加工情報の第三者提供の禁止（法42条１項・２項）

（2）個人情報でない仮名加工情報への、個人データおよび保有個人データに関する規定の準用（次の規定が準用されます。）（同条３項）

- 安全管理措置（法23条）
- 従業者の監督（法24条）
- 委託先の監督（法25条）

- 苦情処理（法40条）
- 識別行為の禁止（法41条７項）
- 本人への連絡等の禁止（同条８項）

2 仮名加工情報を作成する個人情報取扱事業者の義務等

（1）仮名加工情報の適正な加工（法41条１項、仮名加工情報・匿名加工情報編ガイドライン2-2-2-1）

個人情報取扱事業者は、仮名加工情報（仮名加工情報データベース等を構成するものに限ります。）を作成するときは、他の情報と照合しない限り特定の個人を識別することができないようにするために、**規則31条各号に定める加工基準**に従い、個人情報を加工しなければなりません。

法41条１項の「作成するとき」とは、仮名加工情報として取り扱うために、当該仮名加工情報を作成するときのことをいいます。

法41条１項、規則31条各号に定める基準に従い加工が行われていない場合については、仮名加工情報に該当しないものと考えられます（民間分野QA14-3）。

また、仮名加工情報を作成するためには、仮名加工情報作成の意図を持って、法41条１項に基づき、規則31条各号で定める基準に従い加工する必要があります。

したがって、仮名加工情報の加工基準に基づかずに、個人情報を安全管理措置の一環等としてマスキング等によって仮名化した場合には、仮名加工情報としては扱われません。また、客観的に仮名加工情報の加工基準に沿った加工がなされている場合であっても、引き続き個人情報の取扱いに係る規律が適用されるものとして取り扱う意図で加工された個人に関する情報については、仮名加工情報の取扱いに係る規律は適用されません（民間分野QA14-4）。

既に仮名化された個人情報について、規則31条各号で定める基準を満たす加工がなされていない場合には、これを満たすようさらなる加工を行う必要があります（法41条１項）。これに対して、既に仮名化された個人情報について、客観的に規則31条各号で定める基準を満たす加工がなされている場合には、さらなる加工を行うことなく仮名加工情報として取り扱うことが可能です。ただし、この場合には、当該個人情報を仮名加工情報として取り扱うこととした時点から、仮名加工情報の取扱いに係る規律が適用されることとなるため、注意が必要です（民間分野QA14-5）。

仮名加工情報の加工基準は以下のとおりです。

【規則31条各号に定める加工基準】

（1）個人情報に含まれる特定の個人を識別することができる記述等の全部又は一部を削除すること（当該全部又は一部の記述等を復元することのできる規則性を有しない方法により他の記述等に置き換えることを含む。）（規則31条１号）

（2）個人情報に含まれる個人識別符号の全部を削除すること（当該個人識別符号を復元することのできる規則性を有しない方法により他の記述等に置き換えることを含む。）（同条２号）

（3）個人情報に含まれる不正に利用されることにより財産的被害が生じるおそれがある記述等を削除すること（当該記述等を復元することのできる規則性を有しない方法により他の記述等に置き換えることを含む。）（同条３号）

ア　特定の個人を識別することができる記述等の削除（規則31条１号、仮名加工情報・匿名加工情報編ガイドライン2-2-2-1-1）

個人情報取扱事業者が取り扱う個人情報には、一般に、氏名、住所、生年月日、性別のほか、様々な個人に関する記述等が含まれています。これらの記述等は、氏名のようにその情報単体で特定の個人を識別することができるもののほか、住所、生年月日など、これらの記述等が合わさることによって特定の個人を識別することができるものもあります。このような特定の個人を識別できる記述等から全部またはその一部を削除するあるいは他の記述等に置き換えることによって、特定の個人を識別することができないよう加工しなければなりません。

なお、他の記述等に置き換える場合は、元の記述等を復元できる規則性を有しない方法でなければなりません。他の記述等への置換えとして、仮IDを付す場合には、元の記述等を復元することのできる規則性を有しない方法でなければなりません。

例えば、生年月日の情報を生年の情報に置き換える場合のように、元の記述等をより抽象的な記述に置き換えることも考えられます。

【想定される加工の事例】

事例１）会員ID、氏名、年齢、性別、サービス利用履歴が含まれる個人情報を加工する場合に次の措置を講ずる。

１）氏名を削除する。

事例２）氏名、住所、生年月日が含まれる個人情報を加工する場合に次の１から３までの措置を講ずる。

１）氏名を削除する。

２）住所を削除する。又は、○○県△△市に置き換える。

3）生年月日を削除する。又は、日を削除し、生年月に置き換える。

氏名のようにそれ単体で特定の個人を識別できるものについては措置が必要となりますが、住所、年齢、性別などのその組み合わせにより特定の個人を識別できるような記述については、その一部を削除等することにより特定の個人を識別できないようにすることも可能であると考えられます（民間分野QA14-7）。

講ずべき措置は、個別の事例ごとに判断する必要があります。例えば、氏名の削除後、当該個人情報に含まれる他の記述等により、なお、特定の個人を識別することができる場合には、当該記述等によって特定の個人を識別することができなくなるよう加工する必要があります。

なお、要配慮個人情報（法２条３項）を含む個人情報を加工して仮名加工情報を作成することも可能です（民間分野QA14-6）。

イ　個人識別符号の削除（規則31条２号、仮名加工情報・匿名加工情報編ガイドライン2-2-2-1-2）

加工対象となる個人情報が、個人識別符号を含む情報であるときは、当該個人識別符号単体で特定の個人を識別できるため、当該個人識別符号の全部を削除または他の記述等へ置き換えて、特定の個人を識別できないようにしなければなりません。

なお、他の記述等に置き換える場合は、元の記述等を復元できる規則性を有しない方法による必要があります。

ウ　不正に利用されることにより財産的被害が生じるおそれのある記述等の削除（規則31条３号、仮名加工情報・匿名加工情報編ガイドライン2-2-2-1-3）

一般的にみて、不正に利用されることにより個人の財産的被害が生じるおそれが類型的に高い記述等については、漏えいした場合に個人の権利利益の侵害が生じる蓋然性が相対的に高いと考えられます。そのため、仮名加工情報を作成するにあたっては、当該記述等について削除または他の記述等への置き換えを行わなければなりません。

なお、他の記述等に置き換える場合は、元の記述等を復元できる規則性を有しない方法による必要があります。

【想定される加工の事例】

事例１）クレジットカード番号を削除する。

事例２）送金や決済機能のあるウェブサービスのログインID・パスワードを削除する。

規則31条３号における「財産的被害が生じるおそれ」の有無は、個人情報に含まれる記述等が不正に利用されることにより財産的被害が生じる蓋然性を考慮して判断されるため、例えば、ある記述等について不正に利用されることにより財産的被害が生じる可能性が理論上は否定できない場合であっても、その可能性が相当程度低いものである場合には、同号に基づく加工は求められません。

したがって、口座番号それ自体やクレジットカード番号の下４桁それ自体が不正に利用されることによりただちに財産的被害が生じるおそれがあるとはいえないと考えられるので、口座番号それ自体や、クレジットカード番号の下４桁それ自体については、「不正に利用されることにより財産的被害が生じるおそれがある記述等」には該当しないと考えられます。もっとも、口座番号やクレジットカード番号の下４桁についても、その部分を何らかの分析等に利用する必要性がないのであれば、削除または置換することが望ましいと考えられます（令和２年改正時のガイドラインパブコメ回答（概要）58番、民間分野QA14-8）。

エ　利用目的の特定の要否

仮名加工情報への加工を行うこと自体を個人情報の利用目的として特定する必要はありません（民間分野QA14-9）。

オ　仮名加工情報と匿名加工情報の加工基準の差異

仮名加工情報と匿名加工情報の加工基準には、以下のような差異があります。

■仮名加工情報と匿名加工情報の加工基準の差異（概要）

	仮名加工情報	匿名加工情報
定義	他の情報と照合しない限り特定の個人を識別することができないように個人情報を加工して得られる個人に関する情報 （法２条５項）	特定の個人を識別することができないように個人情報を加工して得られる個人に関する情報であって、当該個人情報を復元することができないようにしたもの（法２条６項）
加工基準	特定の個人を識別することができる記述等の全部又は一部の削除[20]（規則31条１号）	特定の個人を識別することができる記述等の全部又は一部の削除[21]（規則34条１号）
	個人識別符号の全部の削除（規則31条２号）	個人識別符号の全部の削除（規則34条２号）

20 「削除」には、当該記述等を復元することのできる規則性を有しない方法により他の記述等に置き換えることが含まれる。以下同じ。

21 「削除」には、当該記述等を復元することのできる規則性を有しない方法により他の記述等に置き換えることが含まれる。以下同じ。

加工基準	—	個人情報と当該個人情報に措置を講じて得られる情報を連結する符号（現に個人情報取扱事業者において取り扱う情報を相互に連結する符号に限る。）を削除（規則34条3号）
	—	特異な記述等の削除 （規則34条4号）
	—	前各号に掲げる措置のほか、個人情報に含まれる記述等と当該個人情報を含む個人情報データベース等を構成する他の個人情報に含まれる記述等との差異その他の当該個人情報データベース等の性質を勘案し、その結果を踏まえて適切な措置を講ずる（規則34条5号）
	不正に利用されることにより財産的被害が生じるおそれのある記述等の削除（規則31条3号）	—

※下線は筆者

出所：仮名加工情報・匿名加工情報編ガイドライン【付録】

① 個人情報と当該個人情報に措置を講じて得られる情報とを連結する符号

仮名加工情報は匿名加工情報と異なり、「個人情報と当該個人情報に措置を講じて得られる情報とを連結する符号」（メールアドレス、電話番号、広告ID、MACアドレス等）の削除または置換（規則34条3号）は、加工基準として求められていません。

メールアドレス、電話番号、広告ID、MACアドレス等はそれ自体により、または他の記述等との組み合わせにより、社会通念上、一般人の判断力や理解力をもって、生存する具体的な人物との同一性を認めるに至ることができるものでない限り、必ずしも加工は求められません。この場合でも、加工前の個人情報に係る本人を識別するために、削除情報等を取得したり、仮名加工情報を他の情報と照合することは禁止されており（法41条7項、42条3項により読み替えて準用される法41条7項）、また、本人に連絡等をするために仮名加工情報に含まれる連絡先その他の情報を利用することが禁止されていること（法41条8項、42条3項により準用される法41条8項）等に鑑み、仮名加工情報にメールアドレス、電話番号、広告ID、MACアドレス等が含まれることによるリスクは、一定程度低減されていると考えられます（令和2年改正の規則改正のパブコメ回答（概要）56番）。

② 特異な記述

また、仮名加工情報は匿名加工情報と異なり、「特異な記述の削除または置換」（規則34条4号）は求められていません。

仮名加工情報は、その定義上、他の情報と組み合わせることにより、特定の個人を識別できること自体は許容されているので、加工前の個人情報に含まれる「特異な記述」が、当該個人情報に含まれる記述等以外の情報と組み合わせない限り、特定の個人を識別できない場合には、当該「特異な記述」は、必ずしも加工が求められません。

ただし、加工前の個人情報に含まれる「特異な記述」が、それ自体により、または他の記述等との組み合わせにより、社会通念上、一般人の判断力や理解力をもって、生存する具体的な人物との同一性を認めるに至ることができるものである場合には、当該「特異な記述」は、規則31条1号により加工の対象となります（令和2年改正時の規則改正パブコメ回答（概要）57番）。

（2）削除情報等の安全管理措置（法41条2項、仮名加工情報・匿名加工情報編ガイドライン2-2-2-2）

「**削除情報等**」とは、仮名加工情報の作成に用いられた個人情報から削除された記述等および個人識別符号ならびに法41条1項により行われた加工の方法に関する情報をいいます。

個人情報取扱事業者は、仮名加工情報（仮名加工情報データベース等を構成するものに限ります。）を作成したとき、または仮名加工情報および当該仮名加工情報に係る「削除情報等」を取得したときは、「削除情報等」の漏えいを防止するため、規則32条に定める基準に従い、必要な措置を講じなければなりません。

削除情報等に係る安全管理措置の基準は以下のとおりです。

【規則32条に定める削除情報等に係る安全管理措置の基準】

一　法第41条第2項に規定する削除情報等（同条第1項の規定により行われた加工の方法に関する情報にあっては、その情報を用いて仮名加工情報の作成に用いられた個人情報を復元することができるものに限る。以下この条において同じ。）を取り扱う者の権限及び責任を明確に定めること（規則32条1号）

二　削除情報等の取扱いに関する規程類を整備し、当該規程類に従って削除情報等を適切に取り扱うとともに、その取扱いの状況について評価を行い、その結果に基づき改善を図るために必要な措置を講ずること（同条2号）

三　削除情報等を取り扱う正当な権限を有しない者による削除情報等の取扱いを防止するために必要かつ適切な措置を講ずること（同条3号）

それぞれの安全管理措置については、以下のような具体的な措置を講ずることが求められます。

■削除情報等の安全管理で求められる措置の具体例

講じなければならない措置	具体例
①削除情報等を取り扱う者の権限及び責任の明確化（規則32条1号）	●削除情報等の安全管理措置を講ずるための組織体制の整備
②削除情報等の取扱いに関する規程類の整備、当該規程類に従った削除情報等の適切な取扱い並びに削除情報等の取扱状況の評価、その結果に基づき改善を図るために必要な措置の実施（規則32条2号）	●削除情報等の取扱いに係る規程等の整備とこれに従った運用 ●従業員の教育 ●削除情報等の取扱状況を確認する手段の整備 ●削除情報等の取扱状況の把握、安全管理措置の評価、見直し及び改善
③削除情報等を取り扱う正当な権限を有しない者による削除情報等の取扱いを防止するために必要かつ適切な措置の実施（規則32条3号）	●削除情報等を取り扱う権限を有しない者による閲覧等の防止 ●機器、電子媒体等の盗難等の防止 ●電子媒体等を持ち運ぶ場合の漏えいの防止 ●削除情報等の削除並びに機器、電子媒体等の廃棄 ●削除情報等へのアクセス制御 ●削除情報等へのアクセス者の識別と認証 ●外部からの不正アクセス等の防止 ●情報システムの使用に伴う削除情報等の漏えいの防止

出所：仮名加工情報・匿名加工情報編ガイドライン2-2-2-2

匿名加工情報に係る加工方法等情報の安全管理措置と、仮名加工情報に係る削除情報等の安全管理措置は、目的（当該情報の漏えいによる個人の権利利益の侵害を防止すること）、および対象（加工前の個人情報から削除した情報や加工の方法に関する情報）が共通していることから、仮名加工情報に係る削除情報等の安全管理措置の基準（規則32条）は、匿名加工情報に係る加工方法等情報の安全管理措置の基準（規則35条）と同様の内容とされています。

ただし、講ずべき安全管理措置の具体的な内容については、当該情報が漏えいした場合におけるリスクの大きさを考慮し、当該情報の量や性質等に応じた内容とする必要があることから、匿名加工情報に係る加工方法等情報について講ずべき安全管理措置の具体的な内容と、仮名加工情報に係る削除情報等の安全管理措置の具体的な内容は、情報の性質に応じて異なり得るものと考えられます（令和2年改正時の規則改正パブコメ回答（概要）58番）。

【削除情報等が漏えいした場合】（衆議院内閣委員会第13号（令和２（2020）年５月22日）政府参考人答弁）[22]

（略）削除情報が漏えいした場合ですけれども、これは、安全管理措置義務を履行する観点からも、当該仮名加工情報に含まれるIDなど、そのつなぐものを振り直すことなどによって、仮名加工情報を新たにつくり直す必要があるのではないかというふうに考えます。つまり、もとの仮名加工情報を使い続けることはできないのではないかというふうに思います。

したがいまして、仮名加工情報に係る削除情報が漏えいした場合において、その漏えいが起きた事業者においては、その仮名加工情報をそのまま継続して利用することは原則として許容されないというふうに考えます。

なお、仮名加工情報の作成に用いた個人情報のみが漏えいした場合には、その仮名加工情報及び削除情報の安全管理措置義務の履行が確保されている限り、必ずしも直ちにそのまま継続して利用することができないとは限らないというケースもあるかと思います。

22　衆議院「第201回国会 内閣委員会第13号（令和２年５月22日）」

問 仮名加工情報を作成する個人情報取扱事業者が遵守すべき義務に関する次の選択肢のうち、誤っているものを選びなさい。

1　客観的に仮名加工情報の加工基準に沿った加工がなされている場合には、引き続き個人情報の取扱いに係る規律が適用されるものとして取り扱う意図で加工された個人に関する情報についても、仮名加工情報の取扱いに係る規律は適用される。

2　「不正に利用されることにより財産的被害が生じるおそれのある記述等の削除」としては、クレジットカード番号や送金や決済機能のあるウェブサービスのログインID・パスワードを削除することが該当する。

3　仮名加工情報への加工を行うこと自体を個人情報の利用目的として特定する必要はない。

答

客観的に仮名加工情報の加工基準に沿った加工がなされている場合であっても、引き続き個人情報の取扱いに係る規律が適用されるものとして取り扱う意図で加工された個人に関する情報については、仮名加工情報の取扱いに係る規律は適用されない。

正解　1

Q44 個人情報である仮名加工情報を取り扱うにあたって遵守すべき義務や禁止事項には、どのようなものがありますか？

A　仮名加工情報を取り扱うにあたって遵守すべき義務としては、利用目的による制限・公表、利用する必要がなくなった場合の消去等が定められています。また、禁止事項としては、第三者提供、識別行為、本人への連絡等が定められています。

解説

1　利用目的による制限・公表（法41条３項・４項、仮名加工情報・匿名加工情報編ガイドライン2-2-3-1）

（1）利用目的による制限（仮名加工情報・匿名加工情報編ガイドライン2-2-3-1-1）

個人情報取扱事業者である仮名加工情報取扱事業者は、法令に基づく場合を除くほか、法17条１項の規定により特定された利用目的の達成に必要な範囲を超えて、個人情報である仮名加工情報を取り扱ってはなりません。

「個人情報である仮名加工情報」を作成したときは、作成の元となった個人情報に関して法17条１項の規定により特定された利用目的（当該個人情報について法17条２項に定める範囲で利用目的が変更された場合の変更後の利用目的を含みます。）が、当該仮名加工情報の利用目的として引き継がれます（民間分野QA14-14）。

すなわち、個人情報取扱事業者である仮名加工情報取扱事業者は、「個人情報である仮名加工情報」について、法17条１項において特定された利用目的の達成に必要な範囲を超えて取り扱ってはならず、以下の取扱いが認められません。

①「個人情報である仮名加工情報」について本人の事前の同意を得て目的外利用をすること（法18条１項参照）
②「法令に基づく場合」（法18条３項１号）以外の以下の公益的理由による目的外利用をすること
- 人の生命、身体または財産の保護のために必要がある場合であって、本人の同意を得ることが困難であるとき（同項２号）
- 公衆衛生の向上または児童の健全な育成の推進のために特に必要がある場合で

あって、本人の同意を得ることが困難であるとき（同項3号）

- 国の機関もしくは地方公共団体またはその委託を受けた者が法令の定める事務を遂行することに対して協力する必要がある場合であって、本人の同意を得ることにより当該事務の遂行に支障を及ぼすおそれがあるとき（同項4号）
- 当該個人情報取扱事業者が学術研究機関等である場合であって、当該個人情報を学術研究の用に供する目的（学術研究目的）で取り扱う必要があるとき（当該個人情報を取り扱う目的の一部が学術研究目的である場合を含み、個人の権利利益を不当に侵害するおそれがある場合を除きます。）（同項5号）
- 学術研究機関等に個人データを提供する場合であって、当該学術研究機関等が当該個人データを学術研究目的で取り扱う必要があるとき（当該個人データを取り扱う目的の一部が学術研究目的である場合を含み、個人の権利利益を不当に侵害するおそれがある場合を除きます。）（同項6号）

「法令に基づく場合」以外の場合において、法17条1項の規定により特定された利用目的の達成に必要な範囲を超えて、個人情報である仮名加工情報を取り扱う場合には、あらかじめ利用目的を変更する必要があります。なお、仮名加工情報については、利用目的の変更の制限に関する法17条2項の規定は適用されないため、変更前の利用目的と関連性を有すると合理的に認められる範囲を超える利用目的の変更も認められます（下記7参照）。

利用目的を変更した場合には、原則として変更後の利用目的を公表しなければなりません（下記（2）参照）。

なお、反対解釈として、個人情報ではない仮名加工情報については、目的外利用の禁止の適用はないものと考えられます。

（2）利用目的の公表（仮名加工情報・匿名加工情報編ガイドライン2-2-3-1-2）

個人情報取扱事業者である仮名加工情報取扱事業者は、個人情報である仮名加工情報を取得した場合には、あらかじめその利用目的を公表している場合を除き、原則として、速やかに、その利用目的を公表しなければなりません（法41条4項による法21条1項の準用・読替え）。

もっとも、個人情報取扱事業者が、自らが保有する個人情報の一部を削除する等の加工を行って仮名加工情報を作成した場合は、ここでいう個人情報である仮名加工情報の「取得」に該当しないため、仮名加工情報を作成した時点で仮名加工情報の利用目的を公表する必要はありません。なお、この場合、作成の元となった個人情報に関して法17条1項の規定により特定された利用目的（当該個人情報について法17条2項に定める範囲で利用目的が変更された場合の変更後の利用目的を含みます。）が、当該仮名加工情報の利用目的として引き継がれます（民間分野QA14-15）。

個人情報である仮名加工情報の利用目的の公表にあたっては、仮名加工情報に含まれる情報の項目を公表することは求められません（民間分野QA14-16）。

個人情報取扱事業者である仮名加工情報取扱事業者は、法21条1項の規定にかかわらず、本人との間で契約を締結することに伴って契約書その他の書面（電磁的記録を含みます。）に記載された当該本人の仮名加工情報（個人情報に限ります。）を取得する場合その他本人から直接書面に記載された当該本人の仮名加工情報（個人情報に限ります。）を取得する場合は、あらかじめ、本人に対し、その利用目的を明示しなければなりません。

ただし、人の生命、身体または財産の保護のために緊急に必要がある場合は、この限りではありません（法41条4項による法21条2項の準用）。

また、利用目的の変更を行った場合には、変更後の利用目的を公表しなければなりません（法41条4項により読み替えて適用される法21条3項・4項の準用）。

ただし、次の（ⅰ）から（ⅳ）の場合については、個人情報である仮名加工情報の取得時、および個人情報である仮名加工情報の利用目的の変更時における利用目的の公表は不要です。

（ⅰ）利用目的を公表することにより本人または第三者の生命、身体、財産その他の権利利益を害するおそれがある場合
（ⅱ）利用目的を公表することにより当該個人情報取扱事業者の権利又は正当な利益を害するおそれがある場合
（ⅲ）国の機関又は地方公共団体が法令の定める事務を遂行することに対して協力する必要がある場合であって、利用目的を公表することにより当該事務の遂行に支障を及ぼすおそれがあるとき
（ⅳ）取得の状況からみて利用目的が明らかであると認められる場合

なお、反対解釈として、仮名加工情報取扱事業者は、個人情報ではない仮名加工情報を取得するにあたっての利用目的の公表等をする必要はないものと考えられます。

2 利用する必要がなくなった場合の消去（法41条5項、仮名加工情報・匿名加工情報編ガイドライン2-2-3-2）

個人情報取扱事業者である仮名加工情報取扱事業者は、保有する仮名加工情報である個人データおよび削除情報等を利用する必要がなくなったときは、当該個人デー

タおよび削除情報等を遅滞なく消去するよう努めなければなりません。この場合においては、法22条の規定は適用しません。

○参考（データ内容の正確性の確保等（法22条））
個人情報取扱事業者は、利用目的の達成に必要な範囲内において、個人データを正確かつ最新の内容に保つとともに、利用する必要がなくなったときは、当該個人データを遅滞なく消去するよう努めなければならない。

【仮名加工情報である個人データについて利用する必要がなくなったときに該当する事例】
事例）新商品の開発のため、仮名加工情報である個人データを保有していたところ、当該新商品の開発に関する事業が中止となり、当該事業の再開の見込みもない場合

【削除情報等について利用する必要がなくなったときに該当する事例】
事例）仮名加工情報についての取扱いを終了し、新たな仮名加工情報を作成する見込みもない場合

3 第三者提供の禁止等（法41条６項、仮名加工情報・匿名加工情報編ガイドライン2-2-3-3）

（1）第三者提供が認められる場合

個人情報取扱事業者である仮名加工情報取扱事業者は、法令に基づく場合を除くほか、仮名加工情報である個人データを第三者に提供してはなりません。

すなわち、通常の個人データの第三者提供において認められる以下の場合による提供は認められません。

- 本人の事前の同意（法27条１項）
- 人の生命、身体または財産の保護のために必要がある場合であって、本人の同意を得ることが困難であるとき（同項２号）
- 公衆衛生の向上または児童の健全な育成の推進のために特に必要がある場合であって、本人の同意を得ることが困難であるとき（同項３号）
- 国の機関もしくは地方公共団体またはその委託を受けた者が法令の定める事務を遂行することに対して協力する必要がある場合であって、本人の同意を得る

ことにより当該事務の遂行に支障を及ぼすおそれがあるとき（同項４号）
- 当該個人情報取扱事業者が学術研究機関等である場合であって、当該個人データの提供が学術研究の成果の公表または教授のためやむを得ないとき（個人の権利利益を不当に侵害するおそれがある場合を除きます。）（同項５号）
- 当該個人情報取扱事業者が学術研究機関等である場合であって、当該個人データを学術研究目的で提供する必要があるとき（当該個人データを提供する目的の一部が学術研究目的である場合を含み、個人の権利利益を不当に侵害するおそれがある場合を除きます。）（当該個人情報取扱事業者と当該第三者が共同して学術研究を行う場合に限ります。）（同項６号）
- 当該第三者が学術研究機関等である場合であって、当該第三者が当該個人データを学術研究目的で取り扱う必要があるとき（当該個人データを取り扱う目的の一部が学術研究目的である場合を含み、個人の権利利益を不当に侵害するおそれがある場合を除きます。）（同項７号）
- オプトアウト手続（法27条２項）
- 外国にある第三者への提供を認める旨の同意（法28条１項）

仮名加工情報の第三者提供を認める場合、①仮名加工情報を取得した悪意者により識別行為が行われるおそれがあり、個人の権利利益が侵害されるリスクを高めること、②漏えい等発生時におけるリスクの低下を図るため、それ単体では特定の個人を識別することができないように加工しているにもかかわらず、第三者提供について本人に関与させるためには、あえて加工前の個人情報を復元し、特定の個人を識別することが必要となるため、むしろ漏えい等発生時におけるリスクを高めること、といった弊害があることから、法令に基づく場合を除くほか、第三者提供は認められないこととしたものです（法41条６項、42条１項）。これは、仮名加工情報を作成する前に本人の同意を得ていた場合であっても同様です（民間分野QA14-17）。

なお、仮名加工情報の作成の元になった個人データについては、本人の同意を得て第三者提供することは可能です（民間分野QA14-17）。

（2）第三者に該当しない場合

個人情報取扱事業者である仮名加工情報取扱事業者は、下記ア～ウの場合は、「第三者」に該当しないものとして、（本人の同意なしに）仮名加工情報である個人データの提供ができます。

これらの要件を満たす場合には、仮名加工情報である個人データの提供先は個人情報取扱事業者である仮名加工情報取扱事業者とは別の主体として形式的には第三者に該当するものの、提供主体の個人情報取扱事業者である仮名加工情報取扱事業者と一体のものとして取り扱うことに合理性があるため、第三者には該当しないものとして仮名加工情報である個人データを提供することができることとしたものです（民間分野QA14-17）。

ア　委託（法41条６項、27条５項１号）

利用目的の達成に必要な範囲内において、仮名加工情報である個人データの取扱いに関する業務の全部または一部を「委託」することに伴い、当該仮名加工情報である個人データが提供される場合は、当該提供先は第三者に該当しません。

この場合、当該提供先は、委託された業務の範囲内でのみ、提供主体の個人情報取扱事業者である仮名加工情報取扱事業者と一体のものとして取り扱われることに合理性があるため、委託された業務以外に当該仮名加工情報である個人データを取り扱うことはできません。

なお、提供主体の個人情報取扱事業者である仮名加工情報取扱事業者には、法25条により、委託先に対する監督責任が課されます（下記⑦参照）。

個人情報取扱事業者である仮名加工情報取扱事業者は、委託先に対する監督義務、および仮名加工情報である個人データの安全管理措置を講ずる義務（法23条）の履行の観点から、委託先が提供を受けた仮名加工情報を取り扱うにあたり、法41条または法42条に違反する事態が生じることのないよう、委託先に対して、提供する情報が仮名加工情報である旨を明示しなければなりません。

イ　事業の承継（法41条６項、27条５項２号）

合併、分社化、事業譲渡等により事業が承継されることに伴い、当該事業に係る仮名加工情報である個人データが提供される場合は、当該提供先は第三者に該当しません。

また、事業の承継のための契約を締結するより前の交渉段階で、相手会社から自社の調査を受け、自社の仮名加工情報である個人データを相手会社へ提供する場合も、法41条６項により読み替えて適用される法27条５項２号に該当し、仮名加工情報である個人データを提供することができますが、当該データの利用目的および取扱方法、漏えい等が発生した場合の措置、事業承継の交渉が不調となった場合の措置等、相手会社に安全管理措置を遵守させるために必要な契約を締結しなければなりません。

ウ　共同利用（法41条６項、27条５項３号）

特定の者との間で共同して利用される仮名加工情報である個人データを当該特定の者に提供する場合で、次の①から⑤の情報を、提供にあたりあらかじめ公表しているときには、当該提供先は、当該仮名加工情報である個人データを当初提供した個人情報取扱事業者である仮名加工情報取扱事業者と一体のものとして取り扱われることに合理性があると考えられることから、第三者に該当しません。

① 共同利用をする旨
② 共同して利用される仮名加工情報である個人データの項目
③ 共同して利用する者の範囲
④ 利用する者の利用目的
⑤ 当該仮名加工情報である個人データの管理について責任を有する者の氏名または名称および住所ならびに法人については、その代表者の氏名

上記⑤に変更があったときは遅滞なく、また、④・⑤に規定する利用する者の利用目的または当該責任を有する者を変更しようとするときはあらかじめ、その旨について公表しなければなりません（法41条６項が準用する法27条６項）。

通常の個人データの共同利用の場合（変更の場合を含む）（法27条５項３号）については、「本人に通知し、または容易に知り得る状態に置く」ことが求められますが（同条６項）、仮名加工情報である個人データの共同利用の場合（変更の場合を含みます。）については、「公表」のみが求められます。

（3）第三者提供に係る確認・記録の作成・保存義務（法41条６項、29条・30条）

法41条６項の第２文においては、法29条および30条の読替えが行われています。

上記（1）のとおり、仮名加工情報は内部利用が原則であり、個人情報取扱事業者である仮名加工情報取扱事業者は、法令に基づく場合を除くほか、仮名加工情報である個人データを第三者に提供してはならないこととされています。

法41条６項により読替え後の法29条１項および30条１項において、仮名加工情報である個人データの第三者提供が唯一認められる場合である「法令に基づく場合」（上記（1）参照）および「第三者に該当しない場合」である「法27条５項各号の場合」（上記（2）参照）には、仮名加工情報である個人データの第三者提供に係る確認・記録の作成・保存義務がないこととされていることに鑑みれば、仮名加工情報である個人データの第三者提供に係る確認・記録の作成・保存義務が必要な場合はないと考えられます。

なお、仮名加工情報の原データ（保有個人データ）を本人の同意を得ること等により第三者に提供することは可能であると考えられます。また、あらかじめ本人の同意を得ること等により、仮名加工情報の原データのほか、原データを仮名加工情報としたものを、個人データとして第三者に提供する場合には、当然ながら法29条および30条

の適用があります。

4 識別行為の禁止（法41条７項、仮名加工情報・匿名加工情報編ガイドライン2-2-3-4）

個人情報取扱事業者である仮名加工情報取扱事業者は、個人情報である仮名加工情報を取り扱うにあたっては、当該仮名加工情報の作成の元となった個人情報の本人を識別する目的で、当該仮名加工情報を他の情報と照合してはなりません。

「他の情報」に限定はなく、本人を識別する目的をもって行う行為であれば、個人情報、個人関連情報、仮名加工情報および匿名加工情報を含む情報全般と照合する行為が禁止されます。また、具体的にどのような技術または手法を用いて照合するかは問いません。

【識別行為に当たらない取扱いの事例】

事例１）複数の仮名加工情報を組み合わせて統計情報を作成すること。

事例２）仮名加工情報を個人と関係のない情報（例：気象情報、交通情報、金融商品等の取引高）とともに傾向を統計的に分析すること。

【識別行為に当たる取扱いの事例】

事例１）保有する個人情報と仮名加工情報について、共通する記述等を選別してこれらを照合すること。

事例２）仮名加工情報を、当該仮名加工情報の作成の元となった個人情報と照合すること。

委託により仮名加工情報を取り扱っていたところ、偶然に当該仮名加工情報の作成の元となった個人情報の本人を識別してしまった場合でも、法41条７項および42条３項により準用される法41条７項に定めるように、仮名加工情報の作成の元となった個人情報の本人を識別するために他の情報と照合しているとはいえない場合は、直ちに識別行為の禁止義務に違反するものではないと考えられますが、再度同じような形で個人を識別することがないようにする必要があります。もっとも、取り扱う仮名加工情報に記述等を付加して特定の個人を識別する状態となった場合には、個人情報の不適正な取得となりますので、当該情報を速やかに削除することが望ましいと考えられます（民間分野QA14-21）。

5 本人への連絡等の禁止（法41条８項、仮名加工情報・匿名加工情報編ガイドライン2-2-3-5）

個人情報取扱事業者である仮名加工情報取扱事業者は、個人情報である仮名加工情報を取り扱うにあたっては、電話をかけ、郵便もしくは信書便により送付し、電報を送達し、ファクシミリ装置もしくは「電磁的方法」を用いて送信し、または住居を訪問するために、当該仮名加工情報に含まれる連絡先その他の情報を利用してはなりません。

ここでいう「電磁的方法」とは、以下の①から③のいずれかの方法です（規則33条各号、民間分野QA14-19）。

① 電話番号を送受信のために用いて電磁的記録の相手方の使用に係る携帯して使用する通信端末機器に送信する方法（いわゆるショートメール。他人に委託して行う場合を含む。）（規則33条１号）
② 電子メールを送信する方法（他人に委託して行う場合を含む。）（同条２号）
③ ②のほか、その受信する者を特定して情報を伝達するために用いられる電気通信（電気通信事業法２条１号に規定する電気通信をいう。）を送信する方法（他人に委託して行う場合を含む。）（同条３号）
※受信する者を特定して情報を伝達するために用いられる電気通信を送信する方法に該当する事例

事例１）いわゆるSNS（ソーシャル・ネットワーキング・サービス）のメッセージ機能によりメッセージを送信する方法
事例２）CookieIDを用いて受信する者を特定した上で、当該受信者に対して固有の内容のインターネット広告を表示する方法

仮名加工情報を用いて分析を行い、統計情報を作成した上で、当該統計情報により得られた傾向等を踏まえて、当該仮名加工情報の作成の元となった個人情報を用いて広告配信を行うことは可能です。ただし、広告配信を行うことが、加工前の個人情報について特定された利用目的の範囲内である必要があります。利用目的の達成に必要な範囲を超える利用は、原則として事前に本人の同意が必要となります（法18条１項・３項）（民間分野QA14-20）。

6 適用除外（法41条９項、仮名加工情報・匿名加工情報編ガイドライン2-2-3-6）

仮名加工情報（個人情報であるもの）、仮名加工情報である個人データおよび仮名加工情報である保有個人データの取扱いについては、以下の規定は適用されません。

- 利用目的の範囲（法17条２項）
- 漏えい等の報告等（法26条）

●保有個人データに関する事項の公表等、および保有個人データの開示・訂正等・利用停止等への対応等（法32条～39条）

7 その他の義務等（仮名加工情報・匿名加工情報編ガイドライン2-2-3-7）

個人情報取扱事業者である仮名加工情報取扱事業者による仮名加工情報（個人情報であるもの）および仮名加工情報である個人データの取扱いについては、上記1から6の各規律のほか、次の①から⑥の義務等が課されます。

① **不適正利用の禁止（法19条）**：違法または不当な行為を助長し、または誘発するおそれがある方法により仮名加工情報（個人情報であるもの）を利用してはならない。

② **適正取得（法20条１項）**：偽りその他不正の手段により仮名加工情報（個人情報であるもの）を取得してはならない。

③ **安全管理措置（法23条）**：取り扱う仮名加工情報である個人データの漏えい等その他の安全管理のために必要かつ適切な措置を講じなければならない。

④ **従業者の監督（法24条）**：従業者に仮名加工情報である個人データを取り扱わせるにあたっては、当該仮名加工情報である個人データの安全管理が図られるよう、当該従業者に対する必要かつ適切な監督を行わなければならない。

⑤ **委託先の監督（法25条）**：仮名加工情報である個人データの取扱いの全部または一部を委託する場合は、その取扱いを委託された仮名加工情報である個人データの安全管理が図られるよう、委託を受けた者に対する必要かつ適切な監督を行わなければならない。

⑥ **苦情処理（法40条）**：仮名加工情報（個人情報であるもの）の取扱いに関する苦情の適切かつ迅速な処理に努めなければならない。また、苦情の適切かつ迅速な処理を行うにあたり、苦情処理窓口の設置や苦情処理の手順を定める等必要な体制の整備に努めなければならない。

上記の義務等のほか、仮名加工情報（個人情報であるもの）については、要配慮個人情報の取得に関する法20条２項の適用対象となります（個人情報である仮名加工情報の「取得」については上記3参照）。

もっとも、法41条６項により、仮名加工情報である個人データの第三者提供の禁止の例外は、法令に基づく場合または委託、事業承継もしくは共同利用に伴って提供される場合に限定されているところ、これらの場合により要配慮個人情報の提供を受けるときは、本人同意は不要とされています（法20条2項1号・8号、令9条2号）。

また、仮名加工情報である個人データについては、確認・記録義務に関する法29条および法30条の適用対象となります。もっとも、法41条6項により、仮名加工情報である個人データの第三者提供の禁止の例外は、法令に基づく場合または委託、事業承継もしくは共同利用に伴って提供される場合に限定されているところ、これらの場合には、確認・記録義務は課されないこととされています（法41条6項により読み替えて適用される法29条1項ただし書、30条1項ただし書）。

8 「個人情報（個人データ）である仮名加工情報」と「個人情報でない仮名加工情報」に適用される規律の比較

仮名加工情報に適用される規律の概要は、下記の図表のとおりです。

個人情報でない仮名加工情報については、Q45を参照してください。

■「個人情報（個人データ）である仮名加工情報」と「個人情報でない仮名加工情報」に適用される規定の比較

○：適用あり　△：準用・読替え等による適用あり　×：適用なし（対象外も含む）

個人情報保護法上の規定			個人情報（個人データ）である仮名加工情報	個人情報でない仮名加工情報
定義	法２条５項各号	仮名加工情報	○	○
	法16条５項	仮名加工情報データベース等	○	○
	法16条５項	仮名加工情報取扱事業者	○	○
個人情報取扱事業者および個人関連情報取扱事業者の義務	法17条	利用目的の特定	１項（利用目的の特定）は○ ２項（利用目的の変更の制限）は× （法41条９項）	×
	法18条	利用目的による制限	△（法41条３項） ※本人の同意があっても目的外利用不可	×
	法19条	不適正な利用の禁止	○	×
	法20条	適正な取得	○	×
	法21条	取得に際しての利用目的の通知等	△（法41条４項） ※公表のみ	×
	法22条	データ内容の正確性の確保等（消去の努力義務）	×（法41条５項） ※仮名加工情報である個人データおよび削除情報等の消去の努力義務はある	×
	法23条	安全管理措置	○	△（法42条３項） ※漏えいのみ対象
	法24条	従業者の監督	○	△（法42条３項）

個人情報取扱事業者および個人関連情報取扱事業者の義務	法25条	委託先の監督	○	△（法42条３項）
	法26条	漏えい等の報告等	×（法41条９項）	×
	法27条 法28条	第三者提供の制限 外国にある第三者への提供の制限	△（法41条６項） ※法令に基づく場合のみ提供可 ※第三者に該当しない場合は提供可	△（法42条１項・２項） ※法令に基づく場合のみ提供可 ※第三者に該当しない場合は提供可
	法29条	第三者提供に係る記録の作成等	△（法41条６項） 事実上の空振り規定か？	×
	法30条	第三者提供を受ける際の確認等	△（法41条６項） 事実上の空振り規定か？	×
	法32条	保有個人データに関する事項の公表等	×（法41条９項）	×
	法33条	開示	×（法41条９項）	×
	法34条	訂正等	×（法41条９項）	×
	法35条	利用停止等	×（法41条９項）	×
	法36条	理由の説明	×（法41条９項）	×
	法37条	開示等の請求手続等に応じる手続	×（法41条９項）	×
	法38条	手数料	×（法41条９項）	×
	法39条	事前の請求	×（法41条９項）	×
	法40条	個人情報取扱事業者による苦情の処理	○	△（法42条３項）
仮名加工情報取扱事業者等の義務	法41条１項	仮名加工情報の適正な加工	○	○
	法41条２項	削除情報等の安全管理措置	○	○
	法41条７項	識別行為の禁止	○	△（法42条３項）
	法41条８項	本人への連絡等の禁止	○	△（法42条３項）

問

個人情報である仮名加工情報を取り扱うにあたって遵守すべき義務や禁止事項に関する次の選択肢のうち、誤っているものを選びなさい。

1　個人情報である仮名加工情報については、変更前の利用目的と関連性を有すると合理的に認められる範囲の利用目的の変更のみ認められる。

2　個人情報取扱事業者である仮名加工情報取扱事業者は、個人情報である仮名加工情報を取得した場合には、あらかじめその利用目的を公表している場合を除き、原則として、速やかに、その利用目的を公表しなければならない。

3　個人情報取扱事業者である仮名加工情報取扱事業者は、法令に基づく場合を除くほか、仮名加工情報である個人データを第三者に提供してはならない。

答

個人情報である仮名加工情報については、利用目的の変更の制限に関する法17条２項の規定は適用されないため、変更前の利用目的と関連性を有すると合理的に認められる範囲を超える利用目的の変更も認められる。

正解　1

Q45 個人情報でない仮名加工情報を取り扱うにあたって遵守すべき義務や禁止事項には、どのようなものがありますか？

A　個人情報でない仮名加工情報を取り扱う場合、個人情報である仮名加工情報と同様に第三者提供が制限されます。異なる点としては、目的外利用の禁止の適用がない点、取得するにあたっての利用目的の公表等をする必要がない点、保有個人データに関する規律の適用がない点が挙げられます。

解説

1 第三者提供の禁止等（法42条１項・２項、仮名加工情報・匿名加工情報編ガイドライン2-2-4-1）

（1）第三者提供が認められる場合

仮名加工情報取扱事業者は、法令に基づく場合を除くほか、仮名加工情報（個人情報であるものを除く）を第三者に提供してはなりません。

個人データでない仮名加工情報である場合、法27条１項の適用はありませんが、仮名加工情報である個人データの第三者提供の場合（法41条６項）と平仄を合わせて、仮名加工情報の第三者提供の制限をしています。

なお、仮名加工情報の原データ（保有個人データ）を本人の同意を得ること等により第三者に提供することは可能であると考えられます。

また、あらかじめ本人の同意を得ること等により、仮名加工情報の原データのほか、原データを仮名加工情報としたものを、個人データとして、第三者に提供することも可能であると考えられます（個人情報保護委員会「個人情報保護法 いわゆる３年ごと見直し 制度改正大綱」（令和元年12月13日）参照）。

【制度改正大綱】
第３章　個別検討事項
第４節 データ利活用に関する施策の在り方
２.「仮名化情報（仮称）」の創設
（中略）
また、「仮名化情報（仮称）」は、事業者内部における分析のために用いられることに鑑み、「仮名化情報（仮称）」それ自体を第三者に提供することは許容しないこととする。その場合であっても、「仮名化情報（仮称）」の作成に用いられた原データ（保有個人データ）を、本人の同意を得ること等により第三者に提供することは可能である（※）。

※あらかじめ本人の同意を得ること等により、原データのほか、原データを仮名化したデータを、（現行法における）個人データとして、第三者に提供することも可能である。

（2）第三者に該当しない場合

仮名加工情報取扱事業者は、仮名加工情報（個人情報であるものを除きます。）の提供をする場合においては、以下①から③の場合は第三者への提供には該当せず、（本人の同意なしに）提供することができます。

① 委託：仮名加工情報取扱事業者が利用目的の達成に必要な範囲内において仮名加工情報の取扱いの全部または一部を委託することに伴って当該仮名加工情報が提供される場合

② 事業の承継：合併その他の事由による事業の承継に伴って仮名加工情報が提供される場合

③ 共同利用：特定の者との間で共同して利用される仮名加工情報が当該特定の者に提供される場合であって、その旨ならびに共同して利用される仮名加工情報の項目、共同して利用する者の範囲、利用する者の利用目的ならびに当該仮名加工情報の管理について責任を有する者の氏名または名称および住所ならびに法人にあっては、その代表者の氏名について、あらかじめ公表しているとき

上記③の共同利用の場合、仮名加工情報取扱事業者は、仮名加工情報の管理について責任を有する者の氏名、名称もしくは住所または法人にあっては、その代表者の氏名に変更があったときは遅滞なく、利用する者の利用目的または当該責任を有する者を変更しようとするときはあらかじめ、その旨について公表しなければなりません。

個人データでない仮名加工情報である場合、法27条１項の適用はありませんが、仮名加工情報である個人データの第三者提供の制限の例外として第三者に該当しない場合と平仄を合わせて、第三者に該当しない場合を規定しています。

2 その他の義務等（法42条３項、仮名加工情報・匿名加工情報編ガイドライン2-2-4-2)

仮名加工情報取扱事業者による仮名加工情報の取扱いについては、上記1の規律のほか、以下①から⑥の個人データに関する規定が準用して適用されます。

① 安全管理措置（法42条３項、23条）：漏えいの防止のみ問題となる（滅失・毀損

の防止は問題となりません。）

② 従業者の監督（法42条３項、24条）

③ 委託先の監督（法42条３項、25条）

④ 苦情処理（法42条３項、40条）

⑤ 識別行為の禁止（法42条３項、41条７項）

⑥ 本人への連絡等の禁止（法42条３項、41条８項）

なお、個人情報ではない仮名加工情報については、目的外利用の禁止の適用はなく、また、仮名加工情報取扱事業者は、個人情報ではない仮名加工情報を取得するにあたっての利用目的の公表等をする必要はないものと考えられます。

また、個人情報ではない仮名加工情報であるので、保有個人データに関する規律（法32条～39条）の適用はありません。

問

個人情報でない仮名加工情報を取り扱うにあたって遵守すべき義務や禁止事項に関する次の選択肢のうち、誤っているものを選びなさい。

1　仮名加工情報取扱事業者は、法令に基づく場合を除くほか、個人情報ではない仮名加工情報を第三者に提供してはならない。

2　仮名加工情報取扱事業者による個人情報ではない仮名加工情報の取扱いには、個人データに関する漏えい、滅失、毀損の防止に関する安全管理措置の規定が準用されて適用される。

3　個人情報ではない仮名加工情報であるので、保有個人データの開示請求に関する規律の適用はない。

答

仮名加工情報取扱事業者による個人情報ではない仮名加工情報の取扱いには、個人データに関する「漏えい」に関する安全管理措置の規定のみが準用され、「滅失、毀損」に関する安全管理措置の規定の適用はない。

正解	2

Q46 行政機関等匿名加工情報制度について教えてください。

A 「行政機関等匿名加工情報」は、民間事業者（個人情報取扱事業者）の作成する「匿名加工情報」と異なり、提案募集手続を経なければ作成・提供できません。

解説

1 行政機関等匿名加工情報

「行政機関等匿名加工情報」とは、行政機関、地方公共団体の機関、独立行政法人等、地方独立行政法人が保有する個人情報を特定の個人を識別することができないように加工し、かつ、当該個人情報を復元できないようにした情報です。

民間事業者（個人情報取扱事業者）と異なり、提案募集手続（法111条以下）を経なければ作成・提供できないこととされています。

行政機関等（行政機関、地方公共団体の機関、独立行政法人等、地方独立行政法人）は、行政機関等匿名加工情報の利用に関する提案募集のため、次の３要件を満たす個人情報ファイルを公表することとされています（法60条３項）。

①個人情報ファイル簿に掲載された個人情報ファイル（個人情報ファイル簿として公表されていること）

②情報公開請求があれば全部または一部開示されるもの

③行政機関等の事務および事業の適正かつ円滑な運営に支障のない範囲内で加工が可能なもの

行政機関等（行政機関、地方公共団体の機関、独立行政法人等、地方独立行政法人）は、毎年度１回以上、30日以上の期間を定めて、提案募集を実施します。提案募集の前に、行政機関等のウェブサイト等で募集要綱を公示します。

行政機関等（行政機関、地方公共団体の機関、独立行政法人等、地方独立行政法人）は事業者等から提案があった場合（法112条）には、これを審査の上（法114条）、行政機関等匿名加工情報を提供します。

2 審査基準

行政機関等匿名加工情報の審査基準は、以下のとおりです（法114条）。

①**欠格事由（法113条各号）**に該当しないこと
②行政機関等匿名加工情報の**本人の数が1,000人以上**かつ個人情報ファイルを構成する保有個人情報の本人の数以下であること
③特定の個人を識別できず、また、保有個人情報を復元できないように下記③の**加工基準に従い加工**すること
④事業の目的および内容が**新たな産業の創出または活力ある経済社会もしくは豊かな国民生活の実現に資するものであること**
⑤行政機関等匿名加工情報の利用期間が、**利用の目的および方法からみて必要な期間を超えないこと**
⑥行政機関等匿名加工情報の**利用の目的**および**方法**ならびに**安全管理の措置**が当該行政機関等匿名加工情報の**本人の権利利益を保護するために適切**なものであること
⑦行政機関等匿名加工情報を作成する場合に、当該行政機関の**事務の遂行に著しい支障を及ぼさないものであること**

3 加工基準

行政機関等匿名加工情報の作成方法に関して、次の措置を講ずることを求めています（法116条１項、規則62条）。
①特定の個人を識別することができる記述等（例えば、氏名）の全部または一部を削除（置換を含みます。以下同じ。）
②個人識別符号の全部を削除
③個人情報と他の情報とを連結する符号（例えば、委託先に渡すために分割したデータと紐づけるID）を削除
④特異な記述等（例えば、年齢116歳）を削除
⑤上記のほか、個人情報と保有個人情報ファイル内の他の個人情報との差異等の性質を勘案し、適切な措置を講ずる

4 個人情報ファイル簿

行政機関、地方公共団体の機関、独立行政法人等、地方独立行政法人の保有している個人情報ファイルのあらましを記載したものが「個人情報ファイル簿」であり、e-Govまたは各機関のウェブサイトや地方公共団体の機関が公表しています（法75条）。
行政機関等匿名加工情報の募集をする個人情報ファイルである旨が記載されている個人情報ファイル簿が提案の募集対象となります。
したがって、個人情報ファイル簿の対象となっていない行政機関等の保有個人情報

は行政機関等匿名加工情報の提案募集の対象とはなりません。

■行政機関等匿名加工情報の利用に関する提案からその提供までの主なフロー

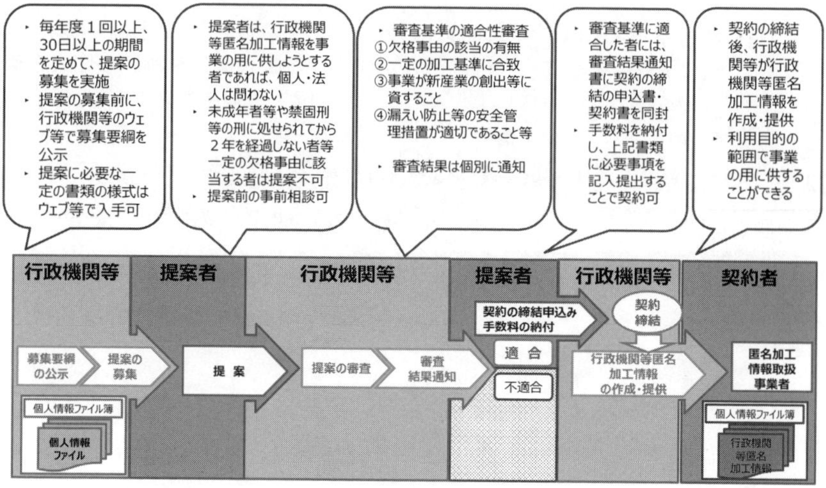

出所：個人情報保護委員会「行政機関等匿名加工情報制度の概要」

問

行政機関等匿名加工情報制度に関する次の選択肢のうち、誤っているものを選びなさい。

1 「行政機関等匿名加工情報」とは、行政機関の長、地方公共団体の機関、独立行政法人等および地方独立行政法人が保有する個人情報を特定の個人を識別することができないように加工し、かつ、当該個人情報を復元できないようにした情報である。

2 行政機関等は、提案募集手続を経なければ作成・提供できない。

3 個人情報ファイル簿の対象となっていない行政機関等の保有個人情報も行政機関等匿名加工情報の提案募集の対象となる。

答

個人情報ファイル簿の対象となっていない行政機関等（行政機関、地方公共団体の機関、独立行政法人等、地方独立行政法人）の保有個人情報も、行政機関等匿名加工情報の提案募集の対象とならない。

正解 3

第11章

個人情報保護委員会による勧告・行政指導、罰則等

Q47 令和２年改正法によって、違反行為に対するペナルティと課徴金はどのように強化されましたか？

A　個人情報については、これまでの個人情報保護委員会の執行実績をみても、安全管理措置義務違反のように違反行為があっても利得が生じていない場合も多く、課徴金による抑止がなじみにくいケースとも考えられます。現時点で個人情報保護違反による罰金の執行事例はないことも踏まえ、令和２年改正法においては、ペナルティの強化は法定刑の引上げにより対処することとされ、課徴金制度の導入は見送られました。

解説

1　令和２年改正法によるペナルティの強化[23]

（１）措置命令違反の罰則の強化（法178条）

個人情報保護委員会の措置命令（法148条２項・３項）違反をした者に対する罰則は、「**１年以下の懲役または100万円以下の罰金**」（法178条）と強化されました。

（２）報告・立入検査の忌避に対する罰則の強化（法182条）

①法146条１項の規定による報告もしくは資料の提出をせず、もしくは虚偽の報告もしくは虚偽の資料を提出し、または当該職員の質問に対して答弁をせず、もしくは虚偽の答弁をし、もしくは検査を拒み、妨げ、もしくは忌避したとき、または、②法153条の規定による報告をせず、または虚偽の報告をしたときは、「**50万円以下の罰金**」と強化されました。

（３）法人重科（法184条）

法人の代表者または法人もしくは人の代理人、使用人その他の従業者が、その法人または人の業務に関して、①措置命令違反（法178条）、②個人情報データベース等不正流用（法179条）をした場合、１億円以下の罰金が科せられることとなりました。

23　Q47解説中の個人情報保護法の条名は、令和３年改正法による条ずれを織り込んだ、令和５年４月１日施行後にて記載している。

（4）施行期日

これらの改正は、令和２年12月12日に施行されました（令和２年改正法附則１条２号）。

2 令和２年改正法の趣旨

国際比較の観点では、GDPRなどの諸外国のプライバシー法制においては巨額の制裁金規制が設けられていますが、各国ごとに国全体の法体系やペナルティに対する考え方に違いがあり、個人情報保護委員会は、我が国の実態、法体系に照らして望ましい在り方を検討してきました。

現状においては、個人情報の取扱いに係る違反行為について、個人情報保護委員会が捕捉した案件に関しては、指導等により違法状態が是正されているのが実態です。

しかしながら、個人情報保護委員会が漏えい等報告を受けた事案や報告徴収・立入検査を行った事案の数は増加傾向にあります。勧告・命令や罰則については、中間整理公表時点での適用事例は存在しませんでしたが、令和元（2019）年８月、委員会は初めての勧告を行いました（リクナビ問題）。

個人情報保護法は、罰則を違反行為に対する最終的な実効性確保の手段とし、法人に対してもいわゆる両罰規定を設けているところ（令和２年改正法施行前の法87条）、罰金刑の効果は、刑罰を科せられる者の資力によって大きく異なります。個人情報取扱事業者の中には、十分な資力を持つ者も含まれるところ、法人に対して、行為者と同額の罰金を科したとしても、罰則として十分な抑止効果は期待できないことから、個人情報保護委員会「個人情報保護法 いわゆる３年ごと見直し 制度改正大綱」（令和元年12月13日）により、法定刑について、法人処罰規定に係る重科の導入を含め、必要に応じた見直しを行うこととされたものです。

3 見送られた課徴金制度の導入

課徴金制度の導入については、ペナルティ強化の一環としてこれを求める意見がある一方で、中間整理の意見募集等では、経済界等から反対の意見が寄せられました。

課徴金制度は、違反行為を行った事業者に経済的不利益を課すことにより、違反行為を事前に抑止することを目的とする制度であり、令和２年改正法では、最終的な実効性確保の手段として刑事罰のみが見直されましたが、刑事罰の限界を補完し、規制の実効性確保に資するものです。

特に域外適用を受ける外国事業者の違反行為に対しては、国内事業者と同様に法執行を行う必要があるところ、課徴金制度は、外国事業者に対する有効な法執行手段となり得ます。

また、諸外国の個人情報保護法制において、違反行為に対して、高額の制裁金を課すことによって規制の実効性を確保している例があります（GDPRの制裁金参照）。

他方、国内他法令における課徴金制度は、不当利得を基準として課徴金を算定している例が多く、我が国の法体系特有の制約があることから、法制的な課題もあります。個人情報については、これまでの執行実績をみても、安全管理措置義務違反などのように違反行為があっても利得が発生していない場合も多く、課徴金による抑止がなじみにくいケースとも考えられます。

現時点では、個人情報保護法違反による罰金の執行事例はないことも踏まえて、令和２年改正法においては、ペナルティの強化は法定刑の引上げにより対処することとして、課徴金制度の導入は行わないとの判断がされました。

課徴金制度の導入については、我が国の法体系、執行の実績と効果、国内外事業者の実態、国際的な動向を踏まえつつ、引き続き検討を行っていくものとされています。

4　参考（GDPRの義務違反に対する制裁金）

制裁金の上限額の基準	義務違反の類型
事業体の全世界年間売上高の２%、または、1,000万ユーロのいずれか高い方（GDPR83条４項）	●16歳未満の子どもに対する直接的な情報社会サービスの提供に関する個人データの処理には、子に対する保護責任を持つ者による同意または許可が必要という条件に従わなかった場合（GDPR８条） ●適切な技術的・組織的な対策を実施しなかった、またはそのような措置を実施しない処理者を利用した場合（GDPR25条・28条） ●EU代理人を選任する義務を怠った場合（GDPR27条） ●処理活動の記録を保持しない場合（GDPR30条） ●監督機関に協力しない場合（GDPR31条） ●リスクに対する適切なセキュリティレベルを保証する適切な技術的・組織的な対策を実施しなかった場合（GDPR32条） ●セキュリティ違反を監督機関に通知する義務を怠った場合（GDPR33条） ●データ主体に通知しなかった場合（GDPR34条） ●データ保護影響評価を行なわなかった場合（GDPR35条） ●データ保護影響評価によってリスクが示されていたにもかかわらず、処理の前に監督機関に相談しなかった場合（GDPR36条） ●データ保護オフィサー（DPO）を選任しなかった場合、または、その職や役務を尊重しなかった場合（GDPR37条～39条） ●認証機関の義務違反（GDPR42条・43条）

	●監視団体の義務違反（GDPR41条4項）
事業体の全世界年間売上高の4％、または2,000万ユーロのいずれか高い方（GDPR83条5項・6項）	●個人データの処理に関する原則を遵守しなかった場合（GDPR 5条） ●適法に個人データを処理しなかった場合（GDPR 6条） ●同意の条件を遵守しなかった場合（GDPR 7条） ●特別な種類の個人データの処理の条件を遵守しなかった場合（GDPR 9条） ●データ主体の権利およびその行使の手順を尊重しなかった場合（GDPR12～22条） ●個人データの越境データ移転の条件に従わなかった場合（GDPR44～49条） ●加盟国の国内法の義務の不遵守（GDPR 9条） ●監督機関の命令に従わなかった場合（GDPR58条）

問

個人情報保護法の違反行為に対するペナルティに関する次の選択肢のうち、誤っているものを選びなさい。

1　個人情報保護委員会の措置命令違反をした者に対する罰則は「1年以下の懲役または100万円以下の罰金」である。

2　法人の代表者または法人もしくは人の代理人、使用人その他の従業者が、その法人または人の業務に関して、①措置命令違反、②個人情報データベース等不正流用をした場合、1,000万円以下の罰金が科せられる。

3　個人情報保護法には課徴金制度が設けられていない。

答

法人の代表者または法人もしくは人の代理人、使用人その他の従業者が、その法人または人の業務に関して、①措置命令違反、②個人情報データベース等不正流用をした場合、「1億円」以下の罰金が科せられる。

正解　2

Q48 個人情報保護委員会による勧告・行政指導の事案について教えてください。

A 個人情報保護委員会は、民間事業者・行政機関等に対して、報告・調査や指導・助言、勧告等をする権限を有しています。

近時、個人情報保護委員会による指導事案についての公表が増えており、民間事業者・行政機関等ともに個人情報の安全管理措置に努めていく必要があります。

解説

1 個人情報保護委員会の監督権限

（1）個人情報取扱事業者等の監督権限

ア　報告徴求・立ち入り検査（法146条）

個人情報保護委員会は、法４章（５節を除きます。）の規定の施行に必要な限度において、個人情報取扱事業者、仮名加工情報取扱事業者、匿名加工情報取扱事業者または個人関連情報取扱事業者（以下「個人情報取扱事業者等」といいます。）その他の関係者に対し、個人情報、仮名加工情報、匿名加工情報または個人関連情報（以下「個人情報等」といいます。）の取扱いに関し、必要な報告若しくは資料の提出を求め、またはその職員に、当該個人情報取扱事業者等その他の関係者の事務所その他必要な場所に立ち入らせ、個人情報等の取扱いに関し質問させ、若しくは帳簿書類その他の物件を検査させることができます（法146条１項）。

イ　指導・助言（法147条）

個人情報保護委員会は、法４章（５節を除きます。）の規定の施行に必要な限度において、個人情報取扱事業者等に対し、個人情報等の取扱いに関し必要な指導および助言をすることができます。

ウ　勧告および命令（法148条）

①　勧告（法148条１項）

個人情報保護委員会は、個人情報取扱事業者が法18条から法20条・法21条（１項・３項および４項の規定を法41条４項の規定により読み替えて適用する場合を含みます。）、法23条から法26条・法27条（４項を除き、５項および６項の規定を法41条６項の規定により読み替えて適用する場合を含みます。）、法28条・法29条（１項ただし書の規定を法41条６項の規定により読み替えて適用する場合を含みます。)、法30条（２項を除き、１項ただし書の規定を法41条６項の規定により読み替えて適用する場合を含みます。)、法32条・法33条（１項（５項において準用する場合を含みます。）を除きます。)、法34条２項若しくは３項、法35条（１項、３項および５項を除きます。)、法38条２項、法41条（４項および５項を除きます。）若しくは法43条（６項を除きます。）の規定に違反した場合、個人関連情報取扱事業者が法31条１項、同条２項において読み替えて準用する法28条３項若しくは法31条３項において読み替えて準用する法30条３項若しくは４項の規定に違反した場合、仮名加工情報取扱事業者が法42条１項、同条２項において読み替えて準用する法27条５項若しくは６項若しくは法42条３項において読み替えて準用する法23条から法25条まで若しくは法41条７項若しくは８項の規定に違反した場合または匿名加工情報取扱事業者が法44条若しくは法45条の規定に違反した場合において個人の権利利益を保護するため必要があると認めるときは、当該個人情報取扱事業者等に対し、当該違反行為の中止その他違反を是正するために必要な措置をとるべき旨を勧告することができます。

② 措置命令（法148条２項）

個人情報保護委員会は、法148条１項の規定による勧告を受けた個人情報取扱事業者等が正当な理由がなくてその勧告に係る措置をとらなかった場合において個人の重大な権利利益の侵害が切迫していると認めるときは、当該個人情報取扱事業者等に対し、その勧告に係る措置をとるべきことを命ずることができます。

③ 中止・是正命令等（法148条３項）

委員会は、法148条１項・２項の規定にかかわらず、個人情報取扱事業者が法18条から法20条・法23条から法26条・法27条１項、法28条１項若しくは３項、法41条１項から３項若しくは同条６項から８項若しくは法43条１項・２項若しくは５項の規定に違反した場合、個人関連情報取扱事業者が法31条１項若しくは同条２項において読み替えて準用する法28条３項の規定に違反した場合、仮名加工情報取扱事業者が法42条１項若しくは同条３項において読み替えて準用する法23条から法25条若しくは法41条７項若しくは８項の規定に違反した場合または匿名加工情報取扱事業者が法45条の規定に違反した場合において個人の重大な権利利益を害する事実があるため緊急に措置をとる必要があると認めるときは、当該個人情報取扱事業者等に対し、当該違反行為の中止その他違反を是正するために必要な措置をとるべきことを命ずることができます。

④ 公表等（法148条４項）

措置命令（法148条２項)、中止・是正命令等（法148条３項）をした場合において、その命令を受けた個人情報取扱事業者等がその命令に違反したときは、その旨を公表することができます。

もっとも、下記2のとおり、個人情報保護委員会は、指導（法147条）をする場合においても、公表をしています。事業者にとって、公表されるだけでレピュテーション上の影響は大きいため留意が必要です。

（2）行政機関等に対する監督権限

ア　資料の提出の要求及び実地調査（法156条）

個人情報保護委員会は、法５章の規定の円滑な運用を確保するため必要があると認めるときは、行政機関の長等（会計検査院長を除きます。）に対し、行政機関等における個人情報等の取扱いに関する事務の実施状況について、資料の提出及び説明を求め、またはその職員に実地調査をさせることができます。

イ　指導・助言（法157条）

個人情報保護委員会は、法５章の規定の円滑な運用を確保するため必要があると認めるときは、行政機関の長等に対し、行政機関等における個人情報等の取扱いについて、必要な指導および助言をすることができます。

ウ　勧告（法158条）

個人情報保護委員会は、法５章の規定の円滑な運用を確保するため必要があると認めるときは、行政機関の長等に対し、行政機関等における個人情報等の取扱いについて勧告をすることができます。

エ　勧告に基づいてとった措置についての報告の要求（法159条）

個人情報保護委員会は、法158条の規定により行政機関の長等に対し勧告をしたときは、当該行政機関の長等に対し、その勧告に基づいてとった措置について報告を求めることができます。

2　勧告事案

（1）株式会社リクルートキャリアに対する勧告等（令和元（2019）年８月26日）：勧告及び指導

個人情報保護委員会は、株式会社リクルートキャリア（現・株式会社リクルート。以下「リクルートキャリア」といいます。）に対し、法42条１項（現行法148条１項）に基づき勧告および法41条（現行法147条）に基づき指導を行いました。本件は、リクルートキャリアが提供するリクナビDMPフォロー（内定辞退率を提供するサービス。以下、「DMPフォロー」といいます。）等に対する調査の結果、リクルートキャリアが法20条（現行法23条）で求められる安全管理措置を適切に講じず、法23条１項（現行法27条１

項）の規定に基づいて必要とされる個人データを第三者に提供する際に必要な同意を得ずに第三者に提供していたものです。

ア　調査に基づく事案の概要

リクルートキャリアは、平成31（2019）年３月、現DMPフォロー（令和元（2019）年８月４日にサービスを廃止。）の提供開始とともにプライバシーポリシーを改訂しました。具体的には旧DMPフォローの仕組み（リクルートキャリアから顧客企業への個人データの第三者提供が行われない形態）を、リクルートキャリアから顧客企業への個人データの第三者提供が行われる仕組みに変更したことに伴う、内容の改訂でした。

しかし、同年３月以前に「リクナビ2020」に会員登録をし、その後第三者提供への同意を行う画面が表示される機会がなかった会員は、現DMPフォローに係る第三者提供の同意を行っていませんでした。

イ　勧告の原因となる事実

リクルートキャリアは、個人データの第三者提供の同意を得るため、プライバシーポリシーをウェブサイト上で公表し必要な同意を得る仕組みとしていましたが、平成31（2019）年３月にプライバシーポリシーを改訂した際の事務手続等の不備により、一部の会員から必要な同意を得ていない状態となりました。

リクルートキャリアにおいて、この不備を予防、発見、修正する体制がなかったため、令和元（2019）年７月に個人情報保護委員会からプライバシーポリシーに関する照会を受け、点検を行うまでこの状態が放置されていたなど、不適切な管理体制であったことは、法20条（現行法23条）の規定に違反するものです。

また、個人データを第三者提供する場合には、本人の同意を得る必要があるところ、7,983人の個人データについて第三者提供の同意を得ないまま、現DMPフォローによりリクルートキャリアの顧客企業に提供されました。これは、法23条（現行法27条）１項の規定に違反するものです。

ウ　勧告事項

① 個人データを取り扱う際に、適正に個人の権利利益を保護するよう、組織体制を見直し、経営陣をはじめとして全社的に意識改革を行う等、必要な措置をとること
② 今後検討する新サービスにおいても、法に則り適正に個人データを取り扱うよう検討、設計、運用を行うこと
③ 令和元（2019）年９月30日までに上記①の措置を実施し、具体的な措置の内容を同日までに報告すること

エ　指導事項

①　事実概要

通則編ガイドラインにおいては、「本人が同意に係る判断を行うために必要と考えられる合理的かつ適切な範囲の内容を明確に示さなければならない」とされています。しかしながら、リクルートキャリアのプライバシーポリシーの記載内容は、現DMPフォローにおける個人データの第三者提供に係る説明が明確であるとは認め難いとされました。

② 指導事項

今後、個人データの第三者提供に当たっては、本人が同意に係る判断を行うために必要と考えられる合理的かつ適切な範囲の内容を明確に示すこととの指導がされました。

オ　筆者の評価

プライバシーポリシーにおいて、個人データの第三者提供を明確に記載しなかったこと、また、個人データの第三者提供についての同意が得られていなかったこと（法27条）が問題とされた事例です。また、不備を予見、発見、修正する体制がなかったという安全管理措置（法23条）の欠陥も問題とされています。

（2）JapanTaxi株式会社に対する指導（令和元（2019）年９月12日）：指導

個人情報保護委員会は、令和元年９月12日付けで、JapanTaxi株式会社（現・株式会社Mobility Technologies。以下「本件会社」といいます。）に対し、法41条（現行法147条）の規定に基づき、次のとおり指導を行いました。

ア　指導の内容

① 本件会社は、タクシー車内に設置したタブレット端末付属のカメラを用いてタクシー利用者の顔画像を撮影して広告配信に利用していたところ、その旨をタクシー利用者に対して十分に告知していなかったものです。個人情報保護委員会は、本件会社に対し、タクシー利用者に対するわかりやすい説明の徹底等について、平成30（2018）年11月30日付けで指導を行いましたが、平成31（2019）年４月に至るまで改善策が実施されていなかったことが判明しました。

② 個人情報保護委員会は、タクシー利用者の権利利益に対する影響の程度や、事業者における顧客目線の重要性という観点に加え、同委員会の指導への対応に時間を要した組織体制上の問題点も考慮し、再度の指導が実施されました。

③ 顔画像を撮影していることのタクシー利用者に対する説明については、本件会社において、平成31（2019）年４月以降、乗車時にタブレット端末の画面上で告知を表示する対応がなされているところ、その他の改善策についても方針に関する報告は受けており、引き続きフォローされることになっています。

イ　筆者の評価

直接、本人から個人情報を取得する際に、利用目的の明示がなかった（法21条２項）ことが問題とされた事例です。

個人情報取扱事業者は、カメラにより特定の個人を識別できる顔画像を取得する場合、個人情報を取得することとなるため、偽りその他不正の手段による取得とならないよう、カメラが作動中であることを掲示する等、カメラにより自らの個人情報が取得されていることを本人において容易に認識可能とするための措置を講ずる必要があります。また、個人情報取扱事業者が、一連の取扱いにおいて、顔画像を取得した後、顔画像から属性情報を抽出した上で、当該属性情報に基づき当該本人向けに直接カスタマイズした広告を配信する場合、当該顔画像を直ちに廃棄したとしても、当該顔画像について、特定の個人を識別した上で、広告配信を行っていると解されます。このため、個人情報取扱事業者は、顔画像から抽出した属性情報に基づき広告配信が行われることを本人が予測・想定できるように利用目的を特定し、これを通知・公表するとともに、当該利用目的の範囲内で顔画像を利用しなければなりません（民間分野QA1-16）。

（3）　株式会社リクルートキャリアに対する勧告等（令和元（2019）年12月４日）：勧告（利用企業に対して指導）

個人情報保護委員会は、いわゆる内定辞退率を提供するサービス[24]に関し、株式会社リクルート（以下「リクルート社」といいます。）および株式会社リクルートキャリア（現・株式会社リクルート。以下「リクルートキャリア社」といいます。）に対し、個人情報保護法に基づく勧告を行い、また、同サービスの利用企業に対し、同法に基づく指導を行いました。なお、リクルートキャリア社に対しては、同年８月26日付けで勧告等が行われていましたが、当該勧告等の原因となった事項以外にも個人情報保護法に抵触する事実が確認されたため、改めて勧告が行われたものです。

ア　勧告の原因となる事実

① 平成30（2018）年度卒業生向けの「リクナビ2019」におけるサービスでは、個人情報である氏名の代わりにCookieで突合し、特定の個人を識別しないとする方式で内定辞退率を算出し、第三者提供に係る同意を得ずにこれを利用企業に提供していました。リクルートキャリア社は、内定辞退率の提供を受けた企業側において特定の個人を識別できることを知りながら、提供する側では特定の個人を識別

24　採用活動に応募した学生等の情報とリクナビ会員情報を突合し、リクナビ上の閲覧履歴等を基に内定を辞退する確率（以下「内定辞退率」といいます。）を算出して提供するサービス。

できないとして、個人データの第三者提供の同意取得を回避しており、法の趣旨を潜脱した極めて不適切なサービスを行っていたものです。

② 本サービスにおける突合率を向上させるため、ハッシュ化すれば個人情報に該当しないとの誤った認識の下、サービス利用企業から提供を受けた氏名で突合し内定辞退率を算出していました。ハッシュ化されていても、リクルートキャリア社において特定の個人を識別することができ、本人の同意を得ずに内定辞退率を利用企業に提供していました。

③ 「リクナビ2020」プレサイト開設時（平成30（2018）年6月）に、本サービスの利用目的が同サイト内に記載されたことをもって、サービス利用企業から提供を受けた氏名で突合し、内定辞退率を算出していました。しかしながら、プレサイト開設時のプライバシーポリシーには第三者提供の同意を求める記載はなく、平成31（2019）年3月のプライバシーポリシー改定までの間、本人の同意を得ないまま内定辞退率をサービス利用企業に提供していたものです。

④ 本人の同意なく第三者提供が行われた本人の数は、上記②、③および前回の勧告の対象となった事実によるもの等を合わせ、26,060人となっています。

イ　主な勧告事項

- 個人データを取り扱う際に、適正に個人の権利利益を保護するよう、組織体制を見直し、経営陣をはじめとして全社的に意識改革を行い、以下の事項を含め、必要な措置をとること
- 新しい商品等を検討する際に、法に則り適正に個人情報を取り扱うよう検討、設計する体制を整備すること
- 個人情報を取得する際は、商品等の内容をできる限り特定し、当該利用目的の通知または公表を適切に行うこと
- リクルート社においては、業務を委託する場合は、委託先に対し、必要かつ適切な監督を行うこと

ウ　本サービスを利用していた企業に対する指導

本サービス利用企業に対する調査の結果、本サービスに関する利用目的の通知または公表等が不適切であったことや個人データを外部に提供する際の法的検討ないし当該法的整理に従った対応等が不適切であったとされました。このため本サービスの利用企業に対し、以下の事項について適切に対応するよう指導が行われました。

① 利用目的の通知、公表等を適切に行うこと

② 個人データを第三者に提供する場合、組織的な法的検討を行い、必要な対応を行うこと

③ 個人データの取扱いを委託する場合、委託先に対する必要かつ適切な監督を行う

こと

エ　筆者の評価

提供先が個人情報ではない個人に関する情報を、本人の同意を得ずに個人データとして取得し、利用していた事例です（いわゆるリクナビ問題）。本事案により、令和２年改正法において、個人関連情報の第三者提供の制限等（法31条）の規制が設けられました。

（４）Amazonの通販サイトで発生した利用者の個人情報の誤表示（令和元（2019）年10月11日）

ア　事案

アマゾンジャパン合同会社の通販サイト（Amazon.co.jp）において、システム変更時の設定の不具合により、同通販サイトにログインした場合、一部の利用者において、ログインした利用者とは別の利用者の個人情報が表示されるという事象が発生したものです。

本事象は、令和元（2019）年９月26日に発覚し、同日中に解消されたとのことですが、これにより、約11万アカウントの利用者の個人情報（利用者により異なるものの、氏名、配送先住所、注文履歴、閲覧履歴等を含みます。）が他の利用者に表示された可能性があります。

影響を受けた上記アカウントの利用者には、アマゾンジャパン合同会社から、同年10月４日に、同通販サイトに登録をしているメールアドレス宛に、個別にメールが送付されています。本件については、アマゾンジャパン合同会社から報告を受けた個人情報保護委員会は、再発防止策および利用者からの本件に対する問い合わせへの対応を確実に履行するよう求めています。

なお、個人情報保護委員会は、当該事象がシステム変更時に発生したことを踏まえ、ウェブサイトのプログラム修正、バージョンアップなどの変更・修正を行った場合は、十分な動作試験を行うとともに、脆弱性の有無についても確認することが重要であることについて注意喚起を行っています。

イ　筆者の評価

本事案の時点では、個人データの漏えいについての報告は努力義務でした。令和２年改正法により、漏えい等の報告等（法26条）は法的義務となりました。

（５）違法に個人データをウェブサイトに掲載している２事業者に対する命令（令和２（2020）年７月29日）：命令

個人情報保護委員会は、多数の破産者等の個人情報をウェブサイトに違法に掲載している２事業者に対し、法42条２項（現行法148条２項）に基づき、当該ウェブサイトを直ちに停止等するよう命令を行いました。なお、当該２事業者の所在をいずれも知ることができなかったため、公示送達の手法により行われています。

ア　命令の原因となる事実

当該２事業者は、破産手続開始決定の公告として官報に掲載された破産者等の個人情報を取得するにあたり、利用目的の通知・公表を行わず（法18条（現行法21条））、当該個人情報をデータベース化した上、第三者に提供することの同意を得ないまま、これをウェブサイトに掲載していたものです（法23条１項（現行法27条１項））。

イ　命令事項等

個人情報保護委員会は、当該２事業者に対し、ウェブサイトを直ちに停止した上、利用目的の通知・公表を行うとともに、その個人データを第三者に提供することの同意を得るまでは、同ウェブサイトを再開してはならない旨の勧告を行いましたが、対応期限の日までに措置が講じられなかったため、その勧告に係る措置をとるべきことを命令しました。

本命令の対応期限（令和２（2020）年８月27日）までに具体的な対応がなされない場合は、法84条（現行法178条）の罰則適用を求めて刑事告発することとされています。

ウ　筆者の評価

官報に掲載された破産者情報をデータベース化してウェブサイトに公表していた事例です。個人情報の取得にあたっての利用目的の通知・公表（法21条１項）を行わなかったこと、オプトアウト手続（法27条２項）をせずにウェブサイトに破産者情報を無断で公表して第三者提供をしていたことから、措置命令の対象となりました。

（６）LINE株式会社における個人情報の取扱いについて（令和３（2021）年３月26日）：報告徴求、（同年4月23日）：報告徴求、立入検査、指導

ア　報告徴求の内容

令和３（2021）年３月19日にLINE株式会社（以下「LINE社」といいます。）に対して行った法40条１項（現行法146条１項）に基づく報告徴収を受けてLINE社より提出のあった資料を基に、外国の事業者への業務委託に係る個人情報の取扱状況の適法性、今後の方針の適切性等について確認等を行っているものです。

なお、LINE社は、個人情報保護委員会の指導に対して、同年４月23日に「当社に対する個人情報保護委員会からの指導および当社の改善策について」を公表しています。

●法22条（現行法25条）および24条（現行法28条）の遵守状況について

委託先の監督（法22条（現行法25条））および外国にある第三者への提供制限（法24条（現行法28条））の遵守状況について、いずれも、期日までに提出された資料のみでは十分な検証ができなかったことから、LINE社に対し、必要な資料を随時求めながら精査が継続されています。

●中国に所在する委託先事業者からの日本ユーザーの個人情報へのアクセスの遮断について

中国に所在する委託先事業者からの日本ユーザーの個人情報へのアクセスは令和３（2021）年３月23日までに遮断した旨の報告がされ、現状の適法性を評価する上での重要性に鑑み、現に、アクセスが遮断されていることの検証が行われています。

●個人情報の取扱いに関する今後の方針について

LINE社から同社の今後の個人情報の取扱いに関する今後の方針として報告がされ、また、同社が公表している「LINEのグローバルデータガバナンスの現状と今後の方針について」[25]で示された施策の実施状況について注視していくこととされています。

（主な施策）

- ●トークデータの完全国内移転
- ●ユーザー向けプライバシーポリシーの改訂
- ●データ・セキュリティのガバナンス体制と情報保護の強化

イ　筆者の評価

いわゆるLINE問題といわれた事案です。外国の現地法人において、個人データ管理を委託していたことやアクセス制限がなされていなかったことが問題視されました。本事案もあり、令和２年改正法において、安全管理措置の内容として「外的環境の把握」が追加されました。また、データガバナンスの観点から、海外のクラウドサーバにおいて個人データを管理してよいかということも意識されるようになりました。

（７）BIPROGY株式会社に対する個人情報の保護に関する法律に基づく行政上の対応（令和４（2022）年９月21日）：指導

個人情報保護委員会は、BIPROGY株式会社に対し、法143条１項の規定に基づく立入検査等の調査を実施した結果を踏まえ、令和４（2022）年９月21日に、法144条（現行法147条）の規定に基づく指導を行いました。

ア　指導の原因となる事実

①　BIPROGY株式会社は、多くの行政機関・地方公共団体・民間企業からシステム開発・保守業務の委託を受けるITサービス事業者であり、尼崎市から臨時特別給

25　https://d.line-scdn.net/stf/linecorp/ja/pr/20210323_LINE.pdf

付金支給事務を受託していました（以下「本件業務」といいます。）。当該事務は、生活・暮らしの困難に直面している住民に対して速やかに金銭的支援を行う重要な事務であり、かかる事務が適切に遂行されることに対する住民の期待は大きく、他方、本件業務において同社が取り扱う個人データは、尼崎市全住民の住民基本台帳上の情報が含まれる多量の個人データであり、給付該当審査のための障害有無等の要配慮個人情報や、給付金支給のための口座番号等が含まれているため、当該個人データの量および性質からすると、漏えい等が発生した場合のリスクは特に高く、本人が被る権利利益の侵害の程度が大きいものでした。

このように、重要な事務に関連して多量かつ機微性の高い個人データを恒常的に取り扱うというBIPROGY株式会社の事業の性質を踏まえると、同社には、個人データの取扱いに関して個人情報保護法を厳に遵守すること、とりわけ、高い水準の安全管理措置等を講じることが求められるものです。また、尼崎市の情報システムにおいては、個人データが分離された複数のネットワーク環境で管理されているところ、システム間のデータ持ち運びをUSBメモリ等の電子媒体に頼らざるを得ない業務が多く存在することからすれば、当該媒体等を紛失等した場合の影響は大きいものと考えられます。

② しかしながら、本件業務に関し、BIPROGY株式会社の個人データの取扱い実態および再委託先等（BIPROGY株式会社の委託先および再委託先をいいます。）における個人データの取扱状況の把握実態について調査したところ、通則編ガイドライン記載の法23条に定める安全管理措置および法25条に定める委託先の監督について、以下の問題点が認められました。

- BIPROGY株式会社では、個人データの取扱いに係る規律自体は存在していたものの、同規律に従った運用を確保するための組織的安全管理措置が適切に講じられておらず、本件業務に携わった同社の従業者等が、同規律に反して、セキュリティ部門等に許可を得ずにUSBメモリに個人データを保存し、当該USBメモリを施錠機能のないかばんに入れて管理区域外に搬送し、利用目的を果たした後も当該USBメモリ内の個人データを消去しないまま、これを所定の保管場所に戻さず持参した状態にて飲食を行い、その結果、個人データが保存された当該USBメモリを紛失するに至った
- 事態を招いた原因として、そもそもBIPROGY株式会社では、本件業務に関し、プロジェクト工程における情報システム間の個人データの移行等の尼崎市から委託された個人データの取扱い上のリスクについて、その影響、対処可否、ネットワーク制約等により残存するリスクがある場合の許容可否といった事項を、組織的に分析し承認するといったリスクに応じて必要かつ適切な措置を検討するため

の体制がなく、前記事項を現場担当者のみで判断することが実態となっており、適切な安全管理措置を講ずるための組織体制が整備されていなかった

- BIPROGY株式会社では、個人データを取り扱う区域に対する入退室管理、個人データを保存する電子媒体に対して盗難等を防止するため施錠できるキャビネット等に保管する等の措置、個人データへの不要なアクセスを防ぐためのアクセス制御等の措置といった物理的・技術的安全管理措置が適切に講じられていなかった
- 本件業務では、BIPROGY株式会社の従業者であるプロジェクト責任者の指示の下で、再委託先等の従業者が実業務を担っていたところ、USBメモリを用いた拠点間の個人データ運搬作業を含む個人データの取扱いについて、プロジェクト責任者は、具体的な手順や講ずべき安全管理措置に関して何ら指示することなく、再委託先等の従業者らに一任し、その検討結果の確認も行わず、また、再委託先等に対し実際の個人データの取扱いについて報告を求めまたは指示を行うことをしないなど、個人データの取扱状況を把握しておらず、再委託先等の監督を適切に行っていなかった

イ　指導の内容

①　組織的安全管理措置

BIPROGY株式会社では、網羅的にリスクに応じて必要かつ適切な措置を検討し承認するといった適切な安全管理措置を講ずるための組織体制が整備されておらず、また、本件業務において個人データの取扱いに係る規律に従った運用が確保されていなかったことを踏まえ、同社が個人データの取扱いの委託を受けているすべての事業において、網羅的にリスクに応じて必要かつ適切な措置を検討し承認するといった適切な安全管理措置を講じるための組織体制を整備し、同社の管理規程および委託元と取り決めた管理規程等個人データの取扱いに係る規律の遵守状況を確認し、必要に応じてそれらの規律または管理体制を見直すこととされました。

②　物理的・技術的安全管理措置

BIPROGY株式会社は、物理的・技術的安全管理措置に関し、既に策定された再発防止策を確実に実施することとされました。

③　委託先の監督

BIPROGY株式会社では、再委託先等に対し実際の個人データの取扱状況について報告を求めまたは指示を行うといった個人データの取扱状況の把握のために必要な措置を行っていなかった点を踏まえ、今後、同社が再委託先等に個人データの取扱いを委託する場合には、安全管理措置及び個人データの取扱いに係る規律の意識および知見を持った責任者が再委託先等における個人データの取扱状況を適切に把握できるよ

う、モニタリング機能の強化を図ることとされました。

ウ その他

BIPROGY株式会社において、同社の規律・組織体制を見直すことで同社内および同社が委託した業務における前記問題点を改善することが直接的な対処としては必須ですが、それに加え、同社の委託元および再委託先等を含めた関係者全体が個人情報の適正な取扱いを図ることが可能な状態を醸成することが、抜本的な問題解決に向けて重要とされました。この点に関して、尼崎市は、令和４（2022）年11月28日に調査委員会による報告書、市のセキュリティ強化等、損害賠償請求を公表しています[26]（下記（13）を参照してください。）。

地方公共団体については、各地方公共団体における個人情報保護条例等が適用されていますが、令和５（2023）年４月に改正個人情報保護法が全面施行された後は、尼崎市を含む地方公共団体における個人情報の取扱いについては個人情報保護法の規律が適用され、個人情報保護委員会が監視・監督を行うことから、各地方公共団体においても本件を踏まえた個人情報の適正な取扱いを確保することが重要とされました。

エ 筆者の評価

地方公共団体については、令和３年改正法により個人情報保護法の対象となりますが、委託先の民間事業者（個人情報取扱事業者）には個人情報保護法の適用があるため、法147条に基づく指導が行われました。BIPROGY株式会社の「組織的安全管理措置」「物理的・技術的安全管理措置」「委託先の監督」の問題が指摘されました。

（８）株式会社メタップスペイメントに対する個人情報の保護に関する法律に基づく行政上の対応について（令和４（2022）年７月13日）：指導

個人情報保護委員会は、株式会社メタップスペイメント（以下「MP社」といいます。）に対し、令和４（2022）年７月13日、法144条（現行法147条）に基づく指導を行いました。

ア 指導の原因となる事実

MP社は、決済代行業者として、加盟店を通じて一般消費者である顧客の決済情報を取り扱っているのみならず、加盟店から任意で提供を受け、多数の個人データ（顧客の個人情報）についても恒常的に取り扱っています。このような性質を踏まえると、個人データの適正な取扱いの確保について、組織としてより重点的に取り組む必要が

26 https://www.city.amagasaki.hyogo.jp/_res/projects/default_project/_page_/001/030/947/1128taiou.pdf

あると考えられますが、MP社では、情報セキュリティ基本規程上、個人データを含む自社が保有する情報資産について棚卸しを実施することになっていたものの、情報資産管理台帳の整備がされていなかったため、棚卸しが適切に実施されず、どのシステムにおいて情報資産を取り扱っているかすら把握されていませんでした。

また、個人データの取扱状況についての監査・点検も一部実施しておらず、その重要性に見合った取扱いも行われていませんでした。

さらに、内部監査規程等において規程の外形のみ整備していたものの、それを実行するための適切な人員配置等の実質を伴わず、技術的安全管理措置を含む情報セキュリティに対する内部監査が機能していなかったほか、不正侵入を検知した際のセキュリティアラートについての十分な検証を行っていないなど、技術的安全管理措置の観点での対策が不十分であったとされています。

イ　指導の内容

①　組織的安全管理措置

- 経営層および従業者は、社内手続を通じるなどして個人データを取り扱っている範囲を把握するとともに、すべての個人データについて、定期的に棚卸しを実施し、個人データの取扱状況についての監査・点検を実施すること
- 経営層は、技術的安全管理措置を含む情報セキュリティに対する内部監査において、能動的に関与することで、内部監査機能の強化を図ること

②　技術的安全管理措置

技術的安全管理措置に関し、MP社において既に策定した再発防止策を確実に実行すること

ウ　筆者の評価

決済会社による個人データの漏えい事案ですが、同社の「組織的安全管理措置」「技術的安全管理措置」の問題が指摘されました。

（9）手術動画提供事案に対する個人情報の保護に関する法律に基づく行政上の対応について（令和4（2022）年11月2日）：報告徴求・指導

ア　行政上の対応に至る経緯

個人情報保護委員会は、複数の医療機関において、眼科手術の際に術野（患者の身体の一部を含みます。）を記録した手術動画（以下「手術動画」といいます。）をスタージャパン合同会社（医療機器メーカー）に対して提供していた事案を端緒に、同社および全国60の医療機関に対し、手術動画の管理・取扱い状況について報告を求めました。この報告の結果を踏まえ、令和4（2022）年11月2日、個人情報を適切に取り扱って

いなかった複数の個人情報取扱事業者に対し、法144条（現行法147条）に基づく指導が行われるとともに、医療機関における個人情報の適切な取扱いに関して、注意喚起が行われました。

イ　報告結果の概要

①　スタージャパン合同会社においては、複数の医療機関の従業者等と契約を結び、手術動画を取得していました。本来、自社が受領する手術動画については個人を特定できる情報を含まない状態での取扱いを想定していましたが、実際には、同社内における同取扱いに関する周知に不備があったため、一部の医療機関から取得した手術動画に、患者本人の氏名等が記録されていました。

②　手術動画の提供元である医療機関においては、手術動画を個人データとして管理している医療機関と、データベース化せず単なる個人情報として管理している医療機関が存在し、個人データとして管理していた医療機関の一部においては、手術動画を第三者提供する際に、患者本人の同意を取得していませんでした。また、各医療機関の従業者である医師が、個人データの保有主体である医療機関に無断でスタージャパン合同会社に対して手術動画を提供していたなど、当事業者内で、適切な安全管理措置が講じられていたとはいえない事態も判明しました。

③　個人情報保護委員会が報告を求めた全国60の医療機関の一部において、報告期限を超過する事態が認められました。

ウ　指導の内容

①　上記により判明した問題点を受け、スタージャパン合同会社に対しては、以下の指導が行われました。

- 今後、個人情報を取得する場合には、適切に利用目的を特定し、併せて本人への通知又は公表を行うこと
- 他者とデータのやり取りを行う場合には、データ内の個人情報の有無なども含めてしかるべく検討のうえ、法および通則編ガイドライン等の規律を遵守した適切な制度設計を行うとともに、確実に運用すること

②　手術動画を個人データとして管理していた医療機関の一部（7機関）に対しては、以下の指導が行われました。

- 今後、個人データを第三者に提供する際には、適切に本人の同意を取得すること
- 上記本人の同意が適切に取得できるよう、規律および体制の整備を行うこと
- 今後、保有する個人データについて、従業者が無断で第三者提供を行わないよう、適切な安全管理措置を講ずるとともに、従業者の監督を行う体制の整備および従業者教育を行うこと

③　報告期限を超過した医療機関（4機関）に対しては、以下の指導が行われました。

- 今後、法143条１項（現行法146条１項）に基づく報告等の求めについて、期日までに必要な調査、資料の収集などを行い、適切に報告すること
- 上記報告が適切に実施できるよう、その体制を整えること

エ　個人情報の取扱いに関する注意喚起の内容

個人情報取扱事業者である医療機関において取り扱う個人情報につき、その取扱い上の注意点を取りまとめ、各医療機関において、あらためてその管理体制等に関する留意を促すべく、注意喚起が行われました。

オ　筆者の評価

いわゆる提供元基準によれば、提供先で特定の個人であることを識別できなくても、個人データとして提供する場合には、本人の同意（法27条１項）を要します。そこで、個人情報データベース等に含まれる個人データであるかどうかが問題とされています。

(10)　医療分野の研究開発に資するための匿名加工医療情報に関する法律の医療情報取扱事業者等である個人情報取扱事業者に対する個人情報保護法に基づく行政上の対応について（令和４（2022）年11月２日）：指導

個人情報保護委員会は、医療分野の研究開発に資するための匿名加工医療情報に関する法律（以下「次世代医療基盤法」といいます。）の医療情報取扱事業者（以下「医療機関」といいます。）である９医療機関、医療機関の委託先である一般社団法人ライフデータイニシアティブ（以下「LDI」といいます。）および医療機関の再委託先である株式会社エヌ・ティ・ティ・データ（以下「NTTデータ」といいます。）に対し、令和４（2022）年11月２日に法144条（現行法147条）に基づく指導を行いました。

ア　事案の概要

医療機関は、医療情報の管理等の業務をLDIに委託し、LDIは、当該業務をNTTデータに再委託しています（以下「医療情報取扱事業」といいます。）。本件は、医療機関の再委託先としてのNTTデータ（以下「再委託先NTTデータ」といいます。）が、プログラムの設定ミス等により、医療情報取扱事業の運用を開始した令和２（2020）年９月から同４（2022）年７月15日までの間、次世代医療基盤法30条１項柱書の通知（以下「通知」といいます。）が行われていない患者（以下「未通知患者」といいます。）の医療情報を、次世代医療基盤法の認定匿名加工医療情報作成事業者（以下「認定事業者」といいます。）および認定医療情報等取扱受託事業者（以下「認定受託事業者」といいます。）としてのLDIおよびNTTデータ（以下、認定事業者としてのLDIを「認定LDI」、認定受託事業者としてのNTTデータを「認定受託NTTデータ」といいます。）に漏えい（意図せず提供）した事案です。

イ　漏えいしていた医療情報の件数

再委託先NTTデータが漏えいした未通知患者の医療情報は、15医療機関、94,579名分です（15医療機関から提供された医療情報の全体は、令和４（2022）年６月末時点で、約300万名分の患者の医療情報です。）。このうち、６医療機関は地方独立行政法人であり、本件発生時点で個人情報保護法は適用されないことから、個人情報保護法の適用対象となる９医療機関から提供された医療情報のうち、漏えいした人数は44,395名分とされます。

ウ　指導の原因となる事実

本件では、医療情報の提供停止の求めがあった患者に係るすべての医療情報を確実に除外するために、同一人のデータと疑われるデータが幅広く紐づく設計としていたところ、当該設計を他の患者に係る医療情報の処理にも使用した結果、通知済みの患者の医療情報に未通知患者の医療情報が紐づけされ、さらに、医療情報取扱事業領域から次世代医療基盤法認定事業領域に医療情報を移動する際に、未通知患者の医療情報が削除されていることを確認する仕組みが構築されていなかったことから、未通知患者情報の漏えいを覚知する端緒自体が存在しなかったため、被害の拡大および長期化が生じたものです。

①　９医療機関

９医療機関は、LDIとの間において、医療情報の提供に関する契約を締結しているところ、当該契約において、LDIに対し、LDIによる医療情報等の取扱状況の報告を求めることができる旨が定められています。しかし、９医療機関では、委託先LDIにおける医療情報の取扱状況の報告を適切に求めておらず、委託先LDIおよび再委託先NTTデータにおける医療情報の取扱状況を十分に把握していないなど、９医療機関における委託先LDIおよび再委託先NTTデータの監督が不十分でした。

②　LDI

委託先LDIでは、再委託先NTTデータに個人データの取扱いに関するシステム開発を全面的に委託していたにもかかわらず、その漏えい等防止措置の妥当性に関する検討を自ら行わず、再委託先NTTデータが提示した方策の確認や事後の検証を行っていないなど、再委託先NTTデータの個人データの取扱状況に関する委託先の監督が不十分でした。

③　NTTデータ

再委託先NTTデータでは、認定LDIおよび認定受託NTTデータに医療情報を提供するにあたり、医療情報の提供停止の求めがあった患者に係るすべての医療情報を確実に除外するために、同一人のデータと疑われるデータが幅広く紐づく設計としていました。しかし、当該設計を他の患者に係る医療情報の処理にも使用した結果、通知済みの患者の医療情報に未通知患者の医療情報が紐づけされたものであり、開発責任者やプロジェクトの責任者による確認不足、ひいては、NTTデータによるシステム開発（プログラム設定）の妥当性の確認不足がありました。さらに、未通知患者の医療情報が含まれていないことを確認する仕組みが構築されていませんでした。

また、次世代医療基盤法認定事業領域内に未通知患者の医療情報が提供されるなど法令に違反するおそれのあるデータを検知した場合の報告連絡体制や報告の目標時間に係る規定の運用が十分に機能していませんでした。

エ　指導の内容

①　9医療機関

委託先の監督として、個人データの取扱いの全部または一部を委託する場合には、委託先において当該個人データについて安全管理措置が適切に講じられるよう、委託先に対し必要かつ適切な監督（委託先における個人データの取扱状況の把握を含みます。）を行うこと、また、委託先が再委託を行おうとする場合には、再委託先における委託された個人データの取扱状況を把握するために、委託先を通じてまたは必要に応じて自らが、定期的に監査を実施すること

②　LDI

委託先の監督として、再委託先NTTデータに個人データに関するシステム開発（修正を含みます。）を委託する場合には、その漏えい等防止措置の妥当性に関する検討を自ら行うとともに、再委託先NTTデータが提示した方策の確認や、事後（システム稼働後）の検証を継続的に行うこと、情報管理責任者による再委託先NTTデータの月次の管理・監督の対象について、情報セキュリティに加えて、再委託先NTTデータにおいて、未通知患者の医療情報が適切に削除されているかなど、個人データの取扱状況の把握を行うこと

③　NTTデータ

●組織的安全管理措置（取扱状況の把握および安全管理措置の見直し）、技術的安全管理措置（情報システムの使用に伴う漏えい等の防止）

システム開発（プログラムの修正を含みます。）にあたっては、開発開始からリリースまでの各プロセスにおいて、システム開発（プログラム設定）の妥当性（漏えい等防止措置の妥当性）を確認するプロセスを改善すること。なお、本件を踏まえた着眼点のひとつとして、自社の責任者による確認だけではなく、委託先や外部の有識者による妥当性の確認を経ること。さらに、未通知患者の医療情報が削除されていることを確認する仕組みを構築すること

●組織的安全管理措置（漏えい等事案に対応する体制の整備）、人的安全管理措置

漏えい等事案の発生または兆候を把握した場合その他個人情報保護法違反の事実を

把握した場合の責任者への報告連絡体制や報告の目標時間を整備すること。さらに、当該連絡体制等の整備に関して、医療情報取扱事業および次世代医療基盤法認定事業に従事する責任者を含む従業者に定期的な教育を実施すること。すべての従業者に対して年１回実施しているセキュリティインシデントに対する訓練において、本件と同様の漏えい等事案の発生または兆候を把握した場合その他個人情報保護法違反のインシデントの訓練内容を改善すること

オ　筆者の評価

次世代医療基盤法に基づき、高度な安全管理措置が求められますが、オプトアウト通知をしていない患者の情報も意図せず提供されていたため、個人データの「漏えい」として位置付けられています。

(11)　破産者等の個人情報を違法に取り扱っている事業者に対する個人情報保護法に基づく行政上の対応について（令和４（2022）年11月２日）：命令

個人情報保護委員会は、令和４（2022）年11月２日、多数の破産者等の個人情報等を個人情報保護法に違反して取り扱っているウェブサイト（以下「本件ウェブサイト」といいます。）の運営者（以下「本件事業者」といいます。）に対し、法145条２項（現行法148条２項）に基づき、本件ウェブサイトを通じた個人データの提供を直ちに停止するよう命令しました。

ア　命令の理由

①　個人情報保護委員会は、本件ウェブサイトにおける個人情報等の取扱いが個人情報保護法に違反していると認め、本件事業者に対し、令和４（2022）年７月20日付けで本件ウェブサイトを通じた個人データの提供を直ちに停止することを求める法145条１項（現行法146条１項）に基づく勧告を発出しましたが、正当な理由なくその勧告に係る措置がとられませんでした。

- 本件ウェブサイトでは、破産手続開始決定または民事再生手続開始決定を受けた個人の氏名および住所といった個人データ（個人情報）が、不特定多数の者による当該個人に対する財産的・人格的差別が誘発されるおそれがあることが十分に予見できるにもかかわらず、インターネット上に公開されている地図データと紐づけられる形で表示されており、違法または不当な行為を助長し、または誘発するおそれがある方法により個人情報が利用されていることから、法19条に違反する事実がある
- 本件ウェブサイトでは、上記の方法により個人情報が利用されているにもかかわらず、当該個人情報の取得後速やかにその利用目的が本人に通知されまたは公表されていないことから、法21条１項に違反する事実がある

- 本件ウェブサイトでは、上記のとおりインターネット上において個人データが不特定多数の者から閲覧可能な状態に置かれており、あらかじめ本人の同意を得ないで個人データが第三者に提供されていることから、法27条１項に違反する事実がある

② 本件ウェブサイトにおいて、平成21（2009）年以降に破産手続開始決定または民事再生手続開始決定を受けた破産者等の個人情報が、不特定多数に容易に閲覧できる方法で継続的に提供されており、多数の破産者等が財産的・人格的差別を受けるおそれがあることなどから、個人の重大な権利利益の侵害が切迫していると認められるとされました。

イ 命令事項等

個人情報保護委員会は、上記ア記載の理由により、令和４（2022）年11月２日付けで本件事業者に対し、本件ウェブサイトを通じた個人データの提供を直ちに停止するよう命令を実施しました。また、本件事業者は勧告とともに発出した報告徴収に応じなかったことから、個人情報保護委員会は、法177条（現行法182条２号）、法173条（現行法178条）に抵触していることを理由に、同５（2023）年１月11日、関係捜査機関への告発を行っています。なお、本件事業者に対しては、法160条（現行法163条）に基づく公示送達の手続がとられています。

ウ 筆者の評価

上記（５）の事案と同じ内容ですが、ウェブサイトの利用者において、令和２年改正法により設けられた不適正利用（法19条）に該当することになることが明示されています。

(12) 指定難病患者データの個人情報流出事案に対する個人情報保護法に基づく行政上の対応について（令和４（2022）年12月21日）：指導

個人情報保護委員会は、厚生労働省に対し、令和４（2022）年12月21日に法154条（現行法157条）に基づく指導を行いました。

ア 指導の原因となる事実

厚生労働省では、医薬品等の開発を含めた難病の研究に有効活用するため、研究者等の申出に基づいて、指定難病患者データベースから抽出した指定難病患者データのうち特定の個人を識別できる情報を削除したデータ（以下、この作業を「削除作業」といいます。）を、当該研究者等に提供する業務（以下「本件業務」といいます。）を実施しており、本件業務において、厚生労働省は、研究者に提供する削除作業を行った指定難病患者データの抽出を国立研究開発法人医薬基盤・健康・栄養研究所（以下「医薬健栄研」といいます。）に委託していたところ、医薬健栄研が、本来削除すべき氏名等

の個人情報の記載されたシート（以下「元データシート」といいます。）の存在する抽出ファイル（以下「本件ファイル」といいます。）を誤って作成・提供し、それを受けた厚生労働省が、研究者への提供前の確認の際、本件ファイルに元データシートが削除されず残っていたことを見落として、令和４（2022）年６月23日に本件ファイルをそのまま研究者に提供したことから、保有個人情報の漏えい（以下「本件漏えい」といいます。）が発生したものです。

同年８月、厚生労働省は、医薬健栄研における確認体制の強化や本件業務に関する最終チェック体制の整備等を盛り込んだ、本件漏えいについての再発防止策を策定・公表しており、本件漏えいの直接的な発生原因である厚生労働省担当者が、研究者に送付する前に、委託先から受領した本件ファイルの削除作業が確実に実施されているか否かを確認しなかったという人為的な誤りの再発防止に努めることとしています。しかしながら、その後の調査の結果、厚生労働省による委託先の医薬健栄研に対する監督の状況は、これまで実地検査を平成30（2018）年５月および令和２（2020）年11月の２回実施したのみで、実地検査を行わなかった年度については、委託先から書面で報告等を求めていないなど、十分であったとはいえない状況であったことが判明しました。また、厚生労働省による保有個人情報の取扱いに従事する職員および保護管理者等に対する研修は、保有個人情報の適切な管理に関する事項を網羅的に含んでおらず、研修内容が不十分でした。

イ　指導の内容

厚生労働省は、法66条１項、行政機関等編ガイドラインおよび事務対応ガイドに基づき、次の事項について、必要かつ適切な措置を講じること

- 本件業務に関し、委託先に対する定期的な監督を実施すること
- 保有個人情報の取扱いに従事する職員および保護管理者等に対し事務対応ガイドの記載に沿った教育研修を実施すること
- 本件業務に関し、既に策定した再発防止策を確実に実施するとともに、その遵守状況の確認を定期的に実施すること

ウ　筆者の評価

令和３年改正法により、国の機関も「行政機関等」として個人情報保護法の対象とされたため、特定の個人を識別できる情報を削除せず、研究者に提供されたことが保有個人情報の「漏えい」として位置付けられています。

(13)　尼崎市USBメモリ紛失事案に対する個人情報保護法に基づく行政上の対応について（令和５（2023）年２月22日）：報告徴求・指導

ア　事案の概要

尼崎市が、住民税非課税世帯等に対する臨時特別給付金支給事務（以下「本件業務」といいます。）における保有個人情報の取扱いをBIPROGY株式会社に委託していたところ、令和４（2022）年６月21日、同社の委託先である有限会社リンクドゥ（以下「リンクドゥ社」といいます。）の従業者が、同市全住民約46万人の住民基本台帳の情報等個人情報を含むUSBメモリ（以下「本件USBメモリ」といいます。）を紛失する事案（以下、「本件事案」といいます。なお、本件USBメモリは、同月24日に発見されており、個人データが第三者に漏えいした事実は確認されていません。）が発生しました。

イ　個人情報保護委員会の対応

個人情報保護委員会は、BIPROGY株式会社に対し、法143条１項（現行法146条１項）の規定に基づく立入検査等の調査を実施し、調査結果を踏まえ、令和４（2022）年９月21日、法144条（現行法147条）の規定に基づく指導を行い、改善策の実施状況を報告するよう求め、同年11月30日および令和５（2023）年１月31日、BIPROGY株式会社から改善策の実施状況の報告を受け、精査の上、実施状況について確認を行っています。

また、リンクドゥ社に対しても、その個人情報の取扱いに関する問題点の有無を調査し、同年２月22日、法144条（現行法147条）の規定に基づく指導を行っています。

ウ　BIPROGY株式会社における改善策の実施状況

BIPROGY株式会社策定の報告内容につき、個人情報保護委員会で精査をした結果、提出された改善策の実施状況報告に関し、特段の問題は見当たらず、指導に対する一定の改善が確認できたとされています。

エ　リンクドゥ社に対する調査結果および改善策の実施状況

リンクドゥ社に関して確認した事実関係は、次のとおりです。

- リンクドゥ社は、ソフトウェア開発業を営む従業者10名未満の個人情報取扱事業者であるが、本件業務において、同社従業者の取り扱っていた個人データは、尼崎市全住民約46万人の住民基本台帳を含む大量かつ機微性の高い内容であったことに鑑みると、その取り扱う個人データの量および質に応じた安全管理措置（通則編ガイドライン参照）を、講ずることが必要である
- 調査の結果、リンクドゥ社において、同社の従業者に個人データを取り扱わせるにあたり、同社の従業者において、委託元の規律を遵守させるために必要な人的安全管理措置が十分に講じられていなかったことが確認された。このことが、本件事案発生を招いた原因と即断できるものではないが、少なくとも、本件事案発生に至る背景として同社に生じていた問題であることから、速やかに改善されるべきである
- リンクドゥ社は、本件事案発覚後、個人情報保護委員会からの調査や問題点の提示を通じて、同社が本件業務において取り扱っていた個人データの重要性と、それを

取り扱う個人情報取扱事業者としての責任を再認識し、今後、同社の従業者が取引先等から委託されるなどして大量に個人データを取り扱うこととなった場合にも、適切な安全管理措置を講ずることができるよう、従業者教育体制を見直すなどの改善策を自律的に講じており、この姿勢および同改善策の内容は、一定の評価に値する

- リンクドゥ社に対しては、個人情報取扱事業者として、継続的に法の遵守に対する意識を持ち続け、安全管理措置の十分性を常に確認しながら改善策を実施し続けることが肝要であるので、これを促すべく、個人情報保護委員会は、令和５（2023）年２月22日、同社に対し、法144条（現行法147条）に基づく指導を行った

オ　筆者の評価

上記（７）の事案の、改善状況の報告徴求および指導に関する事案です。

地方公共団体に対する個人情報保護法の適用は、令和３年改正法の第２弾改正の、令和５（2023）年４月１日からですが、再度の公表をしていることからも、個人情報保護委員会が地方公共団体における個人情報の取扱いについて注視していることがうかがわれます。

問

個人情報保護委員会の監督権限に関する次の選択肢のうち、正しいものを選びなさい。

1　個人情報保護委員会は、措置命令や是正命令などの命令をする際にのみ、個人情報保護法の違反事例を公表する。

2　個人情報保護委員会は、個人情報保護法違反に直接該当しない事例についても、同法の趣旨を潜脱した極めて不適切なサービスの場合は勧告の対象としている。

3　令和5（2023）年2月22日の尼崎市USBメモリ紛失事案に対する個人情報保護委員会の行政上の対応は、委託先の民間事業者のみならず、委託元の尼崎市に対しても指導・助言をした。

答

1については、個人情報保護委員会は、措置命令や是正命令などの命令（法148条2項・3項）をする際にのみ公表（法148条4項）をするのではなく、指導事例についても公表している。よって、誤り。

2については、リクナビ問題において、本人の同意を得ずに、個人関連情報の提供を受けて、それを個人データとして取得することが想定されている場合、個人情報保護法違反に直接該当しない事例についても、同法の趣旨を潜脱した極めて不適切なサービスの場合は勧告の対象としている。

3については、尼崎市のような地方公共団体は、令和5（2023）年4月1日から個人情報保護法が適用されることとなるので、個人情報保護委員会は、委託元の尼崎市に対しては指導・助言をしていない。

正解　2

著者紹介

渡邉 雅之（わたなべ　まさゆき）

弁護士法人三宅法律事務所　パートナー弁護士

1970年生まれ。東京大学法学部卒。Columbia Law School（LL.M.）。1998年総理府入府。2001年弁護士登録。アンダーソン・毛利・友常法律事務所を経て2009年より現事務所。2011年パートナー就任。主に反社・マネー・ローンダリング対策、個人情報保護法制に関する法律業務のほか、金融機関のAML/CFTの外部監査、研修のテキスト・試験問題の作成などを担当。主な著書に、『いまからスタート　マイナンバー制度がだれでもわかるQ&A・チェックリスト』（第一法規　2015年10月）、『マネー・ローンダリング　反社会的勢力対策ガイドブック〔改訂版〕―2021年金融庁ガイドライン等への実務対応―』共著、（第一法規　2022年1月）

サービス・インフォメーション

通話無料

①商品に関するご照会・お申込みのご依頼
TEL 0120(203)694／FAX 0120(302)640

②ご住所・ご名義等各種変更のご連絡
TEL 0120(203)696／FAX 0120(202)974

③請求・お支払いに関するご照会・ご要望
TEL 0120(203)695／FAX 0120(202)973

●フリーダイヤル(TEL)の受付時間は、土・日・祝日を除く9:00～17:30です。

●FAXは24時間受け付けておりますので、あわせてご利用ください。

個人情報保護法Q&A　令和５年施行対応

2023年4月5日　初版発行

著　者　渡邉雅之

発行者　田中英弥

発行所　第一法規株式会社
〒107-8560　東京都港区南青山2-11-17
ホームページ　https://www.daiichihoki.co.jp/

令5施行個人情報　ISBN 978-4-474-09228-0　C2032（8）